数字商科实验教学系列教材

丛书主编/
苗 青 刘艳彬

计量
经济学
实验教程

Econometrics
Experimental
Course

主 编/
朱孟进 李华建 王 培 顾 明

浙江工商大学 出版社
ZHEJIANG GONGSHANG UNIVERSITY PRESS
·杭州·

图书在版编目（CIP）数据

计量经济学实验教程 / 朱孟进等主编. -- 杭州 ：浙江工商大学出版社，2024.12. --（数字商科实验教学系列教材 / 苗青，刘艳彬主编）. -- ISBN 978-7-5178-6328-1

Ⅰ. F224.0-33

中国国家版本馆 CIP 数据核字第 2024AD2985 号

计量经济学实验教程

JILIANG JINGJIXUE SHIYAN JIAOCHENG

朱孟进　李华建　王　培　顾　明主　编

责任编辑	黄拉拉
责任校对	夏　佳
封面设计	蔡海东
责任印制	祝希茜
出版发行	浙江工商大学出版社
	（杭州市教工路 198 号　邮政编码 310012）
	（E-mail：zjgsupress@163.com）
	（网址：http://www.zjgsupress.com）
	电话：0571-88904980,88831806（传真）
排　　版	杭州朝曦图文设计有限公司
印　　刷	杭州捷派印务有限公司
开　　本	787mm×1092mm　1/16
印　　张	16.75
字　　数	317 千
版 印 次	2024 年 12 月第 1 版　2024 年 12 月第 1 次印刷
书　　号	ISBN 978-7-5178-6328-1
定　　价	43.00 元

前　言

　　计量经济学是经济学领域的一门应用科学。它以经济学理论为指导,以统计数据为基础,运用数学、统计学方法和计算机技术,建立计量经济模型,以此分析经济变量之间的定量关系。从本质上说,经济学理论所提出的命题或假设,多以定性描述为主,本身无法证明理论的真伪。而计量经济学依据观测或实验,通过特定的分析方法,可以对大多数经济学理论作出定量解释,从而对命题或假设的真伪作出有说服力的判断,推动经济学从定性研究向定量分析转变,成为更精密、更严谨的学科。基于此,计量经济学在经济学领域中具有重要的地位和作用。诺贝尔经济学奖获得者萨谬尔森曾指出,"第二次世界大战后的经济学是计量经济学的时代"。

　　作为一门应用科学,计量经济学对于培养学生的动手能力极为重要。因此,我们考虑编写实验教材的想法由来已久。经过20多年的教学实践,我们既积累了一些计量经济学的实验素材,又获得了一定的实践教学经验,于是,乘着浙大宁波理工学院商学院实验教材建设的东风,我们策划编写了本书。这既坚守了培养学生动手能力的初衷,又推动了教学梯队成员间经验和资料的共享与传承。

　　计量经济学归根结底是经济学的分支。编者认为,计量经济学实验课程不能简单地停留在学生对计算机软件的操作层面,而应该让经济学思维方式自始至终贯穿学生解决问题的全过程。基于此,本书的主要特点是以经济学理论为指导,在建立计量模型前,先进行经济学理论分析并提出先验假设;在建立模型后,对结果展开经济学讨论,当依据经济学理论与依据计量方法选择模型存在矛盾时,首先考虑经济学理论。本书的另一个显著特点是许多实验源于学科竞赛项目、教师科研项目和学生毕业论文,具有较强的问题导向性和数据时效性,容易激发学生的学习兴趣,提高学生的学习积极性。

　　全书共12章。第1—2章是Eviews软件的基本功能、基本操作介绍;第3—4章介绍了计量经济学最基础模型——一元线性回归模型和多元线性回归模型,展示了5个实验,并提供了完整的经济学分析和软件操作过程(下同);第 5 章是关于非线性回归模型标准化处理的内容,提供了 3 个实验;第 6—8 章主要讨论了违背经典假设所产生的多重共线性、异方差和序列相关等问题,共展示了 6 个实验;第 9 章是基础模型的扩充,主要介绍如何在计量模型中通过虚拟变量处理性别、种族等非定量变量问题,包含了 2 个实验;第 10 章是关于时间序列模型分析的,安排了 2 个实验;第 11—12 章是联立方程计量经济学模型,共安排了 3 个实验。

本书第 1—3 章由顾明老师(博士)撰写;第 4、6、7、8 章由李华健老师(博士)撰写;第 9—11 章由王培老师(博士)撰写;第 5、12 章由朱孟进副教授撰写。全书的校验主要由朱孟进副教授完成。刘吉斌副教授在本书的编写过程中,提供了宝贵的素材和建议。

本书内容深入浅出,实验案例丰富,既适合作为高等院校经管类专业本科生"计量经济学"课程的配套实验教材,也可作为经济工作者和缺乏计量经济学基础的研究生的计量操作入门指导教材。

本书在编写过程中,参考了多本计量经济学方面的专著,也引用了多个渠道的经济数据,在此向作者和数据提供者表示感谢。限于作者水平,书中难免有不足之处,敬请读者批评指正。

编　者

2024 年 10 月 30 日

目　录

第 5 章

非线性回归模型　　/ 102

第 6 章

多重共线性　　/ 127

第 12 章

联立方程模型   / 242

第 1 章
EViews 软件介绍

1.1　EViews 简介

　　EViews(Econometrics Views)是由美国定量微软公司(Quantitative Micro Software, QMS)公司推出的基于 Windows 平台的专门从事数据分析、回归分析和预测的计算机软件,在科研数据分析与评估、金融分析、宏观经济预测、销售预测与企业成本分析等领域中具有广泛的应用。

　　EViews 拥有统计分析、线性回归模型、非线性单方程模型、联立方程模型、动态回归模型、分布滞后模型、VAR 模型、ARCH/GARCH 模型、离散选择模型、时间序列模型、编程与模拟等分析模块。用户通过 EViews 既可以进行基本的统计与回归分析,也可以完成复杂的计量经济建模操作。

　　EViews 具有操作简便、界面友好、功能强大等特点。经过多年的发展,EViews 已在众多数据分析类软件中形成了自身的独特优势。其主要体现在以下几个方面:

　　①操作形式灵活。用户既可以通过单击菜单或对话框来操作,也可以通过执行命令来操作,因此即使对初级用户来说也非常友好。且 Excel、SAS、Stata、SPSS、Access 等格式的数据,都可以方便地被导入 EViews 中。

　　②以对象为核心。对象包括序列、组、表格、图形、方程等类型,每一种对象类型都有其独特的分析工具。用户只要打开对象窗口,就可以执行与这类对象相关的所有分析。

　　③分析工具强大。EViews 几乎涵盖统计学、经济计量学的主流分析方法,如图表绘制、描述性统计、参数和非参数检验、回归分析、时间序列分析、面板数据分析和联立方程分析等。

　　④图表元素丰富。用户利用图表窗口交互式的工具可以修改图表中的字体、配色等,也可将图表复制到 Word 或 Excel 中,或者将图表导出为 HTML、PDF、PNG、BMP 等格式。

　　⑤易学易用。EViews 比起同类软件中的 STATA、R 来说,学习难度低。STATA

和 R 都需通过命令来执行,而每个命令有复杂的参数设置。EViews 则通过菜单交互界面的工具栏,就可执行大部分操作。

1.2 EViews 获取

EViews 软件分为企业版(Enterprise)、标准版(Standard)、校园版(University)和学生版(Student Version Lite)。上述 4 个版本的 EViews 界面和操作方式完全一致,只是工作文件中可容纳的序列个数、监测单元个数等有不同限制,以及在部分功能和价格上有差异。

用户可以从 EViews 官网下载 EViews 安装文件:

https://www.eviews.com/download/download.shtml

可以免费申请 EViews 试用权限:

https://register1.eviews.com/demo/

当前 EViews 14 试用权限仅有 30 天,并且不支持 Mac 用户使用。

(1)免费获取 EViews 12 学生版

EViews 是一个商业付费软件。为了方便用户学习和使用其基本功能,EViews 提供了免费的 EViews 12 学生版(Student Version Lite)。

首先,访问 EViews 官网的申请页面,填写个人信息。通过审核后,用户会在邮件中收到 EViews 下发的序列号。其次,访问安装文件下载页面,下载安装文件。最后,根据安装文件的提示安装 EViews。在安装过程中需填入序列号,安装程序会自动发送用户认证信息给 EViews,因此安装时计算机需要接入互联网。

EViews 12 学生版有 2 项限制:一是工作文件无法保存,用户可将指令或者输出复制到 Word、Excel 或 TXT 文档保存;二是用户不能批量执行命令。尽管 EViews 12 学生版存在这些限制,但其优势是完全免费,并且完全可以满足课堂教学要求。用户只需申请即可获取序列号,并可以免费使用。EViews 12 学生版的序列号有效期为 1 年,过期可以重新申请。使用 EViews 12 学生版还需注意,每 10 天需要登录 1 次以保持序列号的激活状态。

(2)获取 EViews 学习资源

EViews 开发人员为软件使用者提供了丰富的学习资源。主要包括以下几类:

①EViews 安装目录下 Docs 文件夹中的文档。这些文档包括简明的 EViews 使用

说明(如 *Get Started*、*Users Illustrated*)、详细的 EViews 用户手册(如 *Users Guide* Ⅰ、*Users Guide* Ⅱ)、EViews 命令和编程参考(如 *Command and Programming Reference*)、EViews 对象索引(如 *Object Reference*)等。

②EViews 官网上的帮助网站：

$$https://www.eviews.com/help/helpintro.html$$

该网站将 Docs 文件夹中的文档排版成网页格式,用户可按关键词进行搜索,查阅更加方便。

③EViews 官网的用户论坛：

$$http://forums.eviews.com$$

该论坛是 EViews 用户的交流平台。用户可在该平台交流在 EViews 使用过程中遇到的问题,还可以得到开发人员的回复。

1.3　EViews 软件结构

启动 EViews,可以通过双击桌面的快捷方式图标,也可在"开始"菜单中依次选择"程序→EViews"命令。启动 EViews 后,系统将进入如图 1-1 所示的 EViews 主界面窗口。如果用户看到该窗口,表示 EViews 已经成功启动。退出 EViews 时,可在主界面的菜单栏中依次选择"File→Exit"命令或者单击窗口右上角的"×"按钮。

图 1-1　Eviews 主界面窗口

图 1-1 显示 EViews 主界面窗口分为标题栏、菜单栏、命令窗口、工作区域、状态栏，下面分别予以介绍。

（1）标题栏

EViews 主界面窗口最上方是标题栏。标题栏右侧为窗口的总控制按钮，依次为最小化按钮、最大化按钮和关闭按钮。标题栏下面是菜单栏。

（2）菜单栏

菜单栏包含 10 个功能键："File""Edit""Object""View""Proc""Quick""Options""Add-ins""Window""Help"。单击这些功能键，其下方会出现不同的下拉菜单，在下拉菜单中可以单击选项（若选项为灰色，则表示该选项目前不能使用）。

"File"功能键为用户提供有关文件的常规操作选项，如文件的新建（New）、打开（Open）、保存（Save）、另存为（Save As）、关闭（Close）、导入外部文件（Import）、导出数据（Export）、打印（Print）、运行程序（Run）、退出（Exit）以及显示最近打开的文件等。有些常规操作选项还含有子菜单，如导入数据和导出数据。EViews 中常见的文件类型有工作文件（文件名称的扩展名是"wf1"或"wf2"）和命令文件（文件名称的扩展名是"prg"）。

"Edit"功能键可以对窗口中的内容进行剪切（Cut）、复制（Copy）、粘贴（Paste）、删除（Delete）、查找（Find）、替换（Replace）等操作，与 Word 中的编辑菜单类似。选择"撤销（Undo）"表示撤销上一步操作。

"Object"功能键为用户提供了有关对象的各种基本操作，包括建立新对象（New Object）、从数据库提取对象（Fetch from DB）、从数据库中更新对象（Update from DB）、将对象存储至数据库中（Store to DB）、复制对象（Copy Object）、给对象命名（Name）、删除对象（Delete）、冻结输出结果（Freeze Output）、打印（Print）以及视图选择（View Options）。

"View"和"Proc"这 2 个功能键在未创建工作文件之前，无选项可用。二者的菜单选项随窗口的不同会发生改变，其实现的功能也会发生变化，主要涉及对象的多种显示方式（如序列的表格显示、视图显示等）以及用户为对象执行的运算过程。

"Quick"功能键集合了常用的分析工具，主要包括抽取一定范围的样本（Sample）、生成新的序列（Generate Series）、显示指定观测值（Show）、创建图形（Graph）、生成新的序列组以及编辑序列［Empty Group（Edit Series）］、给出序列描述性统计（Series Statistics）、给出序列组的描述性统计（Group Statistics）、估计方程（Estimate Equation）、估计 VAR 模型（Estimate VAR）等。

"Options"功能键为用户提供了系统各种参数的设定选项。EViews 运行过程中的各种状态（如窗口的显示模式、图像、字体、表格、方程估计等）都有默认的设置。用户可以根据实际需求选择"Options"菜单中的选项，对 EViews 某些默认设置进行修改。

"Add-ins"功能键类似于很多软件的加载工具包。利用该功能，用户可以在 EViews 中实现很多新的计量操作和计量模型。

"Window"功能键为用户提供窗口切换功能，支持关闭所有窗口（Close All）和关闭所有对象（Close All Objects）操作。

"Help"功能键为用户提供各种帮助选项，包括访问在线帮助（Online EViews Help）、访问 EViews 论坛（EViews User Forum）、检查更新（EViews Update）、查看版本号和注册用户信息（About EViews）等。

（3）命令窗口

命令窗口位于菜单栏下方。EViews 为用户提供了交互处理和批处理方式。在交互模式下，用户每次只可以输入并执行一个 EViews 命令，按回车键即可执行该命令；在批处理模式下，用户则可以建立包含多个命令的文本文件，然后运行程序。

命令窗口支持 Windows 剪切和粘贴，以便用户可以轻松地在命令窗口、其他 EViews 文本窗口和其他 Windows 程序之间移动文本。用户也可以将命令区域的内容直接保存到一个文本文件中，供以后使用。具体操作方法为：通过单击窗口中的任何位置，确保命令窗口处于活动状态，输入运行命令，按回车键即可。若要保存命令，可从主菜单中选择"File→Save As"，设置文件标题和路径，即可保存。

（4）工作区域

工作区域用于显示子窗口，包括工作文件窗口和各种对象窗口。EViews 可同时打开多个工作文件。当存在多个子窗口时，这些子窗口会相互重叠，当前的活动窗口位于最上方。用户如果需要激活其他子窗口，只需要单击子窗口的标题栏或者任何可见部分即可。当窗口部分被覆盖时，用户可以通过单击其标题栏或窗口的可见部分将其带到顶部。用户还可以通过按"F6"或"Ctrl＋Tab"键循环显示窗口。

（5）状态栏

状态栏位于 EViews 窗口的最底端，用于显示目前 EViews 的工作状态和 EViews 默认的数据文件保存路径等。状态栏分为 4 个部分：最左侧显示当前 EViews 的工作状态；"Path＝"显示 EViews 当前的工作路径，用户可在该路径下查找数据文件或者命令文件，双击该区域可更改工作路径；"DB＝"显示默认数据库；"WF＝"显示处于激活状态的工作文件名称。

1.4 EViews 工作文件

EViews 软件的数据分析和处理需要在工作文件（Workfile）中进行。工作文件是 EViews 特有的文件类型，创建工作文件是 EViews 数据分析的首要步骤。工作文件的功能与文件夹相似，用于存储 EViews 的数据、图形、表格、方程估计结果等。所以在进行 EViews 数据录入、分析、处理之前，用户需要先建立一个工作文件。本节将具体介绍 EViews 工作文件的建立与工作文件窗口。

1.4.1 创建文件

EViews 提供了 3 种不同类型的工作文件，分别是截面数据类型工作文件、时间序列类型工作文件和面板数据类型工作文件。在 EViews 主窗口依次选择"File→New→Workfile"命令，打开如图 1-2 所示的 Workfile Create 对话框。

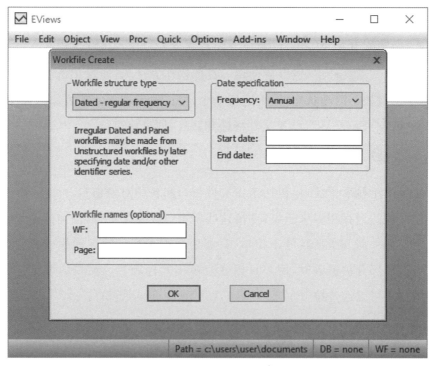

图 1-2　Workfile Create 对话框

（1）文件类型的选择

①Workfile structure type。

该下拉列表用于选择工作文件的类型，包括 3 种选项，分别是：Unstructured/

Undated——建立截面数据类型工作文件;Dated-regular frequency——建立时间序列类型工作文件;Balanced Panel——建立面板数据类型工作文件。

②Workfile Names。

该选项组用于对工作文件和页面进行命名,它包含 2 个输入框:WF 输入框,用于输入工作文件的名称;Page 输入框,用于输入页面名称。

③设置选项组。

在页面右上角,该选项组用于进行不同类型工作文件参数的相关设置,其内容随不同的工作文件类型而变化,包括 Data range、Data specification 和 Panel specification 等 3 个选项组,分别对应截面数据类型工作文件、时间序列类型工作文件和面板数据类型工作文件。

(2)截面数据类型工作文件的参数设置

在"Workfile structure type"下拉列表中选择"Unstructured/Undated"选项,跳出如图 1-3 所示的"Data range"选项组。"Data range"选项组包含"Observations"输入框,用户只需在该框中输入截面数量即可完成截面数据类型工作文件的参数设置。

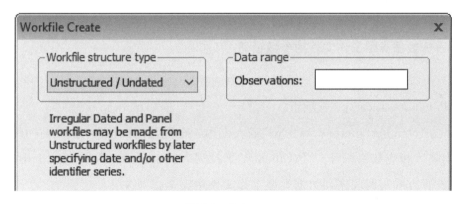

图 1-3　Data range

(3)时间序列类型工作文件的参数设置

在"Workfile structure type"下拉列表中选择"Dated-regular frequency"选项,出现如图 1-4 所示的"Data specification"选项组。

①Frequency。

在图 1-4 中,"Frequency"下拉列表用于设置数据频率。它包括年度(Annual)、半年度(Semi-annual)、季度(Quarterly)、月度(Monthly)、星期(Weekly)、日(Daily-5 day week/Daily 7 day week)和整序数(Integer date)7 种时间频率,用户可以根据研究需要对时间序列进行相应的设置。

②Start date 与 End date。

这 2 个输入框用于设置时间跨度,其中:Start date 用于输入时间序列数据的起始点;End date 输入框用于输入时间序列数据的终点。其中,年度数据输入格式为 4 位数年份;半年度数据输入格式为"4 位数年份:半年度",如输入"2024:1"代表 2024 年上半年;季度数据输入格式为"4 位数年份:季度",如输入"2024:2"代表 2024 年 2 季度;月度数据输入格式为"4 位数年份:月份",如输入"2024:3"代表 2024 年 3 月;星期类型和日类型的起止时间按照"月/日/年"的格式输入。

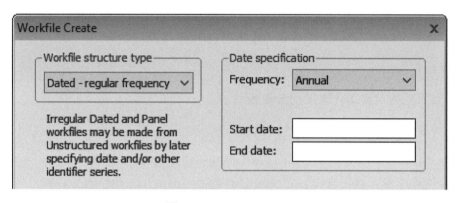

图 1-4　Data specification

(4)面板数据类型工作文件的参数设置

在"Workfile structure type"下拉列表中选择"Balanced Panel"选项,打开如图 1-5 所示的"Panel specification"选项组。

右下方"Number of cross sections"输入框用于设置截面单位的数量,用户只需在该输入框中输入相应数值即可。"Frequency"下拉列表、"Start date"和"End date"输入框的含义、设置方式与时间序列数据类型工作文件中完全相同。

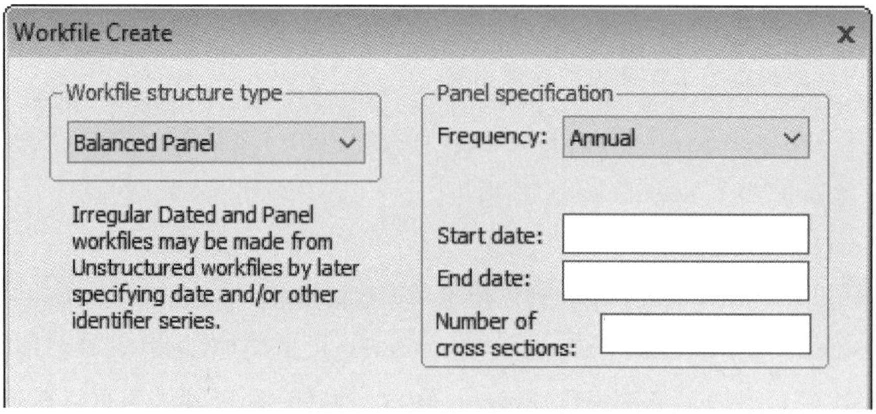

图 1-5　Panel specification

（5）打开工作文件窗口

在完成工作文件的设置后，例如设置 2000—2019 年的时间序列数据型文件，单击"OK"按钮，打开如图 1-6 所示的"Workfile：UNTITLED"窗口。

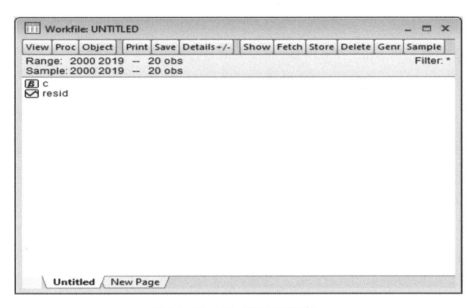

图 1-6　Workfile：UNTITLED 窗口

工作文件窗口提供了一个在给定的工作文件或工作文件页下的所有对象目录，也提供了一些处理工作文件或工作文件页的工具。工作文件窗口也是集中显示各种数据的区域。

①标题栏。

工作文件窗口最上方是标题栏，显示窗口名称和编辑的数据文件名，没有文件名时显示为"Workfile：UNTITLED"。窗口控制按钮在窗口顶部的右上角，分别是窗口最小化按钮、窗口最大化按钮和关闭窗口按钮。

②工具栏。

工具栏集合了 12 种操作工具，包括"View""Proc""Object""Print""Save""Detials＋/－""Show""Fetch""Store""Delete""Genr"和"Sample"。使用这些按钮可以非常简便地实现许多 EViews 的功能操作。

③信息栏。

信息栏用于显示数据的基本情况，包括数据范围（Range）、样本范围（Sample）等。信息栏提供了交互功能，用户只需双击标签就可以对相应的内容进行修改。

④对象集合区。

该区域用于显示各类对象,以图标的形式表示。用户双击对象图标便可以查看它们的值。在默认的情况下,一个新建的工作文件会在此区域显示 2 个对象:一是系数向量 c;二是残差序列 resid。

⑤页面转换栏。

页面转换栏用于在工作文件的不同页面间进行相应转换,用户只需单击相应的页面标签便可以实现页面之间的切换。

(6)保存文件

一般情况下,可在 EViews 主窗口中依次选择"File→Save"命令或"File→Save as"命令。在弹出的"Save"对话框中,选择工作文件的保存路径、文件名和保存类型进行保存。工作文件的保存类型为". wf1"或". wf2"。勾选对话框中的"Update default directory"选项,可将当前路径设为默认保存位置。设置完成后单击"保存"按钮,会弹出"Workfile Save"对话框。该对话框主要用来设置数据保存的精度,通常使用软件默认设置。勾选"Prompt on each Save"选项,表示每次保存操作均显示此对话框。最后单击"OK"按钮即可完成工作文件的保存。

1. 4. 2　创建对象

EViews 是以对象(Object)为导向进行设计的。对象存储的数据及对数据进行操作的信息,是实现数据分析的基础。使用 EViews 进行数据分析时,数据及相关操作需要在一个对象中进行。因此,在建立工作文件后,用户还需要建立相应的对象。一个工作文件可以包含多个对象。

对象是 EViews 的基本操作单元,存储了与特定分析有关的一系列信息。有的对象存储的信息类型单一,例如序列(Series)、矩阵(Matrix)、向量(Vector)存储数值信息。有的对象存储的信息类型丰富,例如:图形(Graph)存储了数值、文本和格式信息;方程(Equation)存储了回归方程的设定、系数估计值、残差图像,以及与回归分析有关的一系列统计量。

(1)建立对象

新建或者调用原先存储的工作文件后,在 EViews 主窗口依次选择"Object→New Object"命令,或在工作文件窗口工作栏中依次单击"Object"按钮和"New Object"命令,便可以打开如图 1-7 所示的"New Object"对话框。

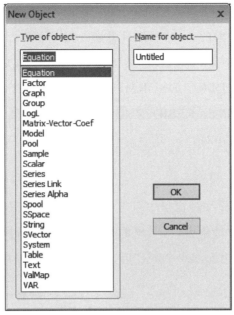

图 1-7　New Object 对话框

① Type of object。

在图 1-7 中,"Type of object"下拉列表用于选择新建对象类型。EViews 提供了 22 种对象类型,表 1-1 列出了各种对象类型的名称及含义。对于不同类型的对象,用户能对其进行操作和分析的工具大不相同。在工作文件窗口中,每个对象名称的前面都有代表其类型的图标。

表 1-1　EViews 对象类型的名称及含义

对象名称	含义	对象名称	含义
Equation	回归方程	Series Link	序列链接
Factor	因子	Series Alpha	文本序列
Graph	图形	Spool	结果池(存储回归)
Group	序列组	SSpace	状态空间模型
LogL	对数似然函数	String	字符串
Matrix-Vector-Coef	向量系数矩阵	SVector	结构向量
Model	模型	System	系统
Pool	面板数据	Table	表格
Sample	样本	Text	文本
Scalar	常数	ValMap	数值映射
Series	序列	VAR	向量自回归

②Name for object。

该输入框用于输入对象的名称,用户只需输入相应名称即可。需要提醒的是,在为对象命名时不能使用 EViews 软件的保留字符:ABS、ACOS、AR、ASIN、C、CON、CNORM、COEF、COS、D、DLOG、DNORM、ELSE、ENDIF、EXP、LOG、LOGIT、LPT1、LPT2、MA、NA、NRND、PDL、RESID、RND、SAR、SIN、SMA、SQR 和 THEN。此外,对象的命名不区分字母大小写。

(2)打开对象窗口

在如图 1-6 所示的工作文件窗口中双击任意对象,例如双击其中的"resid"对象,便可以打开如图 1-8 所示的对象窗口,对象的查看和众多分析操作都需要通过对象窗口完成。单击图 1-8 主菜单"Quick→Show"后,可在打开的窗口中输入对象名称。

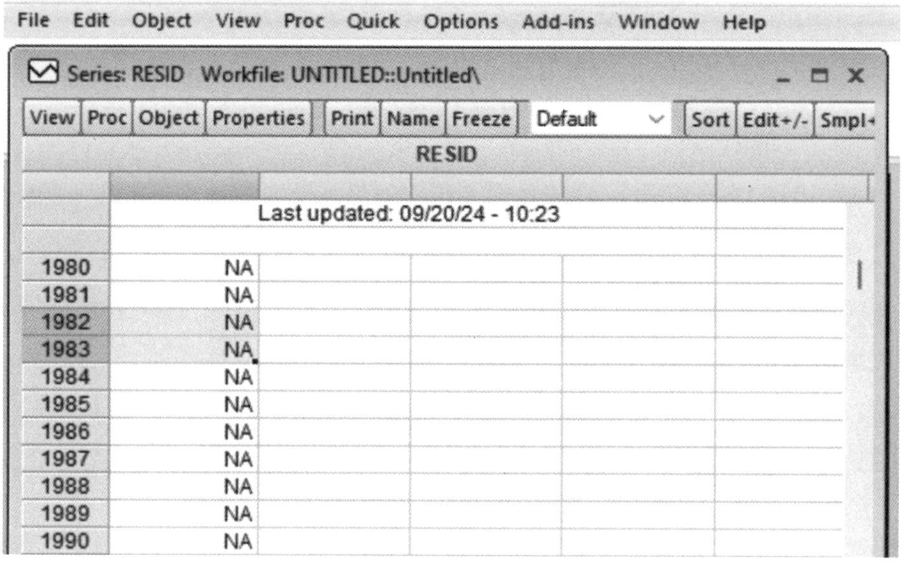

图 1-8　对象窗口

如图 1-8 所示,对象窗口的工具栏提供了许多操作的快捷按钮,包括"View""Proc""Object""Properties""Print"等,使用这些按钮可以非常简便地实现 EViews 的各种功能。

对象窗口的数据区域用于显示对象的相关数据。该区域最左侧显示单元序列号,上方显示对象名称。数据区域包括 2 种模式:一是观察模式,在该模式下用户只可以查看数据及其相应信息,不能对数据进行修改;二是交互模式,在该模式下用户可以对数据进行录入和相应的修改。用户可以通过工具栏中"Edit"按钮对这 2 种模式进行切换。

（3）复制、删除对象

在文件主窗口选中对象，单击右键，在弹出的快捷菜单中选择"Object Copy"对话框，在"Destination"文本框中输入新对象的名称，单击"OK"按钮即可复制对象。

选中对象，右键单击，在弹出的快捷菜单中选择"Delete"，打开是否确认删除该对象的信息提示对话框，单击"Yes"按钮即可删除对象。

1.4.3　创建序列

序列是单个变量观测值的集合。序列只能存储数值，不能存储文本。数值既包括定量变量的观测值，也包括定性变量的数值代码。若定性变量的观测值是文本，EViews 则会将其识别为文本序列；若定性变量的观测值是数值代码，EViews 则会将其识别为序列。

文本序列和序列是 2 种完全不同的对象类型。文本序列主要用于标识观测单元以及进行字符串运算，能参与的数值分析有限；只有序列才能参与数值分析。

（1）建立序列

创建工作文件后，单击主菜单"Object→New object"，如图 1-9 所示。或者单击工作文件窗口工具栏中的"Object"按钮，打开新建对象的对话框，选择对象类型为"Series"，即可创建序列。

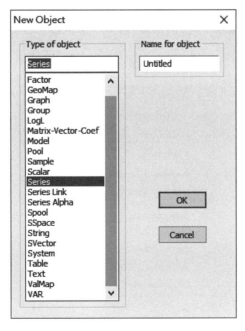

图 1-9　创建序列

（2）打开序列窗口

图 1-10 显示的是序列窗口。窗口工具栏是一系列工具按钮，集合了 15 个工具，包括视图（View）、程序（Proc）、对象（Object）、属性（Properties）、打印（Print）、命名（Name）、冻结（Freeze）、排序（Sort）、切换编辑模式（Edit＋/－）、切换样本（Smpl＋/－）、切换标签显示（Label＋/－）、切换宽窄显示（Wide＋/－）、标题（Title）、样本（Sample）和创建新序列（Genr）。常用的主要有以下几个。

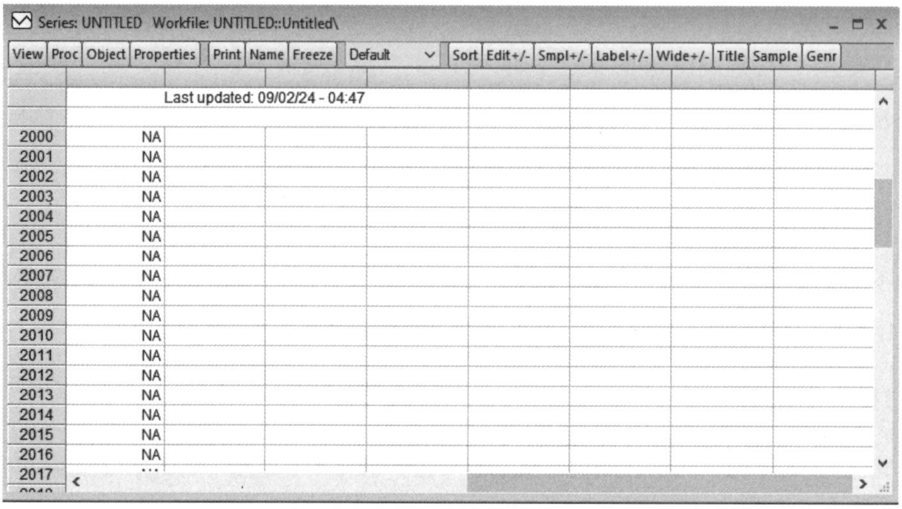

图 1-10　序列窗口

①View（视图）。

单击序列窗口工具栏中的"View"按钮，下拉菜单罗列了序列的视图工具（见图 1-11），自上而下可分为 4 栏。

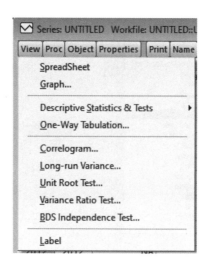

图 1-11　序列的视图工具

在第一栏单击"SpreadSheet"按钮，序列中的数据将以表单形式呈现，这也是 EViews 默认的打开序列后的呈现形式。单击"Graph"按钮可打开新建图形的对话框，对序列绘制线图、直方图、点图等。

第二栏的工具主要适用于截面数据，点击后包括直方图和描述性统计量（Histogram and Stats）、统计量表格（Stats Table）、分组统计量（Stats by Classification）、单个总体参数的假设检验（Simple Hypothesis Tests）、多个总体参数是否相等的假设检验（Equality Tests by Classification）、检验序列是否服从某种分布（Empirical Distribution Tests）、频数分布表（One-Way Tabulation）、重复观测值的检测（Duplicate Observations）。

第三栏的工具主要适用于时间序列的分析检验，包括序列相关检验（Correlgoram）、长期方差（Long-run Variance）、单位根检验（Unit Root Test）、方差比检验（Variance Ratio Test）和 BDS 独立性检验（BDS Independency Test）。

第四栏的工具（Label）是查看序列标签，一般较少用到。

②Proc（程序工具）。

单击序列窗口工具栏中的"Proc"按钮，下拉菜单列示工具分为 3 栏，如图 1-12 所示。第一栏是创建序列的工具，包括通过方程创建（Generate by Equation）、通过分组创建（Generate by Classification）、再抽样（Resample）和插值（Interpolate）。第二栏是关于时间序列的分析模块。第三栏是可调用的插件。

图 1-12　程序工具

③Properties（属性工具）。

单击"Properties"按钮打开对话框，如图 1-13 所示。在对话框中选择"Display"选项卡,这里显示 3 个选项组,分别是序列的数值显示(Numeric display)、列宽(Column width)和对齐方式(Justification)。

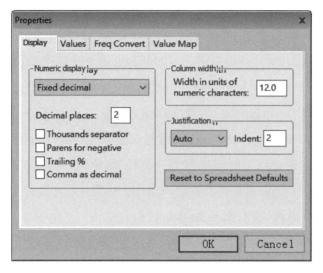

图 1-13　属性工具

例如,在"Numerical display"选项组中单击下拉按钮,在打开的下拉列表中选择"Fixed decimal",在"Decimal places"文本框中输入"2",单击"OK"按钮,代表序列固定小数,并保留 2 位小数。

"Properties"对话框中的"Value Map"选项卡可以用于给数值型代码添加文本标签。其他选项卡还可以设置字体颜色、单元格颜色,使界面简洁明了。

1.4.4　创建序组

序列组和序列都是工作文件中存储数据的容器。序列存储单个变量的观测值,而序列组可以存储多个变量的观测值,既可以存储数值型数据,也可以存储文本数据。对序列组的操作分为 2 类:一是批量处理多个序列;二是分析组内包含的序列之间的关系。

（1）建立组

组是序列或文本序列的集合。将序列组合在一起形成一个新的对象,这一过程就称为创建组。

以一项我国 2000—2019 年国内生产总值与研发支出数据的双序列为例(见图 1-14)。选择要纳入组中的序列后,右击,在弹出的快捷菜单中选择"Open→as Group"。单击序列的顺序,就是组成员在组内从左到右的排列顺序。组中保存的数据可以被视为矩阵,矩阵中的列是不能随意调换位置的,所以在创建组时要注意序列的排列顺序。

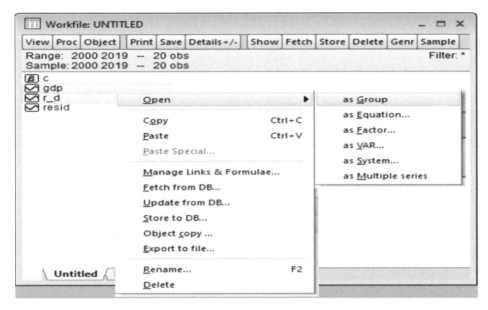

图 1-14　以序列建立组

建立的组将在一个新的窗口中打开,如图 1-15 所示。窗口的标题栏会显示"Group：UNTITILED",表明这个窗口中的对象类型是组。

obs	R_D	GDP
2000	895.70	100280.14
2001	1042.50	110863.12
2002	1287.64	121717.42
2003	1539.63	137422.03
2004	1966.33	161840.16
2005	2449.97	187318.90
2006	3003.10	219438.47
2007	3710.24	270092.32
2008	4616.00	319244.61
2009	5802.11	348517.74
2010	7062.58	412119.26
2011	8687.00	487940.18
2012	10298.41	538579.95
2013	11846.60	592963.23
2014	13015.63	643563.10
2015	14169.88	688858.22
2016	15676.75	746395.06

图 1-15　序列组数据框

（2）打开组窗口

组窗口工具栏中集合了 12 个工具,其中"Object""Print""Name""Freeze""Sort""Edit＋/－""Smpl＋/－""Title""Sample"这 9 个工具的功能与序列窗口相应工具的功能一样。在此介绍几个与单个序列相比有特色的使用功能。

①View(视图工具)。

单击组窗口工具栏中的“View”按钮,下拉菜单中的“Dated Data Table”按钮适用于年度、半年度、季度和月度时间序列。本例中,以表格形式呈现各年的时间序列观测值,如图 1-16 所示。

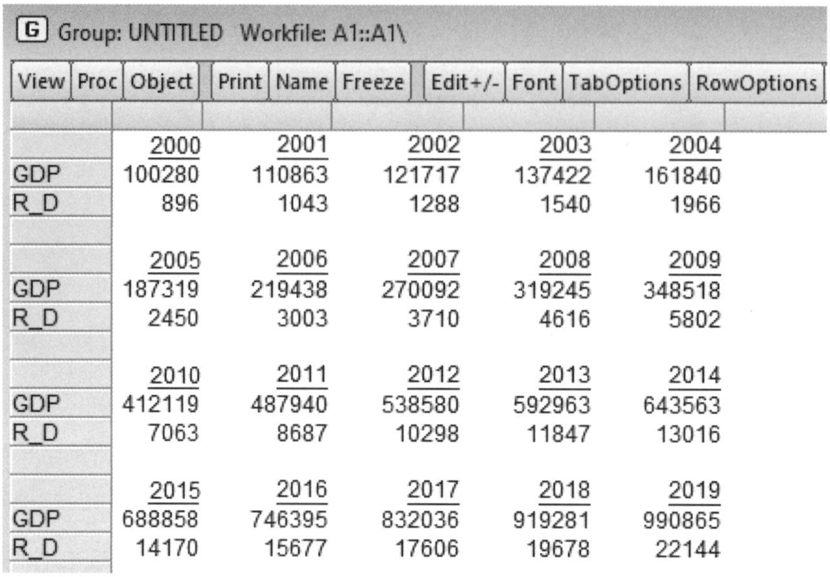

	2000	2001	2002	2003	2004
GDP	100280	110863	121717	137422	161840
R_D	896	1043	1288	1540	1966
	2005	**2006**	**2007**	**2008**	**2009**
GDP	187319	219438	270092	319245	348518
R_D	2450	3003	3710	4616	5802
	2010	**2011**	**2012**	**2013**	**2014**
GDP	412119	487940	538580	592963	643563
R_D	7063	8687	10298	11847	13016
	2015	**2016**	**2017**	**2018**	**2019**
GDP	688858	746395	832036	919281	990865
R_D	14170	15677	17606	19678	22144

图 1-16 Dated Data Table 功能

②Transpose(转置工具)。

单击组窗口工具栏中的“Transpose”按钮,组中的序列将发生转置,再次单击“Transpose”按钮,组中的序列将还原。同样以我国 2000—2019 年国内生产总值与研发支出数据的双序列组为例,转置前组中是 2 列 20 行观测值,转置后变为 20 列 2 行观测值,如图 1-17 所示。

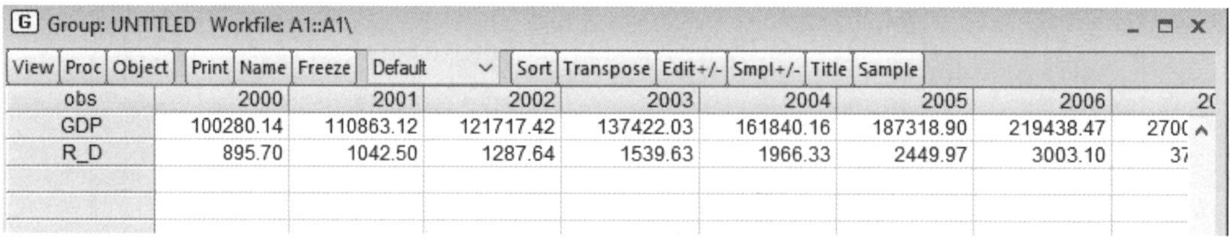

obs	2000	2001	2002	2003	2004	2005	2006
GDP	100280.14	110863.12	121717.42	137422.03	161840.16	187318.90	219438.47
R_D	895.70	1042.50	1287.64	1539.63	1966.33	2449.97	3003.10

图 1-17 序列组转置

1.4.5 创建图形

数据可视化是数据分析的重要环节。通过数据可视化,用户可以直观了解数据分布,全景式了解研究对象。EViews 有强大的图形工具,图形对象(Graph)是序列、序列组、方程、模型等对象的制图工具。将数据通过折线图、条形图、散点图、饼图等图形显示出来,有利于用户更直接地认识数据的变化规律,更有针对性地对数据进行分析和处理。

（1）建立图形

当对象以序列形式打开时,单击对象窗口中的"View→Graph"按钮,出现如图 1-18 所示的对话框。根据需求选择相应图形,如本例中选择线图（Line & Symbol）,点击"OK",得到如图 1-19 所示的线形图。

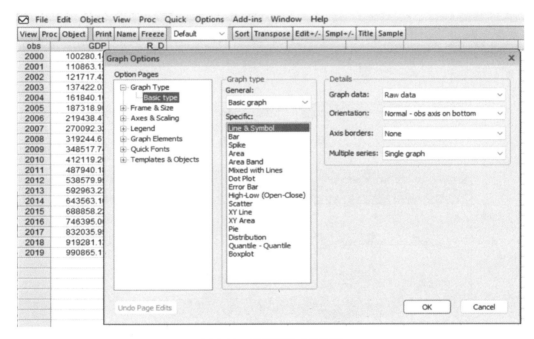

图 1-18　创建图形对象选项

（2）图形修饰

创建图形对象后,为图形添加辅助线、阴影和文本等可以突出显示图形的特征,更好地传递图形所要表达的信息。

①添加辅助线。

在图形对象窗口右击图形,选择"Add lines & Shadings",打开如图 1-20 所示的对话框。在"Type"选项组中设置添加辅助线（Line）及辅助线的颜色、线型、粗细;在"Orientation"选项组中设置添加垂直或水平的辅助线;在"Position"选项组中设置添加辅助线的位置。

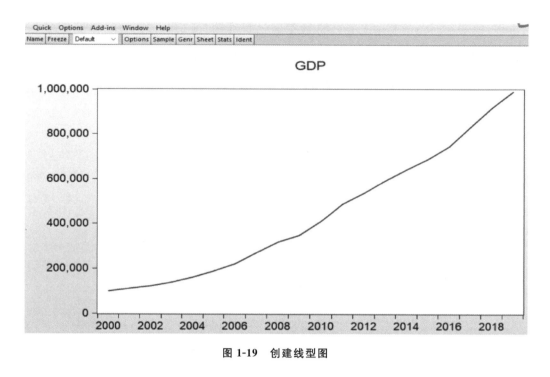

图 1-19　创建线型图

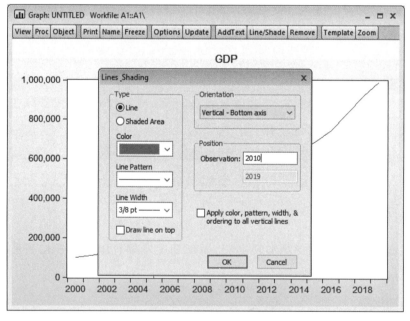

图 1-20　添加辅助线对话框

②添加阴影。

如图 1-21 所示，可对阴影的各项属性进行设置，在"Position"选项组中设置阴影的左右边界的横坐标，并可勾选"Apply color to all vertical shaded areas"复选框，使得设置的颜色适用于所有的垂直阴影。

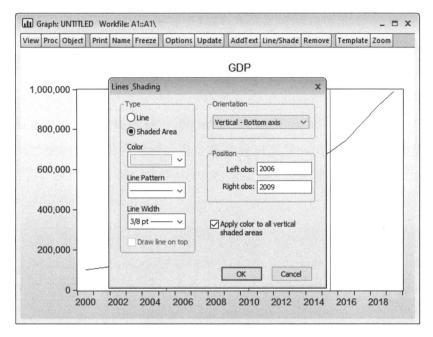

图 1-21　添加阴影对话框

③添加文本。

单击图形对象窗口中的"AddText",打开对话框,输入文本内容,可设置文本框的对齐方式、边框、填充色、字体等参数,也可以通过拖曳自定义文本框的坐标。设置后得到图 1-22。图 1-22 中出现了关于 2015 年的数据标签。

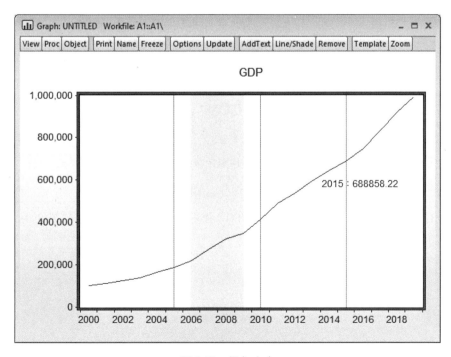

图 1-22　添加文本

若要删除添加的辅助线、阴影或文本,则选中要删除的对象,单击图形对象工具栏中的"Remove"按钮即可。

④设置色彩。

如图 1-23 所示,在"Graph Options"(图形选项)对话框中依次单击"Frame & Size →Color & Border",在"Color"选项组的"Frame fill"下拉列表中设置横轴和纵轴包围的矩形区域颜色。在"Background"下拉列表中设置坐标轴外围区域的颜色。在"Frame border"选项组中设置图形区域的边框颜色,突出显示坐标轴。点击"OK",结果如图 1-24 所示。

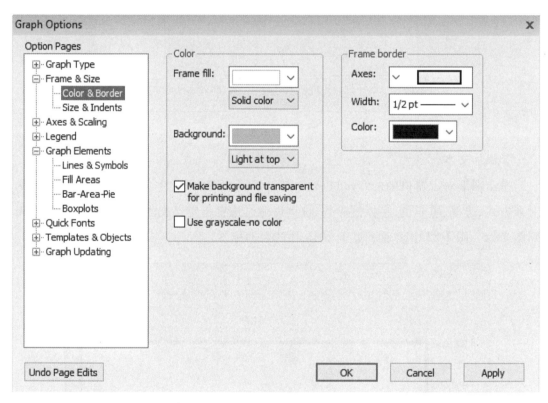

图 1-23　图形色彩设置

其他的图形操作还包括设置图形的类型、边框和大小、坐标轴和刻度、网格线、图例、图形元素、字体、图形模板等。有兴趣的读者可自行参考 EViews 软件的帮助,其中为用户提供了非常详细的说明。

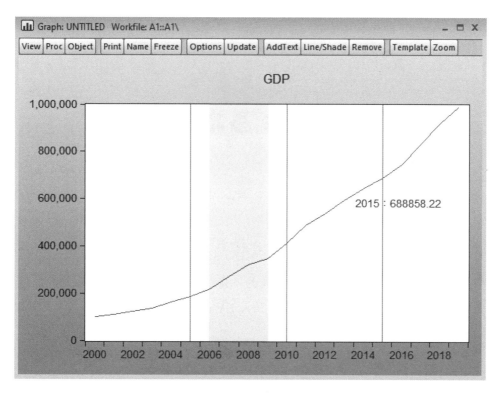

图 1-24　图形色彩显示

第 2 章
EViews 基本分析

2.1 数据录入

数据是 EViews 软件进行分析和处理的基础。EViews 要求数据的分析处理必须在特定的工作文件中进行,所以在将数据导入 EViews 软件之前,需要先建立工作文件。

2.1.1 数据录入方式

将数据导入 EViews 软件通常有 2 种方法,即直接录入和外部调入。其中,外部调入包括外部文件导入和复制粘贴导入 2 种方式。用户可以根据实际情况选择数据的导入方式。

(1)直接录入

直接录入方式是指用户通过键盘操作直接输入所需数据。序列对象是使用 EViews 进行数据分析最常用的对象之一,下面以序列对象为例进行讲解。

①单个序列对象直接录入。

在工作文件窗口工作栏,点击"Object→New Object"命令,建立一个名称为 a1 的序列(Series)对象。完成后打开如图 2-1 所示的序列对象 a1 的数据窗口,在数据窗口工具栏单击"Edit+/−"按钮,进入数据编辑状态,此时用户可直接输入数据如"1000"。

②多个序列对象(序列组)直接录入。

多个序列对象的数据录入在组(Group)对象中实现,其数据录入方法与单序列输入方法基本相同。点击工作文件窗口工作栏中的"Object→New Object"命令,建立一个名称为 g1 的组(Group)对象,完成后会得到如图 2-2 所示的组对象窗口。

在组对象窗口工具栏单击"Edit+/−"按钮进入数据编辑状态,此时用户可直接输入数据。组对象窗口中每一列代表一个序列,并且用"obs"一行来显示序列名称。当需要修改序列名时,用户可在序列对应的"obs"行中输入新的序列名并按"Enter"键确认。

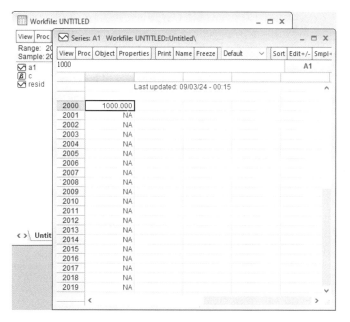

图 2-1　单个序列数据输入窗口

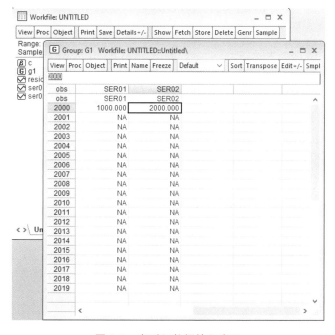

图 2-2　序列组数据输入窗口

（2）外部文件导入

EViews 允许从外部数据文件中直接调入 3 种格式的数据，即 ASCII、Lotus 和
Excel 工作表。

下面以导入一个 Excel 工作表为例（见表 2-1），讲解外部数据文件的导入过程。表

2-1 是我国 2000—2019 年的国内生产总值（GDP）与研发支出（R&D）的数据，单位为亿元。将其对应的 Excel 工作表导入 EViews 工作文件的方法如下。

表 2-1 国内生产总值与研发支出数据 单位:亿元

年份	国内生产总值	研发支出	年份	国内生产总值	研发支出
2000	100280.1	895.7	2010	412119.3	7062.58
2001	110863.1	1042.5	2011	487940.2	8687
2002	121717.4	1287.64	2012	538580	10298.41
2003	137422	1539.63	2013	592963.2	11846.6
2004	161840.2	1966.33	2014	643563.1	13015.63
2005	187318.9	2449.97	2015	688858.2	14169.88
2006	219438.5	3003.1	2016	746395.1	15676.75
2007	270092.3	3710.24	2017	832036	17606.13
2008	319244.6	4616	2018	919281.1	19677.93
2009	348517.7	5802.11	2019	990865.1	22143.6

资料来源:CSMAR 国泰安数据库(https://data.csmar.com/)。

新建一个时间序列类型工作文件，设置时间范围为 2000—2009 年。在新建立的 EViews 工作文件中，点击工具栏的"Proc→Import→Import from file"命令，或者 EViews 主菜单的"File→Import→Import from file"命令，找到要导入的 Excel 工作表并双击。此时 EViews 会弹出如图 2-3 所示的 Excel Read 对话框。

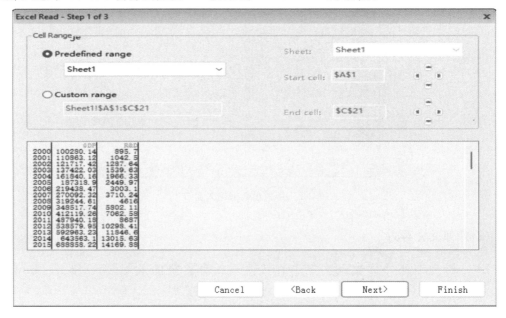

图 2-3 Excel Read 对话框

在图 2-3 中可以预览将要导入的数据,重点关注第一行是否变量名,数值与变量名是否匹配。EViews 默认读取 Excel 文件第一张表单的数据。如果要读取其他表单的数据,可在"Predefined range"下拉列表中选择相应的表单名称。通过预览确认导入的数据无误后,单击"Finish"按钮。导入成功后,窗口显示如图 2-4 所示。

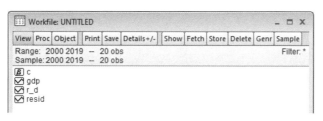

图 2-4　外部数据导入成功

也可以通过打开 Excel 工作表直接创建工作文件。依次点击"File→Open→Foreign Data as Workfile",打开文件对话框,在"Files of type"下拉列表中选择"Excel file"。找到要打开的文件,单击"Open"按钮,同样可以完成外部数据的直接导入。

(3)复制粘贴导入

利用复制和粘贴操作来导入外部数据是一种较为直接简便的方法。在如表 2-1 所示的 Excel 工作表中,选定要导入的国内生产总值(GDP)与研发支出(R&D)序列数据,注意涵盖变量名,然后右击快捷命令菜单中的复制命令。

在 EViews 中新建一个时间序列类型工作文件,设置时间范围为 2000—2019 年。在工作文件中新建一个数据组(Group),进入编辑状态后将光标移到第一个观测值位置,右击选择粘贴(Paste)命令。图 2-5 显示数据已经被导入 EViews 软件中。

obs	GDP	R_D
obs	GDP	R_D
2000	100280.1	895.7000
2001	110863.1	1042.500
2002	121717.4	1287.640
2003	137422.0	1539.630
2004	161840.2	1966.330
2005	187318.9	2449.970
2006	219438.5	3003.100
2007	270092.3	3710.240
2008	319244.6	4616.000
2009	348517.7	5802.110
2010	412119.3	7062.580
2011	487940.2	8687.000
2012	538579.9	10298.41
2013	592963.2	11846.60
2014	643563.1	13015.63
2015	688858.2	14169.88
2016	746395.1	15676.75
2017	832036.0	17606.13
2018	919281.1	19677.93
2019	990865.1	22143.60

图 2-5　复制粘贴数据

也可以从剪贴板直接创建工作文件。首先打开 Excel 工作表,复制该文件的所有内容,然后回到 EViews 主界面,如图 2-6 所示,在蓝色区域右击鼠标,在弹出的快捷菜单中选择"Paste as new Workfile"。

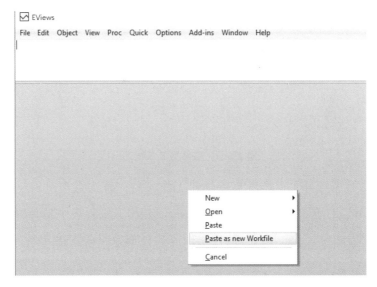

图 2-6　从粘贴板直接创建工作文件

打开工作文件窗口后,将得到与图 2-4 同样的导入结果。

同样,数据输出也有 2 种方法:一是复制粘贴数据输出;二是利用文件输出,该方式可以将数据输出成其他格式的数据类型,如 ASCII、Lotus 和 Excel 工作表。

2.1.2　新序列的生成

运用 EViews 进行数据分析时,利用已建立的序列和数学公式生成新序列、修改原序列值以及创建序列组是常用的操作。若建立工作文件中已有序列的函数,则可对已有序列进行特定的数学运算而产生新序列。使用这种方法还可以对时间序列进行动态预测以及对模型进行模拟,这在后面的章节中将会用到。同时,序列组是 EViews 中常用的对象,利用已有的序列也可以生成序列组。

(1)利用已有序列生成新序列

利用公式生成新序列,需单击工具栏中的"Genr"按钮,弹出如图 2-7 所示的"Generate Series by Equation"对话框。在对话框中的"Enter equation"框内,输入所要生成新序列的表达式,用"="连接要生成的序列名称及其公式表达式,单击"OK"按钮即可。例如,图 2-7 就显示生成了新序列 lngdp。表 2-2 列出了运用"Genr"时常用的运算符号及功能。

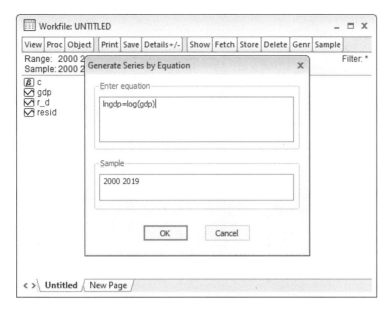

图 2-7　"Generate Series by Equation"对话框

表 2-2　EViews 常用运算符号及功能

运算符号	功能
+	加
-	减
*	乘
/	除
^	乘方
>	大于
<	小于
=	等于
<>	不等于
<=	小于等于
>=	大于等于
AND	逻辑运算"与"
OR	逻辑运算"或"
D(Y)	Y 的一阶差分，即 $Y - Y(-1)$
D(Y, n)	Y 的第 n 次一阶差分
D(Y, n, m)	Y 的第 n 次一阶差分和一次 m 阶差分
LOG(Y)	Y 的自然对数
DLOG(Y)	Y 的自然对数做一阶差分

运算符号	功能
DLOG(Y，n)	Y 的自然对数做 n 次一阶差分
DLOG(Y，n，m)	Y 的自然对数做 n 次一阶差分和一次 m 阶差分
EXP(Y)	Y 的指数变换
ABS(Y)	Y 的绝对值变换
SQR(Y)	Y 的平方根
SIN(Y)	Y 的正弦变换
COS(Y)	Y 的余弦变换
RND	生成 0～1 之间均匀分布的随机数
NRND	生成均值为 0、方差为 1 的标准正态分布随机数
ASIN(Y)	Y 的反正弦变换
ACOS(Y)	Y 的反余弦变换
PCH(Y)	生成相对变化或增长率序列：$[Y-Y(-1)]/Y(-1)$
INV(Y)	Y 的倒数
DNORM(Y)	变 Y 为标准正态密度函数
CNORM(Y)	变 Y 为累计正态分布函数
LOGIT(Y)	Y 的 Logistic 变换
FLOOR(Y)	变 Y 为不大于 Y 的最大整数
CEILING(Y)	变 Y 为不小于 Y 的最小整数

举例说明一些用来计算并生成新序列的正确表达式：

$Z=1/Y$，Z 为序列 Y 的倒数；

$Z=X\times Y+W$，其中 $X\times Y$ 表示 X 和 Y 相乘；

$Z=Y-Y(-1)$，其中 $Y(-1)$ 为一阶滞后算子，$Y(-i)$ 表示滞后 i 阶；

$Z=\exp(Y)$，Z 为 Y 的自然指数；

$Z=\log(@abs(Y)\times X)$，其中 @abs(Y) 表示取 Y 的绝对值，EViews 中大多数函数前面都有一个"@"符号。

所有关于 EViews 中的数学公式以及数学运算符等相关信息，可以参考 EViews 软件中的帮助，其为用户提供了非常详细的说明。

目标序列可以是工作文件中已存在的序列，此时进行如此操作相当于修改已有的观测值。例如，"$Z=\log(Z)$"表示以序列 Z 的自然对数值代替原来的观测值。

（2）建立自动更新序列

自动更新序列是指当序列表达式中的序列观测值发生变化时，目标序列的观测值会随之变化，自动更新目标序列中的数值。

在建立一个自动更新序列之前，应该先建立一个序列，例如"gdp_1"，然后打开该序列。单击所打开的序列窗口工具栏中的"Properties"按钮，或者选择"View→Properties"命令，屏幕会弹出一个对话框，如图 2-8 所示。对话框上方有多个标签，单击"Values"标签，在"Series values"选项组中选择"Formula"，对话框下面的文本框将由灰色变为激活状态，用户需要在该文本框中输入一个有效的序列表达式，如"gdp-gdp(−1)"，然后单击"OK"按钮。EViews 将把序列"gdp_1"更改为自动更新序列，并根据表达式计算其数据，即 gdp_1＝gdp-gdp(−1)，如图 2-9 所示。

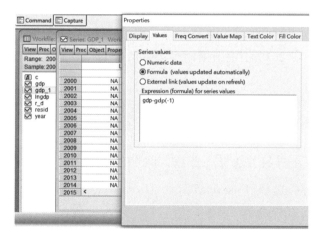

图 2-8　建立自动更新序列对话框

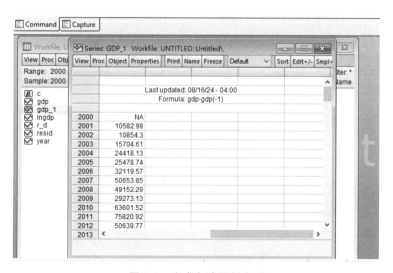

图 2-9　生成自动更新序列

自动更新序列将以标有新图标的形式出现在工作文件目录中。在自动更新序列图标中,序列线上面有一个附加的等号标识,该符号说明自动更新序列依赖于原序列的表达式。

2.2　单序列统计分析

序列和序列组输入数据后,就可以使用 EViews 对这些数据进行基本统计分析、参数假设检验及绘制统计图表等操作。基本统计分析可给出序列和序列组的基本统计量,如均值、方差、协方差、相关系数等。常用的参数假设检验包括单个总体以及两个总体的均值检验和方差检验。用户通过绘制序列的分布图可以大致地了解样本观测值的分布特征,而通过绘制序列组的各种散点图则可以知道两个序列之间的关系。本节将结合实际案例来介绍 EViews 的上述统计分析操作。

【例 2.1】对 2000—2019 年中国国内生产总值(GDP)及研发支出(R&D)的数据,进行统计分析。

2.2.1　绘制直方图

首先,根据上一小节的方法导入数据,并打开工作文件中的序列 R&D,单击其工具栏的"View"功能键,选择"Descriptive Statistics & Tests"命令,出现如图 2-10 所示的菜单。

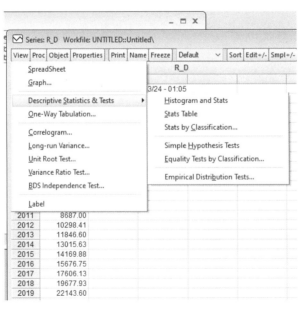

图 2-10　Descriptive Statistics & Tests 选项菜单

　　在图 2-10 弹出的菜单中,有 6 个命令:"Histogram and Stats"表示显示选定序列的直方图以及给出序列的有关统计量值;"Stats Table"表示以表格的形式显示选定序列有关统计量的值;"Stats by Classification"表示以表格的形式对选定序列进行分组统计描述;"Simple Hypothesis Tests"表示单个样本的假设检验,如单样本均值、方差、中位数检验;"Equality Tests by Classification"表示不同组样本之间的均值、方差、中位数检验,该检验方法需设定一个分组变量;"Empirical Distribution Tests"表示对数据进行分布检验,可以检验数据是否服从正态、指数、卡方等统计分布。

　　在图 2-10 所示的菜单中,选择"Histogram and Stats"选项,得到如图 2-11 所示的输出结果。

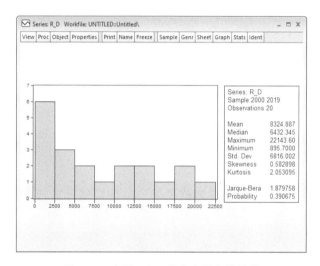

图 2-11　序列 R&D 的直方图与统计量

　　图 2-11 的左边显示的是序列 R&D 的直方图,反映了研发支出在各个数值区间的分布频数。可见 2000—2019 年,我国研发支出在(0,2500)(不含上限)范围内有 6 个观测值,在(2500,5000)(不含上限)范围内有 3 个观测值,等等。图 2-11 的右边方框列出了根据序列 R&D 的 20 个观测值计算出的描述性统计量,包括均值(Mean)、中位数(Median)、最大值(Maximum)、最小值(Minimum)、标准差(Std. Dev.)、偏度(Skewness)、峰度(Kurtosis)以及 Jarque-Bera 统计量与其概率值(Probability)。

　　图 2-11 还显示,序列 R&D 的偏度 s 为 0.5829(>0),峰度 k 为 2.0531(<3)[①]。因此,与正态分布相比,序列 R&D 呈现"右偏、矮胖"的分布形态。同时,Jarque-Bera 为 1.8798,其概率 P 为 0.3907(>0.05),说明在 95% 的置信水平下,不能拒绝原假设 H_0:序列 R&D 服从正态分布。故可以认为,序列 R&D 服从正态分布。

---

　　①　EViews 默认的正态分布峰度为 3。

在窗口工具栏中单击"View"功能键,并选择"Descriptive Statistics & Tests→Stats Table"命令,出现如图 2-12 的窗口,反映了描述统计的结果,与图 2-11 右边方框中的内容一致。

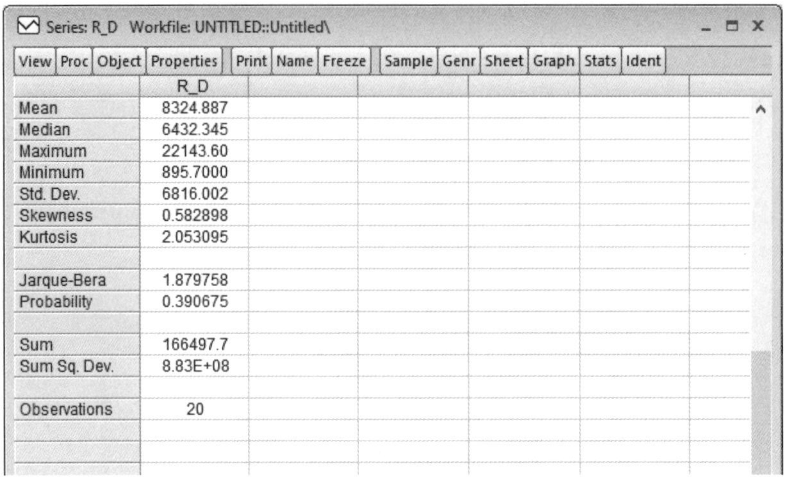

图 2-12 序列 R&D 的描述统计

2.2.2 分组描述统计

分组描述统计,是指将序列的观测值根据分组变量划分成若干个子集后,对序列各个子集分别进行描述统计。

单击"View"功能键,选择"Descriptive Statistics & Tests→Statistics by Classification"命令,会出现分组描述统计定义对话框,如图 2-13 所示。

左边的"Statistics"选项组允许用户选择希望计算的统计信息。"Statistics"选项组中有 11 个选项,用户可以根据需要选择一个或者多个输出统计量("Quantile"选项用于设定显示的分位数;"♯ of NAs"选项用于显示样本缺失观测值的个数;"Observations"选项用于显示样本观测数)。

"Series/Group for classify"编辑框需要用户输入用来分组的标识(分组变量,可以是序列或者序列组),分组变量可以有多个。在"Series/Group for classify"字段中,输入定义子组的"Series"或"Group"名称,用户必须输入至少一个名称,也可以输入多个系列或组名,用空格分隔每个名称。其他对话框的选项一般可以使用默认设置,并不需要用户改动。

默认情况下,EViews 排除任何分类中缺失值的观测结果。若要将 NA 值视为有效的子组,请选择"NA handling"选项。"Output Layout"允许用户控制统计信息的显示;"Table Display"表示以表格形式显示统计信息;"List Display"表示以一行的形式显示统计信息。

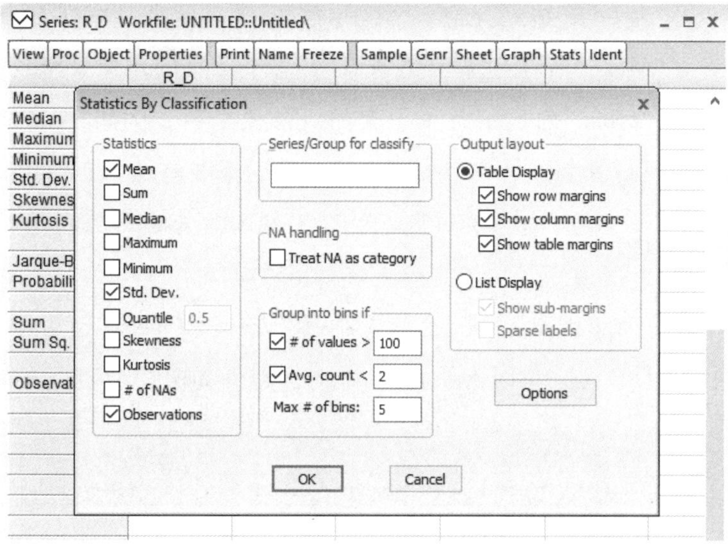

图 2-13　分组描述统计操作对话框

只有在使用多个系列作为分类器时，表和列表选项才是相关的。“Row Margins”“Column Margins”和“Table Margins”指示 EViews 计算子组聚合的统计信息。分类可能会导致大量不同的值，而单元格非常小。默认情况下，EViews 自动将观测分组到类别中，以保持适当的单元格大小和类别数量。

设置“# of values”选项告诉 EViews，如果分类器系列接收的不同值超过指定的数量，则对数据进行分组。如果分类器系列的每个不同值的平均计数小于指定的数字，则使用“Avg. count”选项来存储该系列。“Max # of bins”指定最大子组数量。

本案例用序列 GDP 作为分组变量，将其输入“Series/Group for classify”编辑框中。设定完分组统计描述对话框后，单击“OK”按钮，得到如图 2-14 所示的输出结果。

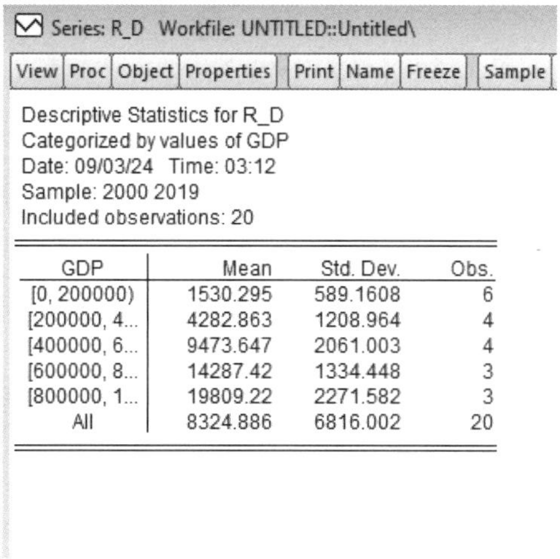
Series: R_D Workfile: UNTITLED::Untitled\
View Proc Object Properties Print Name Freeze Sample

Descriptive Statistics for R_D
Categorized by values of GDP
Date: 09/03/24 Time: 03:12
Sample: 2000 2019
Included observations: 20

GDP	Mean	Std. Dev.	Obs.
[0, 200000)	1530.295	589.1608	6
[200000, 4...	4282.863	1208.964	4
[400000, 6...	9473.647	2061.003	4
[600000, 8...	14287.42	1334.448	3
[800000, 1...	19809.22	2271.582	3
All	8324.886	6816.002	20

图 2-14　序列 GDP 分组统计描述

该结果显示，序列 GDP 被划分为 5 个区间范围，并以此来对序列 GDP 的观测值进行分组描述统计。"Mean"所在列显示序列 GDP 各个子集的均值；"Std. Dev."列显示各个子集的标准差；"Obs."列显示各个子集的观测值个数。例如，GDP 在（0，200000）对应的序列子集的观测值个数是 6，均值是 1530.295，标准差是 589.1608。

2.2.3 单因素联列表

为获得 R&D 序列单因素联列表，首先选择"View→One-Way Tabulation"命令，EViews 将对序列 R&D 建立单因素联列表，此时会得到如图 2-15 所示的对话框。

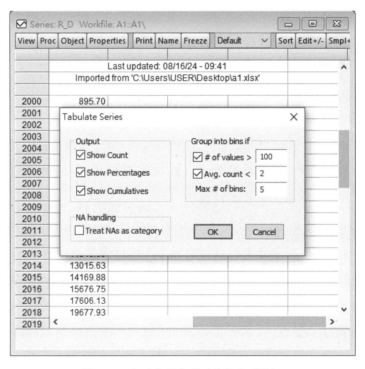

图 2-15　序列单因素联列表操作对话框

对话框中的"Output"选项组供用户选择输出结果中的显示项，包括是否显示序列在不同区间内的观测值计数（Show Count）、是否显示百分比和累计百分比（Show Percentages）以及是否显示频数和累积频数（Show Cumulatives）。对话框下面的"NA handling"选项组用于选择对序列中缺失观测值的处理方式，若选择"Treat NAs as category"复选项，则表示处理过程中将会排除缺失值。对话框右边的选项一般不需要用户进行设定。

设定完毕后，单击"OK"按钮，会得到序列 R&D 的单因素联列表，如图 2-16 所示。

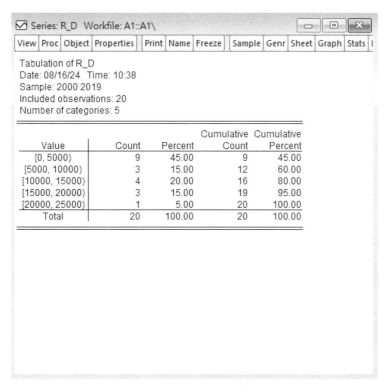

图 2-16　序列 R&D 的单因素联列表

在图 2-16 中,最左边的"Value"所在列显示按升序排列的观测值数值范围;"Count"列显示处于某个观测值区间的样本个数;"Percent"列显示观测值数量占样本容量的百分比;"Cumulative Count"列、"Cumulative Percent"列分别显示序列观测值的累积频数和累积频率。例如,处于[15000,20000)范围内的观测值有 3 个,即频数为 3,占总体的百分比为 15%,且该区间相应的累积频数(观测值小于 20000 的观测值个数)为 19,累积频率为 95%。

2.3　序列组统计分析

同样使用例 2.1 的国内生产总值(GDP)及研发支出(R&D)的统计数据作为范例,本节将介绍序列组的描述统计分析以及相关分析和协方差分析。

2.3.1　描述统计分析

新建序列组 G1,其包含序列 R&D 和序列 GDP。打开序列组 G1,在其窗口工具栏中选择"View→Descriptive Statistics & Tests"命令,出现的菜单中包括 2 个子项,即共同样本(Common Sample)和单个样本(Individual Samples)。

使用“Common Sample”选项要求序列组中各个序列在当前样本范围内都有观测值。若某个序列存在缺失值，则在计算有关统计量时将去掉与缺失值对应的所有序列的样本。使用“Individual Samples”选项在计算统计量时，将用每个序列有值的观测值分别进行计算。假设样本范围为 20，序列 x 有 16 个观测值，序列 y 有 18 个观测值。在样本范围内，序列 x 和序列 y 都有观测值的时期数为 15。若选择“Common Sample”选项，则计算 x 和 y 的有关统计量时都使用 15 个观测值；若选择“Individual Samples”选项，则计算 x 的统计量时使用 16 个观测值，而计算 y 的统计量时使用 18 个观测值。

由于序列组 G1 各个序列没有缺失值，因此选择“Common Sample”命令或者“Individual Samples”命令都可以，单击“OK”按钮后，会得到如图 2-17 所示的结果。

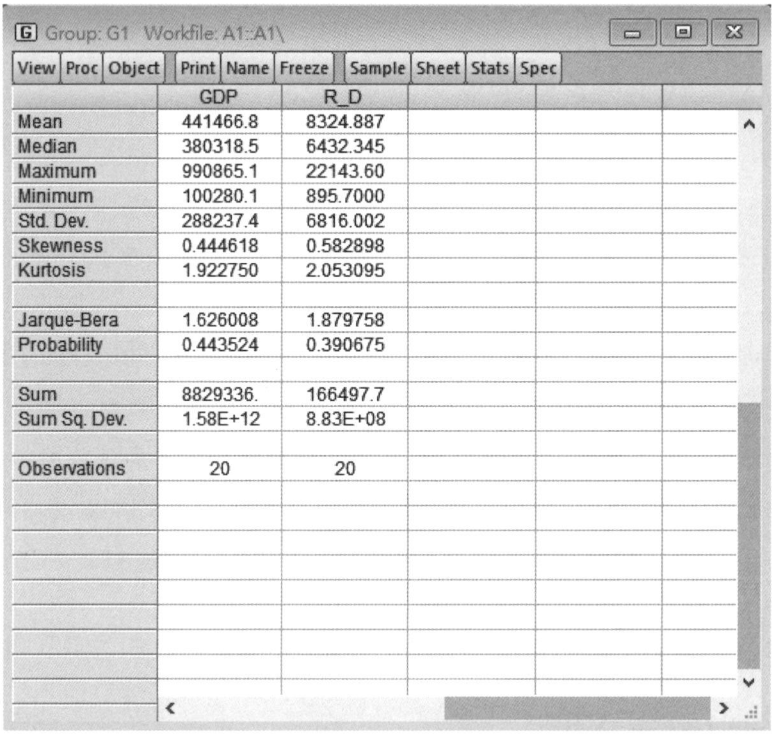

	GDP	R_D
Mean	441466.8	8324.887
Median	380318.5	6432.345
Maximum	990865.1	22143.60
Minimum	100280.1	895.7000
Std. Dev.	288237.4	6816.002
Skewness	0.444618	0.582898
Kurtosis	1.922750	2.053095
Jarque-Bera	1.626008	1.879758
Probability	0.443524	0.390675
Sum	8829336.	166497.7
Sum Sq. Dev.	1.58E+12	8.83E+08
Observations	20	20

图 2-17　序列组 G1 的描述统计分析

图 2-17 给出了序列组 G1 所包含的序列 R&D 和序列 GDP 的有关统计量，这里的统计量比单序列操作中多了 2 个统计量，即“Sum”（样本和）和“Sum Sq. Dev.”（样本方差）。

2.3.2　相关分析和协方差分析

相关分析（Correlations）是指给出序列组中序列之间的相关系数矩阵，其主对角线上的元素是 1，非对角线上的元素则是两个序列的相关系数。协方差分析（Covariance）

是指给出各序列之间的协方差矩阵,其主对角线上的元素是各个序列的样本方差,非对角线上的元素则是两个序列的协方差。

对序列组 G1 进行相关分析,首先打开序列组,然后选择序列组窗口工具栏中的"View→Covariance Analysis"命令,打开如图 2-18 所示的对话框。

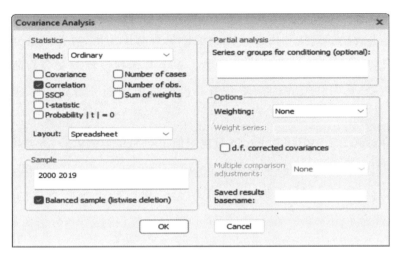

图 2-18　相关分析操作对话框

在图 2-18 中的"Statistics"选项框内勾选"Correlation"选项,单击"OK"按钮,得到如图 2-19 所示的序列组 G1 的相关系数矩阵。由图 2-19 可知,GDP 和 R&D 之间的相关系数为 0.997732,几乎接近 1,两者属于高度正相关关系。

G Group: G1　Workfile: A1::A1\

View	Proc	Object	Print	Name	Freeze		Sample	Sheet
								Correlation
	GDP	R_D						
GDP	1.000000	0.997732						
R_D	0.997732	1.000000						

图 2-19　序列组 G1 的相关分析结果

若对序列组 G1 进行协方差分析,需要在图 2-18 的"Statistics"选项框内仅勾选"Covariance"选项,单击"OK"按钮,得到如图 2-20 所示的序列组 G1 的协方差矩阵。

G Group: G1　Workfile: A1::A1\

View	Proc	Object	Print	Name	Freeze		Sample	Sheet
								Covariance
	GDP	R_D						
GDP	7.89E+10	1.86E+09						
R_D	1.86E+09	44134983						

图 2-20　序列组 G1 的协方差分析结果

在图 2-20 所示的协方差矩阵中,矩阵主对角线上的元素"7.89E+10""44134983"分别是序列 GDP 和序列 R&D 的方差,而"1.86E+09"是这 2 个序列的协方差。

2.4 单个总体假设检验

单个总体假设检验是指利用某些检验统计量对总体均值、方差以及分位数进行检验,其中经常使用的是均值检验和方差检验。单个总体假设检验又分为简单假设检验和分组齐性检验,其中分组齐性检验是指对由分组变量划分得到的序列各子集进行检验。

本小节将对例 2.1 中的序列 R&D 的观测值进行简单均值检验、方差检验以及分组均值检验。其中,简单均值检验的原假设(Null Hypothesis)为"$\mu=8500$",方差检验的原假设为"$\sigma^2=4.5E+07$"。根据 EViews 的检验输出结果判断总体的均值是否为 8500,方差是否为 4.5E+07。在对序列 R&D 的分组均值检验中,分组变量为 GDP,原假设是:序列 R&D 在各组的均值没有显著差异,即 μ_i 全等($i=1,2,3,4,5$)。上述检验的显著性水平均为 0.05。

2.4.1 均值检验与方差检验

首先,打开序列 R&D,单击其窗口工具栏中的"View"功能键,选择"Descriptive Statistics & Tests→Simple Hypothesis"命令,会出现如图 2-21 所示的对话框。

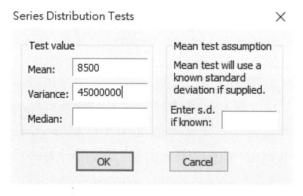

图 2-21 假设检验对话框

接着,需要在对话框的"Test value"选项组中输入待检验的均值、方差以及中位数。本例中,在"Mean"编辑框中输入"8500",在"Variance"编辑框中输入"45000000",这表示均值检验和方差检验的原假设分别为 8500 和 45000000。单击"OK"按钮,会得到如图 2-22 所示的检验结果。

图 2-22 均值与方差检验结果

图 2-22 所示的检验结果从上至下分为 3 部分。第一部分显示检验的基本信息,包括执行此次 EViews 操作的名称(Hypothesis Testing for R&D)、执行操作的日期时间、样本范围、包含的观测值数以及检验名称;第二部分"Test of Hypothesis:Mean＝8500.000"显示的是均值检验结果;第三部分"Test of Hypothesis:Variance＝45000000"显示的是方差检验结果。

在均值检验结果中,Method 列显示均值检验方法为 t-statistic(t 检验),且 t 统计量为－0.1149,其相应的概率为 0.9097(＞0.05),故不能拒绝原假设。因此,认为总体均值确实等于 8500。

在方差检验结果中,Method 列显示检验方法为 Variance Ratio(方差比检验),统计量为 19.6156,其对应的概率为 0.4180(＞0.05),故不能拒绝原假设。因此,认为总体方差确实等于 45000000。

2.4.2 分组均值齐性检验

分组均值齐性检验是为了检验各组的均值是否相等,其主要利用方差分析得到各组(由分组变量对选定的序列进行划分而得到的子集)数据的组内差异和组间差异,EViews 可同时给出 F 统计量以及相应的概率值。

首先,在序列 R&D 窗口工具栏中,单击"View"功能键,并选择"Descriptive Statistics & Tests→Equality Test by Classification"命令,会出现如图 2-23 所示的对话框。

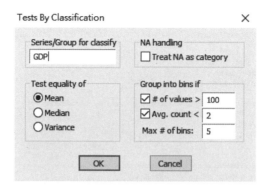

图 2-23　分组均值检验对话框

其次,在对话框左上角的"Series/Group for classify"编辑框中输入分组变量。"Test equality of"选项用于选择待检验的统计量,包括均值(Mean)、中位数(Median)以及方差(Variance)。对话框右上角的"NA handling"选项用于选择对样本缺失值的处理方式,若选中"Treat NA as category",则处理过程中将排除缺失值。

本例中,在"Series/Group for classify"编辑框中输入"GDP",并在下面的"Test equality of"选项组中选中"Mean",表示按照 GDP 的大小对序列 R&D 分组,并检验各组之间的均值是否相等。其他选项采用默认设置,然后单击"OK"按钮,会出现如图 2-24所示的检验结果。

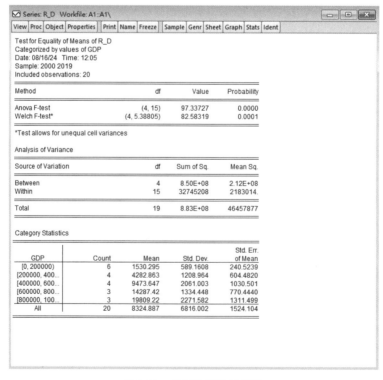

图 2-24　分组均值检验结果

　　从上至下,图 2-24 所示的检验结果主要分为 3 部分:第一部分显示分组均值检验所使用的方法及有关检验统计量;第二部分显示方差分析结果;第三部分显示序列 R&D 的分组统计描述。

　　在第一部分中,"Method"列显示了检验所采用的方法,即 Anova F-test(方差分析 F 统计量)检验。由于分组变量 GDP 被划分为 5 个区间,序列 R&D 被分为 5 个组(k＝5),因此 F 统计量的自由度 df 为(4,15)。F 统计量的值为 97.3373,相应的概率为 0.0000,远远小于显著水平 0.05,因此可以拒绝原假设"μ_i 全等($i＝1,2,3,4,5$)",认为在 95% 的置信水平下,序列 R&D 的 5 个组(子集)的均值之间存在显著差异。

　　在第二部分中,"Analysis of Variance"显示了方差分析的详细结果,包括差异来源 (Source of Variation)、组间差异(Between)和组内差异(Within)。"Sum of Sq."所在列是样本方差,组间方差为 850000000,组内方差 32745208,组间方差远大于组内方差,因此,总方差主要来源于组间方差。"Mean Sq."(平均方差)等于方差除以对应的自由度,即"Mean Sq.＝Sum of Sq./df"。

　　第三部分"Category Statistics"显示的是分组描述统计结果。

2.5　两个总体假设检验

　　本节介绍如何检验 2 个总体的均值和方差是否相等。假设将例 2.1 的数据拆分为 2 组,分别为奇数年和偶数年的国内生产总值(GDP)与研发支出(R&D)的统计数据。

　　我们仍旧使用 R&D 数据来判断奇数年的研发支出(Odd_R&D)与偶数年的研发支出(EVEN_R&D)两者之间的平均值是否存在显著差异,原假设为无差异,即:$\mu_E＝\mu_O$。检验的显著性水平为 0.05。

2.5.1　方差之差检验

　　由于在均值检验之前需要先进行方差检验,因此我们先检验序列"EVEN_R&D"和"Odd_R&D"的方差是否相等。原假设为:$\sigma_E^2＝\sigma_O^2$。

　　建立包含序列"EVEN_R&D"和序列"Odd_R&D"的序列组 G2。打开序列组 G2,并在其窗口工具栏中选择"View→Test for Equality"命令,此时会出现方差检验对话框。该对话框中间有 3 个选项,包含 Mean(均值)、Median(中位数)和 Variance(方差)。选择 Variance 检验项,单击"OK"按钮,将输出如图 2-25 所示的检验结果。

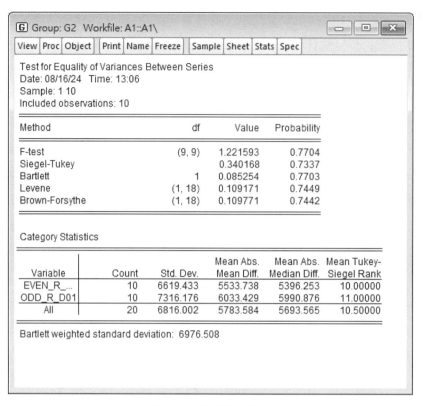

图 2-25　方差检验结果

从上至下，方差检验结果窗口主要有 2 个部分：第一部分显示进行方差检验所使用的方法及有关检验统计量；第二部分显示各个序列的分类统计。在第一部分中，"Method"列显示方差检验的方法，包括 F 检验、Siegel-Tukey 检验、Bartlett 检验、Levene 检验和 Brown-Forsythe 检验等 5 种方法。最常使用的是 F 检验，因此用户只需要看 F-test 所在行的检验结果。"df"列显示检验统计量的自由度；"Value"列显示检验统计量的数值；"Probability"列显示检验统计量相应的概率值。

图 2-25 的结果显示，F 统计量的自由度为 $(9,9)$，F 统计量的值为 1.2216，相应的概率值为 0.7704 且远大于检验水平 0.05。因此，在检验水平为 0.05 的情况下，不能拒绝"$\sigma_E^2 = \sigma_O^2$"的原假设，即可以认为奇数年与偶数年的研发支出的方差在统计上无差异，因此可以进行后续均值之差检验。

2.5.2　均值之差检验

同样地，在序列组 G2 的窗口工具栏中选择"View→Test for Equality"命令，然后在对话框中选择"Mean"项。设定完毕后，单击"OK"按钮，将输出如图 2-26 所示的检验结果。

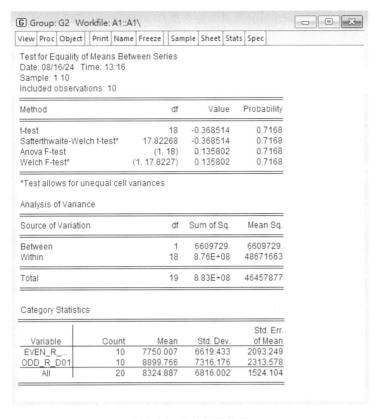

图 2-26　均值检验结果

图 2-26 所示的检验结果类似于单个总体分组均值的检验结果，"Method"列显示均值检验的方法，有 t 检验(t-test)、方差分析 F 检验(Anova F-test)等 4 种检验方法。均值检验结果显示，t 统计量为 -0.3685，F 统计量为 0.1358，这 2 个统计量相应的概率值都为 0.7168 且远大于显著性水平 0.05。因此，在检验水平为 0.05 的情况下，不能拒绝"$\mu_E=\mu_O$"的原假设，故可以认为奇数年与偶数年研发支出的均值无显著差异。

2.6　序列分布图

【例 2.2】利用数据文件表 2-2，本例采集了 2017 年我国 31 个省(市、区)生产总值与政府支出(G_E)的截面数据。根据该数据，请绘制出其各种经验分布图，并判断数据是否服从正态分布。

2.6.1　绘制 CDF 图

CDF 图，即累计分布函数图。建立 EViews 文件并导入数据，单击政府支出(G_E)序列窗口工具栏的"View"功能键，选择"Graph"，在弹出的对话框(见图 2-27)的

"Specific"选项组中选择"Distribution"，在右侧"Distribution"选项的下拉菜单中选择"Empirical CDF"。

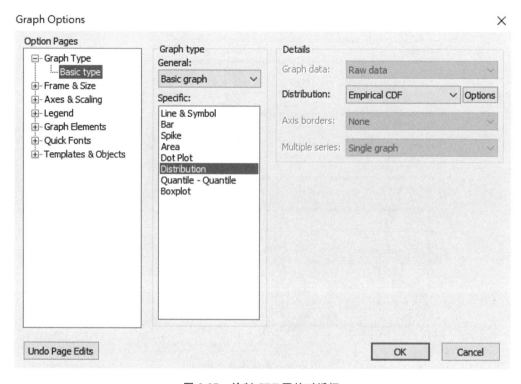

图 2-27 绘制 CDF 图的对话框

图 2-27 对话框中的"Graph Type"选项组用来选择绘制统计图形的类型。在"General"选项下有基本图（Basic graph）和分组图（Categorical graph）两种选择，而在"Specific"选项下则列出了所有的统计图形类型。

"Graph Options"为用户提供了几种计算 CDF 的方法，这些方法的不同之处在于如何调整针对 CDF 计算的非连续性（由于序列观测值是离散的），这些差异将随着样本数的增加而变得非常微小。一般情况下，用户不需要使用"Graph Options"功能。

单击"OK"按钮，会出现政府支出（G_E）序列的累积分布图，如图 2-28 所示。对于其他分布图，用户也可以参照上述步骤进行绘制。

图 2-28 最上面和最下面的曲线之间表示两倍标准误差置信带。由于序列的观测值是离散的，因此其经验累积分布图呈现出锯齿状，且随着样本量增大将变得平滑。

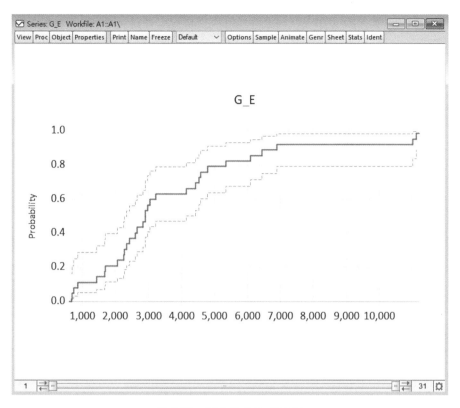

图 2-28　序列 G_E 的 CDF 图

2.6.2　绘制 Quantile-Quantile 图

以选定序列的分位数为横轴,以某一理论分布或其他序列的分位数为纵轴,可绘制分位数-分位数(Quantile-Quantile,QQ)图。QQ 图可以用来比较 2 个分布。如果所比较的 2 个分布是相同的或非常接近的,则 QQ 图中的散点将在同一条直线上。

单击序列 G_E 窗口工具栏的"View"功能键,选择"Graph Options",在弹出对话框的"Specific"选项组中选择"Quantile-Quantile"。"Q-Q graph"后面的下拉菜单可用于选择纵轴,可以是理论(Theoretical)分布,也可以是用于对比的序列(Symmetry)。

如果使用默认的"Theoretical"选项,则单击"Options"按钮,弹出的对话框如图 2-29 所示。对话框上面的"Distribution"选项组可选择某种理论分布或者某个序列进行比较,有正态分布(Normal)、指数分布(Exponential)、逻辑分布(Logistic)、均匀分布(Uniform)、极大值分布(Extreme-Max)、极小值分布(Extreme-Min)、卡方分布(Chi-Square)、帕累托分布(Pareto)、威布尔分布(Weibull)、伽马分布(Gamma)和学生 t 分布(Student's t)。用户在分布下的选项栏中可以设置理论分布的参数。在"Quantial Method"选项的下拉菜单中可选择系统默认的方法。

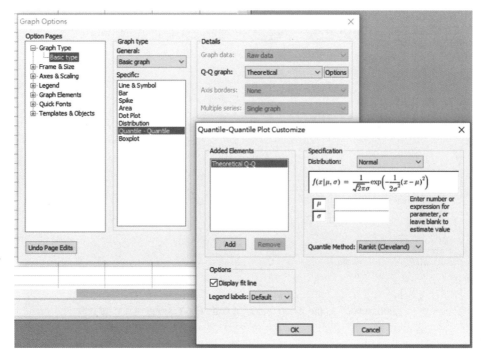

图 2-29 绘制 QQ 图对话框

在"Distribution"选项组中选择"Normal",然后单击"OK"按钮,会得到如图 2-30 所示的 QQ 图。

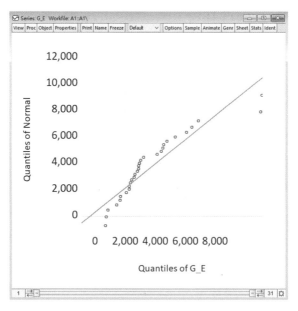

图 2-30 序列 G_E 与正态分布比较的 QQ 图

在图 2-30 所示的 QQ 图中,序列 G_E 的分位数散点并没有全部落在回归直线上,因此可以认为序列 G_E 观测值的分布并不接近正态分布。

2.6.3　经验分布检验

可以使用经验分布检验来初步判断所选定序列的观测值大致服从哪种理论分布。下面对序列 G_E 进行经验分布检验,单击序列 G_E 窗口工具栏的"View"功能键,选择"Descriptive Stats & Tests→Empirical Distribution Tests"命令,得到如图 2-31 所示的对话框,该对话框需要用户输入待检验的理论分布。

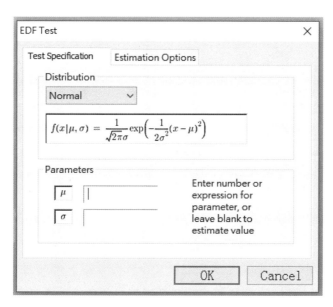

图 2-31　经验分布检验对话框

对话框中的"Distribution"下拉列表提供了可选择的分布,包括正态分布(Normal)、卡方分布(Chi-Square)、指数分布(Exponential)、极大值分布(Extreme-Max)、极小值分布(Extreme-Min)、伽马分布(Gamma)、逻辑分布(Logistic)、帕累托分布(Pareto)、均匀分布(Uniform)以及威布尔分布(Weibull)。其下方的文本框用于显示所选定的某种分布的概率密度函数表达式。如在下拉列表中选择"Normal",则该文本框显示的是正态分布概率密度函数。

"Parameters"选项组用于输入所选定分布的参数或参数的表达式。如选定正态分布,则可以输入均值和标准差。用户也可以不输入参数,EViews 将自动估计分布中的参数。

在"Estimation Options"选项卡中可以设置估计中的一些选项,如迭代控制(Iteration)、优化算法(Optimization Algorithm)以及迭代的起始值(Starting Values)。

本例中,在"Distribution"下拉列表中选择"Normal",且正态分布的参数值选择默认由系统估计,然后单击"OK"按钮,会得到如图 2-32 所示的检验输出结果。

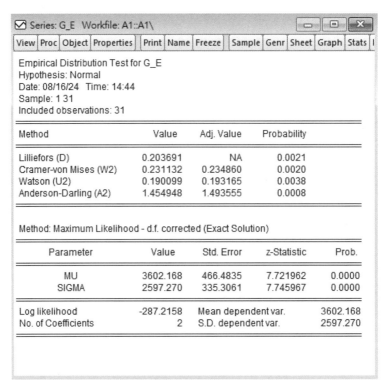

图 2-32　序列 G_E 的正态分布检验

从上至下,图 2-32 的检验结果主要包括 2 个部分。第一部分显示序列经验分布检验所使用的检验方法、相应统计量的值及其概率值。几种检验方法都显示序列 G_E 的经验分布不服从正态分布。

此次检验过程中没有设置分布的参数,因此第二部分显示的参数估计结果包括参数估计值、标准误差(Std. Error)、Z 统计量(Z-Statistic)及其概率值(Prob.)。"Method"显示参数估计所使用的方法为最大似然法(Maximum Likelihood),正态分布的参数设置为:$\mu=3602.168,\sigma=2597.270$。

第 3 章
一元线性回归模型

3.1 知识回顾

社会经济活动常常需要用经济变量来刻画,如投资额、销售量、价格、利润、利息率、地区生产总值、人均生产总值等。在生产、分配、交换和消费的过程中,各种生产要素和产品不管以实物形态出现,还是以货币形态出现,最终都表现为一定的数量关系。因此,对经济问题的研究,不仅要分析该问题的基本性质,还要对经济变量之间的数量关系进行分析,其中最常用的分析方法就是回归分析。

3.1.1 模型设置

假设 x(解释变量)与 y(被解释变量)是具有因果关系的 2 个相关变量,通过观察获得了这 2 个变量的 n 对观测值:$(x_1,y_1),(x_2,y_2),\cdots,(x_n,y_n)$。为了直观地看出 x 和 y 间对应的变化趋势,将每一对观测值在平面直角坐标系中描点,做出散点图(见图 3-1)。

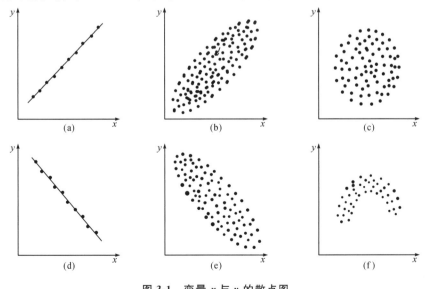

图 3-1 变量 x 与 y 的散点图

如果 x 与 y 之间的散点图形如图中(a)与(d)的情形,则 y 与 x 的关系可以用下式表达:

$$y_i = \beta_0 + \beta_1 x_i + u_i \quad (i = 1, 2, \cdots, n) \tag{3-1}$$

式(3-1)为一元线性回归模型。

3.1.2 基本假设

为确保成功估计出模型中的参数,一元线性回归模型须满足以下前提假设:

假设 1:解释变量 x_i 是确定性变量,而非随机变量。

假设 2:随机误差项 u_i 具有零均值、同方差性,即:

$$E(u_i) = 0, Var(u_i) = \sigma^2, i = 1, 2, \cdots, n;$$

假设 3:随机误差项 u_i 之间彼此独立,即 $COV(u_i, \mu_j) = 0$。

假设 4:随机误差项 u_i 与解释变量 x_i 不相关,即 $COV(u_i, x_i) = 0$。

假设 5:随机误差项 u_i 服从正态分布。

3.1.3 参数估计

我们把 $\varepsilon_i = y_i - \hat{y}_i$ 称作回归残差。显然,为了找出一条能够最好地描述 y 与 x 总体关系的直线,应该让 ε_i 总体上尽可能地小。为了在数学上便于处理,人们提出了残差平方和最小的准则,即使下式取最小值:

$$\sum_{i=1}^{n} \varepsilon_i^2 = \sum_{i=1}^{n} (y_i - \hat{y}_i)^2 = \sum_{i=1}^{n} (y_i - \hat{\beta}_0 - \hat{\beta}_1 x_i)^2$$

在该准则下,根据微积分中求函数极值的原理求得 $\hat{\beta}_0$ 和 $\hat{\beta}_1$ 的方法,被称为普通最小二乘估计法(Ordinary Least Squares,OLS)。具体估计结果如下:

$$\hat{\beta}_0 = \bar{y} - \hat{\beta}_1 \bar{x}$$

$$\hat{\beta}_1 = \frac{\sum (x_i - \bar{x})(y_i - \bar{y})}{\sum (x_i - \bar{x})^2}$$

于是得到样本回归方程:

$$\hat{y} = \hat{\beta}_0 + \hat{\beta}_1 x \tag{3-2}$$

满足经典假设的前提下,OLS 法估计得到的参数 $\hat{\beta}_0$ 和 $\hat{\beta}_1$ 具有以下性质:

①线性性,即 $\hat{\beta}_0$ 和 $\hat{\beta}_1$ 均为随机变量 y_i 的线性函数;

②无偏性,即 $\hat{\beta}_0$ 和 $\hat{\beta}_1$ 的均值(期望值)分别等于总体参数值 β_0、β_1;

③最小方差性,即在关于总体参数 β_0 和 β_1 的一切线性、无偏估计量中,$\hat{\beta}_0$ 和 $\hat{\beta}_1$ 的方差最小。

3.1.4　统计检验

（1）拟合优度检验

拟合优度是反映回归直线与样本数据吻合程度的指标。显然，若观测点离回归直线越近，则拟合程度越好；反之，则拟合程度越差。

拟合优度记为 R^2，其构造如下：

$$R^2 = \frac{ESS}{TSS} = \frac{\sum_{i=1}^{n}(\hat{y}_i - \bar{y})^2}{\sum_{i=1}^{n}(y_i - \bar{y})^2}$$

或

$$R^2 = 1 - \frac{RSS}{TSS} = 1 - \frac{\sum_{i=1}^{n}(y_i - \hat{y}_i)^2}{\sum_{i=1}^{n}(y_i - \bar{y})^2}$$

R^2 取值范围为 $[0,1]$。R^2 越接近 1，说明回归直线对观测值的拟合程度越好；而 R^2 越接近 0，则说明回归直线对观测值的拟合程度越差。

（2）**模型整体显著性 F 检验**

F 检验的目的是检验模型整体的线性关系是否成立。具体步骤如下：

首先，提出假设 $H_0: \beta_1 = 0$。

其次，构造统计量：$F = \dfrac{ESS/1}{RSS/(n-2)} \sim F(1, n-2)$。

最后，给定显著性水平 α，查得临界值 $F_\alpha(1, n-2)$；

当 $F < F_\alpha(1, n-2)$ 时，接受 H_0，说明回归方程整体不显著；

当 $F > F_\alpha(1, n-2)$ 时，拒绝 H_0，说明方程整体显著。

（3）**自变量显著性 t 检验**

t 检验的目的是检验自变量对因变量是否有显著影响。具体步骤如下：

首先，提出假设：$H_0: \beta_1 = 0$。

其次，构造统计量：$t = \dfrac{\hat{\beta}_1 - \beta_1}{\sqrt{\hat{V}(\hat{\beta}_1)}} = \dfrac{\hat{\beta}_1}{\sqrt{\hat{V}(\hat{\beta}_1)}} \sim t(n-2)$。

最后，给定显著水平 α，查得临界值 $t_{\alpha/2}(n-2)$；

当 $|t| > t_{\alpha/2}(n-2)$ 时，拒绝 H_0，认为自变量 x 对因变量 y 影响显著；

当 $|t| < t_{\alpha/2}(n-2)$ 时，接受 H_0，认为 x 对 y 没有显著影响。

3.1.5 模型预测

（1）点预测

点预测是指给定解释变量 x 的某一特定值，利用回归方程来估计被解释变量 y 的值。已知样本回归方程为：

$$\hat{y} = \hat{\beta}_0 + \hat{\beta}_1 x$$

当解释变量 $x = x_t$ 时，$\hat{y}_t = \hat{\beta}_0 + \hat{\beta}_1 x_t$ 就是 y_t 的点预测值。

（2）区间预测

区间预测是指在一定的置信水平下，找出预测值真值所在的区间范围。可以证明，在 $1 - \alpha$ 的置信水平下，y_t 的预测区间为：

$$\left(\hat{y}_t - t_{\alpha/2}(n-2) \sqrt{V(\hat{y}_t)}, \hat{y}_t + t_{\alpha/2}(n-2) \sqrt{V(\hat{y}_t)} \right)$$

3.2 实验设计与操作

实验 3-1 航班正点率对乘客投诉次数的影响实验（使用数据文件表 3-1[①]）

（1）实验介绍与模型设计

中国民航局发布《关于运输航空公司 2020 年机队规划备用指标奖优及基础指标核减数量的公示》，详细记录了 2018 年各航司安全记录、航班正常情况等数据。其中包括"航班由于公司原因不正常的比率"和"每万名乘客投诉的次数"数据。

本案例研究由于公司原因导致航班不正常的比率和每万名乘客投诉次数之间的关系。首先，投诉不可能是航班不正常的原因；其次，由于投诉行为发生在航班不正常之后，因此推测存在单向因果关系。于是，建立如下一元线性回归模型：

$$y_i = \beta_0 + \beta_1 x_i + \mu_i$$

其中：y_i 为每万名乘客投诉次数；x_i 为航班由于公司原因不正常的比率。根据一般常识，对系数做出如下预期：β_1 应该显著且大于 0。

（2）实验步骤

【第一步】建立工作文档。单击"File→New→Workfile"，在"Workfile Create"对话

_____

[①] 本书中所使用数据可通过扫勒口上的二维码获取。

框的"Workfile structure type"一栏中选择"Unstructured/Undated"选项(表示选择的数据类型为截面数据),在"Date range"一栏下的"Observations"中填上"12",表示数据包含 12 个观测值,单击"OK"按钮进入工作窗口。如图 3-2 所示。

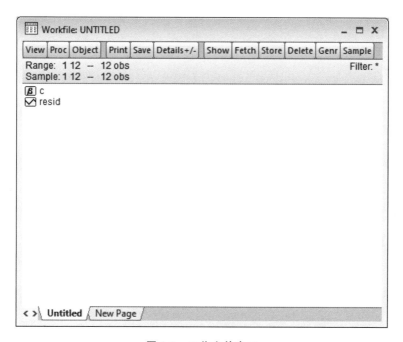

图 3-2　工作文件窗口

【第二步】建立变量。建立变量有 2 种方法:一是在工作文件窗口单击"Object→New Object",在"Type of object"一栏中选择"Series",并在"Name for object"一栏下将变量命名为 x,如图 3-3 所示;二是在命令对话框中输入命令"series x",并按回车键,如图 3-4 所示。

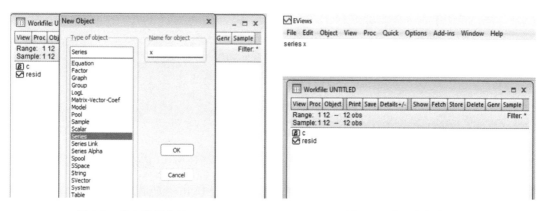

图 3-3　建立变量方法一　　　　　　　图 3-4　建立变量方法二

重复上述步骤,建立被解释变量 y,得到如图 3-5 所示的结果。在全部建立变量之后,需对变量进行赋值。

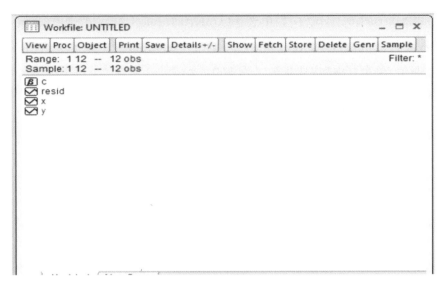

图 3-5　文件窗口

【第三步】导入数据。在图 3-5 所示的窗口中,同时选中变量 x 和 y,并右击选中"Open as group"选项,将所有变量在同一数据框中打开,点击"Edit＋/－"键,对变量进行赋值或编辑。此处我们采用复制粘贴方式,将外部 Excel 数据粘贴至变量名下,结果如图 3-6 所示。

obs	Y	X
1	0.224000	3.400000
2	0.145000	3.610000
3	0.164000	2.980000
4	0.169000	3.180000
5	0.390000	3.770000
6	0.987000	4.620000
7	0.308000	4.970000
8	0.247000	3.670000
9	0.301000	4.010000
10	0.313000	3.860000
11	0.266000	3.090000
12	0.306000	4.200000

图 3-6　数据框

【第四步】数据初步分析。在数据编辑完成后,拟对数据开展绘图、相关分析、描述性统计等初步分析。其目的是初步判断变量之间是否存在线性相关关系,并了解数据的特征。

在图 3-6 所示的数据框中,单击按钮"View→Graph",进入画图设置对话框,选择"Scatter"表示散点图,单击"OK"按钮,结果如图 3-7 所示。

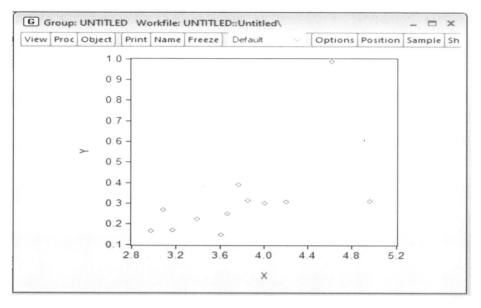

图 3-7　散点图

由图 3-7 可初步判断,每万名乘客投诉次数 y 与航班不正常比率 x 之间,呈现近似正线性相关关系。

接下来进一步分析 x 和 y 之间的相关性。单击"View→Covariance Analysis",并在对话框中同时勾选"Covariance"和"Correlation",可得到解释变量 x 和被解释变量 y 之间的协方差及相关系数,结果如图 3-8 所示。

```
G  Group: UNTITLED  Workfile: UNTITLED::Untitled\        _  □  X

View  Proc  Object  │  Print  Name  Freeze  │  Sample  Sheet  Stats  Spec

Covariance Analysis: Ordinary
Date: 09/18/24   Time: 21:24
Sample: 1 12
Included observations: 12


Covariance
Correlation                    X              Y
      X             0.334917
                    1.000000

      Y             0.071784       0.045477
                    0.581651       1.000000
```

图 3-8　协方差与相关系数矩阵

图 3-8 显示,解释变量 x 与被解释变量 y 的相关系数为 0.5817,说明两者之间存在正相关关系。这与散点图的直观感受相一致。

为得到描述性统计表，单击"View→Descriptive Stats→Common Sample"，输出结果如图 3-9 所示。其中，航班不正常率 x 的样本平均值为 3.78%，最大值为 4.97%，最小值为 2.98%；每万名乘客投诉次数 y 的样本平均值为 0.3183，最大值为 0.987，最小值为 0.145。

	X	Y
Mean	3.780000	0.318333
Median	3.720000	0.283500
Maximum	4.970000	0.987000
Minimum	2.980000	0.145000
Std. Dev.	0.604453	0.222737
Skewness	0.536144	2.455521
Kurtosis	2.470131	8.139889
Jarque-Bera	0.715281	25.26840
Probability	0.699324	0.000003
Sum	45.36000	3.820000
Sum Sq. Dev.	4.019000	0.545729
Observations	12	12

图 3-9　数据的描述性统计

【第五步】估计回归参数。可以通过点击菜单和输入命令 2 种方式，对模型进行最小二乘估计。

方法一：在图 3-5 的文件窗口中，单击最上面菜单栏中的"Quick→Estimate Equation"，进入图 3-10 所示的方程估计对话框。在"Equation specification"栏中，按照模型方程中变量从左到右的顺序，依次输入变量 y、常数项 c、变量 x，变量之间以空格进行分隔。在"Estimation settings"下面的估计方法"Method"下拉列表中选择最小二乘估计法"LS-Least Squares (NLS and ARMA)"。完成上述设定后，点击"OK"按钮即开始对模型进行估计。

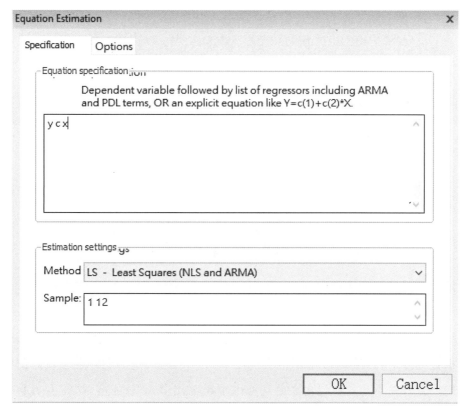

图 3-10 Estimate Equation 对话框

方法二：在文件窗口(见图 3-5)的命令栏，直接输入命令"ls y c x"(见图 3-11)，并按回车键，即可对模型进行最小二乘回归估计，其中"ls"为 EViews 中开展最小二乘回归估计的指令。

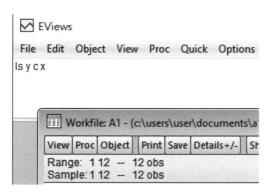

图 3-11 输入最小二乘回归估计指令

（3）实验结果及检验

根据上述 2 种方法，都可以得到如图 3-12 所示的回归结果。

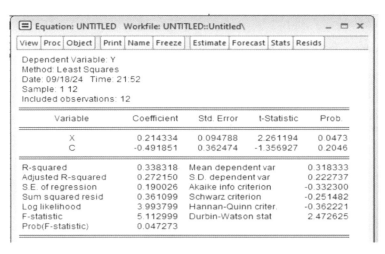

图 3-12　回归结果

估计所得的模型表达式为：

$$\hat{y} = -0.4919 + 0.2143x \tag{3-3}$$

从经济意义检验来看，$\hat{\beta}_1 = 0.2143 > 0$，符合前文预期，因此经济意义检验通过。

从拟合优度来看，图 3-12 显示拟合优度 R^2 为 0.3383，这表明本实验设定的模型对观测值的拟合程度不高，"航班由于公司原因不正常比率 x"只能解释"每万名乘客投诉次数 y"变动的 33.83%，拟合效果较低。

从模型整体显著性来看，图 3-12 显示，F 统计量值为 5.113，该值对应的概率 P 为 0.0473（<0.05），因此可以认为在 0.05 的显著性水平下，模型整体线性关系成立。

从自变量的显著性来看，图 3-12 显示，自变量 x 对应的 t 值为 2.2612，该值对应的概率 P 为 0.0473（<0.05），因此可以认为在 0.05 的显著性水平下，解释变量 x 对被解释变量 y 的影响显著。

上述结果表明，"航班由于公司原因不正常比率 x"对"每万名乘客投诉次数 y"的确有显著的正向影响。航班由于公司原因不正常比率 x 每提高 1 个百分点，每万名乘客投诉次数平均将上升 0.2143 次。

（4）模型预测

假设某航空公司"由于公司原因航班不正常比率 x"为 5%，要求预测公司"每万名乘客投诉率 y"的值。

首先需要增加一个样本（即解释变量为 5%，被解释变量待估计）。双击文件窗口的"Data range"，将"Obsevations"改为"13"，如图 3-13 所示，点击"OK"按钮。回到文件窗口，打开 x、y 序列组，在 x 序列输入 5% 的数值，如图 3-14 所示。

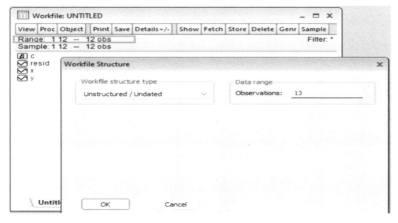

图 3-13　扩大样本量

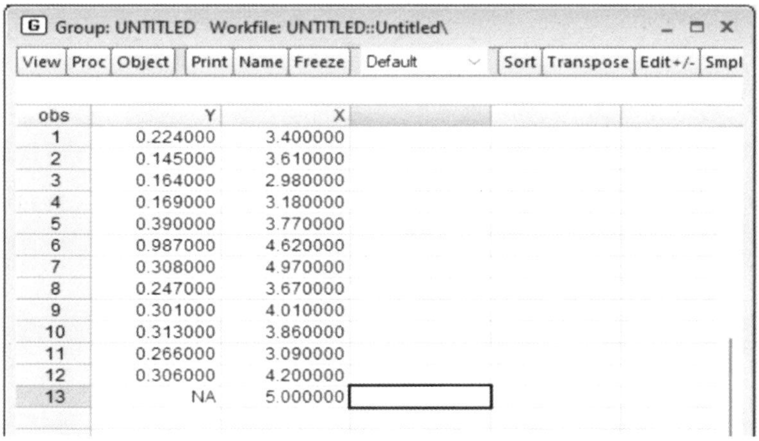

图 3-14　新数据框

在如图 3-14 所示的新数据框,点击"Proc→Make Equation",出现如图 3-15 的界面,注意修改"Sample"选项的内容,系统默认是"1　13",此处需要将其改为"1　12",表示用 12 个样本估计模型。点击"OK"按钮,输出结果如图 3-16 所示。

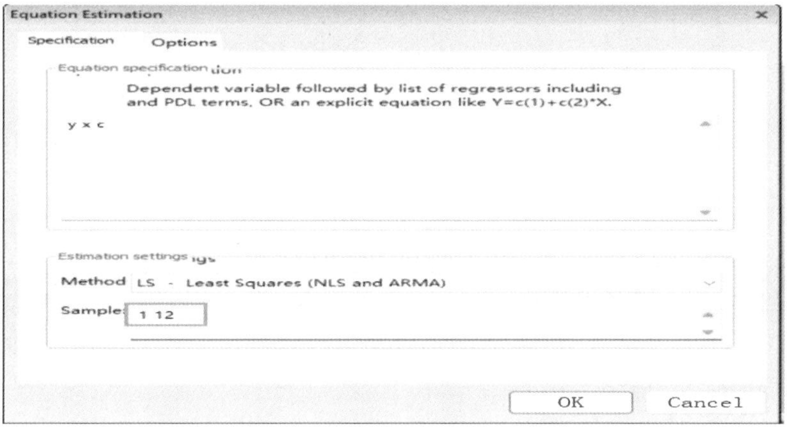

图 3-15　新数据框

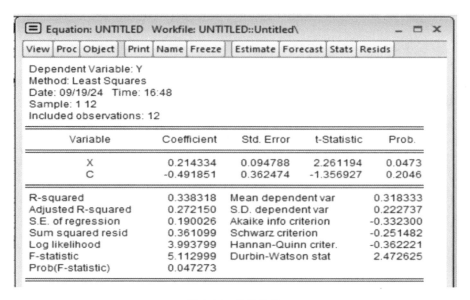

图 3-16　估计结果

在图 3-16 的估计结果窗口中,点击"Forecast"按钮,进入如图 3-17 所示的对话框,对点预测序列进行命名(默认名为"yf"),并对点预测值的标准差序列进行命名(本实验将其命名为"yf1")。

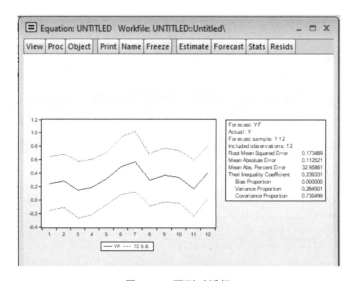

图 3-17　预测对话框

勾选预测图形"Forecast graph"作为输出结果,点击"OK"按钮,得到如图 3-18 所示的预测图形,其中中间线表示点预测值,上、下线分别表示预测区间的上、下限。此时在主操作窗口中产生了一个以"yf"命名的点预测值序列和以"yf1"命名的标准差序列,将这两个序列同时打开,如图 3-19 所示。

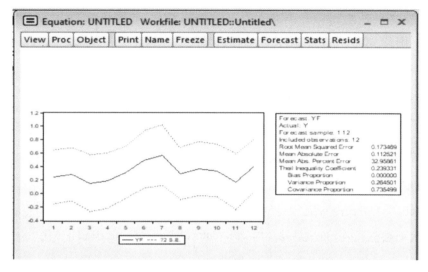

图 3-18　预测结果

图 3-19　预测值和标准差序列

由此可得,当航班不正常比率 x 为 5% 时,每万名乘客投诉率 y 的预测结果是:点预测值 $\hat{y}=0.5798$。在显著性水平 $=0.05$ 时,真实值 y 的预测区间为:

$$(\hat{y}-t_{0.025}(n-2)\times s_{\hat{y}},\hat{y}+t_{0.025}(n-2)\times s_{\hat{y}})$$

即

$$(0.5798-2.2281\times0.2291,0.5798+2.2281\times0.2291)=(0.0693,1.0903)$$

实验 3-2　人均寿命与成人识字率的数量关系研究(使用数据文件表 3-2)

(1)实验介绍与模型设计

本案例研究 2013 年东盟十国"人均寿命 y"与"成人识字率 x"的数量关系。首先,人均寿命长短不太可能是影响成人识字率的因素;其次,成人识字率可能会影响人均寿命长短,因为成人识字率越高,意味着其文化程度越高,越能接触到关乎健康和寿命的科学知识。因此,推测存在 x 对 y 的单向因果关系。拟建立一元线性回归模型:

$$y_i = \beta_0 + \beta_1 x_i + \mu_i, \ i = 1, 2, \cdots, 10$$

其中: y_i 为东盟十国各国的人均寿命; x_i 为东盟十国各国的成人识字率。

根据一般常识分析,提出假设: β_1 应该显著且大于 0。

(2)实验步骤

【第一步】建立工作文档。单击"File→New→Workfile",在"Workfile Create"对话框的"Workfile structure type"一栏中选择"Unstructured/Undated"选项(表示选择的数据类型为截面数据),在"Date range"一栏下的"Observations"中填上"10",表示数据包含 10 个观测值,单击"OK"按钮进入工作窗口。

【第二步】建立变量并赋值。在工作文件窗口单击"Object→New Object",在"Type of object"一栏中选择"Series",并在"Name for object"一栏下将变量命名为 x。同样方法设置变量 y。通过复制粘贴方式,对序列 x 和 y 进行赋值,结果如图 3-20 所示。

G Group: UNTITLED Workfile: UNTITLED::Untitled\										
View	Proc	Object	Print	Name	Freeze	Default	Sort	Transpose	Edit+/-	Smpl

obs	Y	X		
1	77.10000	97.20000		
2	66.60000	80.70000		
3	70.40000	93.90000		
4	66.90000	79.00000		
5	75.00000	94.20000		
6	68.70000	95.10000		
7	68.70000	90.20000		
8	82.40000	96.50000		
9	74.40000	92.60000		
10	73.10000	94.80000		

图 3-20　数据框

【第三步】数据的初步分析。在数据编辑完成后,首先绘制散点图。在图 3-20 所示的数据对话框中,单击按钮"View→Graph",进入画图设置对话框,选择"Scatter",单击"OK"按钮,结果如图 3-21 所示。由图 3-21 可初步判断,东盟十国各国人均寿命 y 与成人识字率 x 呈现近似线性的正相关关系。

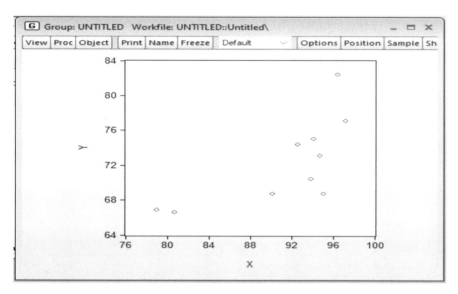

图 3-21　散点图

其次,进一步度量 x 和 y 的相关关系。单击"View→Covariance Analysis",并在对话框中同时勾选"Covariance"和"Correlation",可得到解释变量(x)和被解释变量(y)之间的协方差、相关系数矩阵,如图 3-22 所示。图 3-22 显示,x 与 y 之间存在正相关关系,两者相关系数达到 0.71,与散点图的直观感受保持一致。

```
G  Group: UNTITLED  Workfile: UNTITLED::Untitled\          _ □ X

View  Proc  Object  │  Print  Name  Freeze  │  Sample  Sheet  Stats  Spec

Covariance Analysis: Ordinary
Date: 09/19/24  Time: 20:23
Sample: 1 10
Included observations: 10

Covariance
Correlation                    X                Y
        X              37.01160
                        1.000000

        Y              20.63440         22.85610
                        0.709450          1.000000
```

图 3-22　协方差与相关系数矩阵

最后,对序列做描述性统计分析。单击"View→Descriptive Stats→Common Sample",得到描述性统计表,如图 3-23 所示。其中,东盟十国成人识字率的平均值为 91.42%,最大值为 97.20%,最小值为 79.00%。东盟十国人均寿命的平均值为 72.33 岁,最大值为 82.40 岁,最小值为 66.60 岁。

計量经济学实验教程

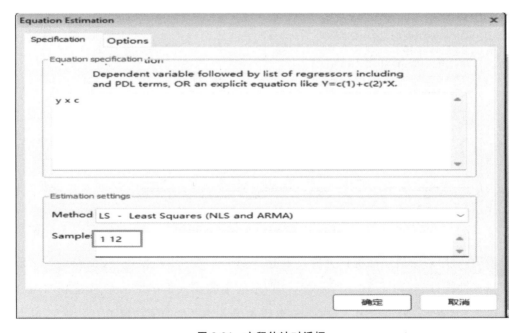

图 3-23　序列的描述性统计

【第四步】估计回归参数。单击图 3-20 最上面菜单栏中的"Proc→Make Equation"，进入图 3-24 所示的方程估计对话框。在"Equation specification"栏中，按照模型方程中变量从左到右的顺序，依次出现变量 y、x、c（常数项），变量之间以空格进行分隔。在"Estimation settings"下面的估计方法"Method"下拉列表中选择最小二乘估计法"LS-Least Squares（NLS and ARMA）"。完成上述设定后，点击"OK"按钮即开始对模型进行估计。估计结果如图 3-25 所示。

图 3-24　方程估计对话框

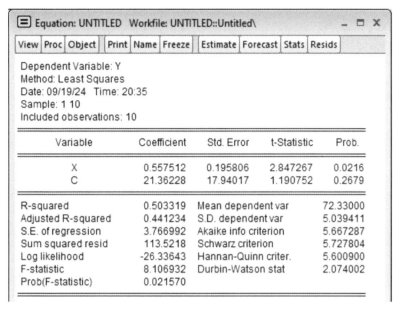

图 3-25　模型估计结果

（3）实验结果及检验

根据图 3-25 的估计结果,得到模型的表达式如下:

$$\hat{y} = 21.3623 + 0.5575x \tag{3-4}$$

从经济意义检验来看,$\hat{\beta}_1 = 0.5575 > 0$,与前文预期相符,因此经济意义检验通过。

从拟合优度来看,拟合优度 R^2 为 0.5033,表明本实验设定的模型对观测值的拟合程度一般,"成人识字率(x)"只能解释"人均寿命(y)"变动的 50.33%,拟合效果一般。

从模型整体显著性来看,F 统计量值为 8.1069,该值对应的概率 P 为 0.0216($<$ 0.05),因此可以认为在 0.05 的显著性水平下,模型整体线性关系成立。

从自变量的显著性来看,自变量 x 对应的 t 统计值为 2.8473,该值对应的概率 P 为 0.0216($<$0.05),因此可以认为在 0.05 的显著性水平下,自变量 x 对 y 的影响显著。

上述结果表明,东盟十国的成人识字率对人均寿命的确有较为显著的影响,即成人识字率每提高 1 个百分点,人均寿命平均提升约 0.56 年。

（4）模型预测

基于样本回归模型,我们可以求出被解释变量 y 的点预测值和预测区间。下面以成人识字率 $x=88\%$ 为例,要求预测人均寿命 y。

首先需要增加一个样本。双击文件窗口的"Range",将"Obsevations"改为 11,如图 3-26 所示,点击"OK"按钮。回到文件窗口,打开 x、y 序列组,在 x 列输入 88% 的数值,如图 3-27 所示。

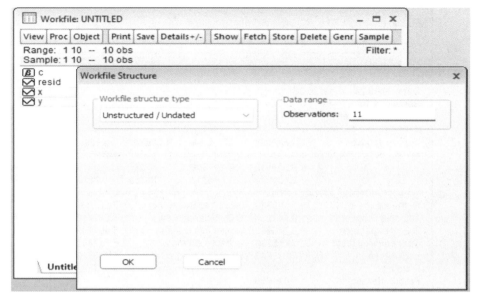

图 3-26　扩大样本量

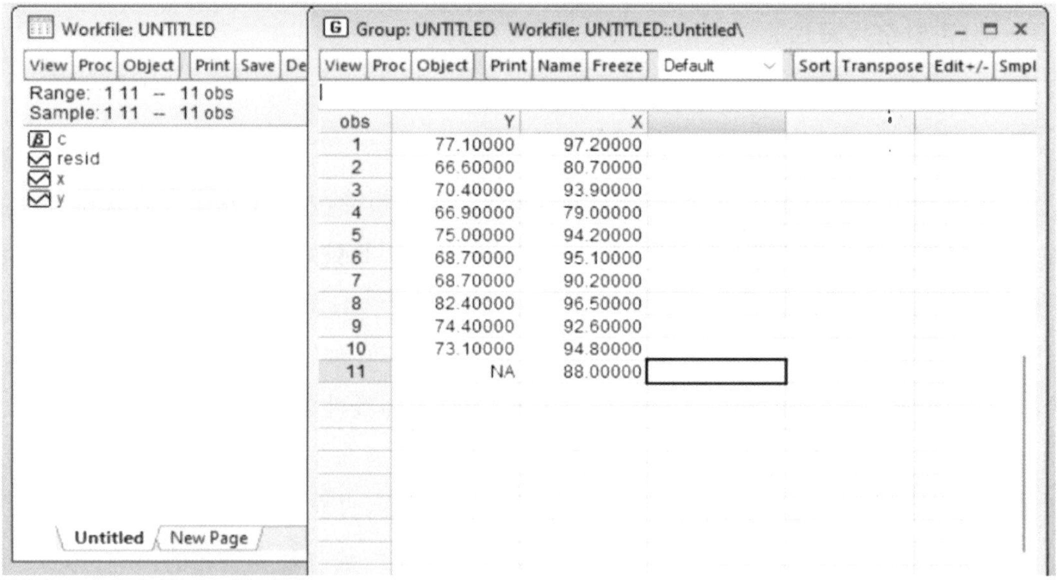

图 3-27　新数据框

在图 3-27 所示的界面中,点击"Proc→Make Equation",出现如图 3-28 所示的界面,修改"Sample"选项的内容,系统默认是"1　11",此处需要将其改为"1　10",表示用 10 个样本估计模型。点击"OK"按钮,输出结果如图 3-29 所示。

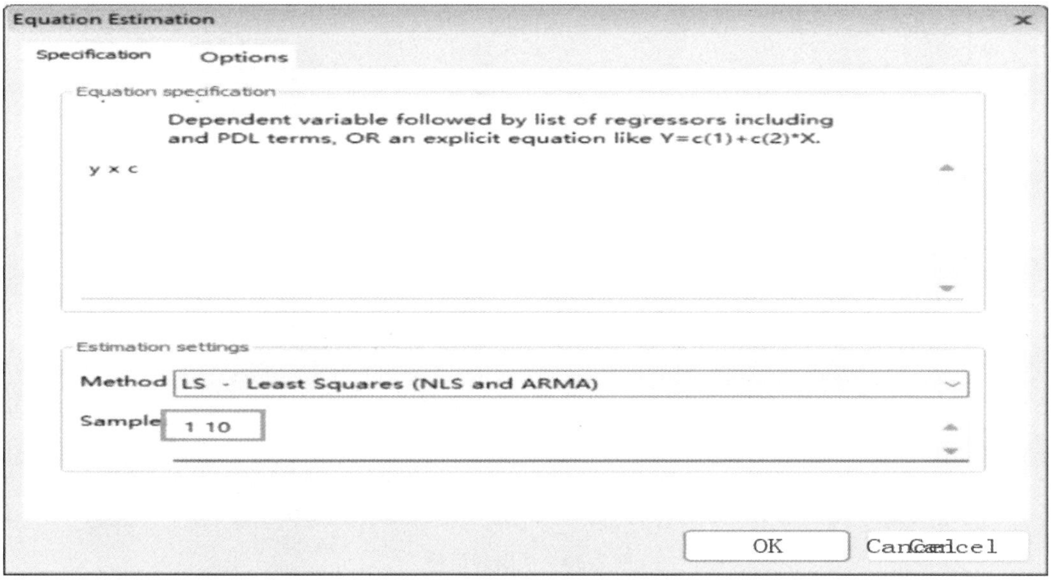

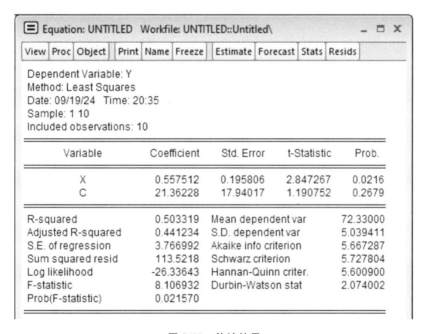

图 3-28　新数据框

Dependent Variable: Y
Method: Least Squares
Date: 09/19/24 Time: 20:35
Sample: 1 10
Included observations: 10

Variable	Coefficient	Std. Error	t-Statistic	Prob.
X	0.557512	0.195806	2.847267	0.0216
C	21.36228	17.94017	1.190752	0.2679

R-squared	0.503319	Mean dependent var	72.33000
Adjusted R-squared	0.441234	S.D. dependent var	5.039411
S.E. of regression	3.766992	Akaike info criterion	5.667287
Sum squared resid	113.5218	Schwarz criterion	5.727804
Log likelihood	-26.33643	Hannan-Quinn criter.	5.600900
F-statistic	8.106932	Durbin-Watson stat	2.074002
Prob(F-statistic)	0.021570		

图 3-29　估计结果

在图 3-29 所示的窗口中，点击“Forecast”按钮，进入如图 3-30 所示的对话框，对点预测序列进行命名(默认名为“yf”)，并对点预测值的标准差序列进行命名(本实验将其命名为“yf1”)，同时勾选预测图形“Forecast graph”作为输出结果。点击“OK”按钮。

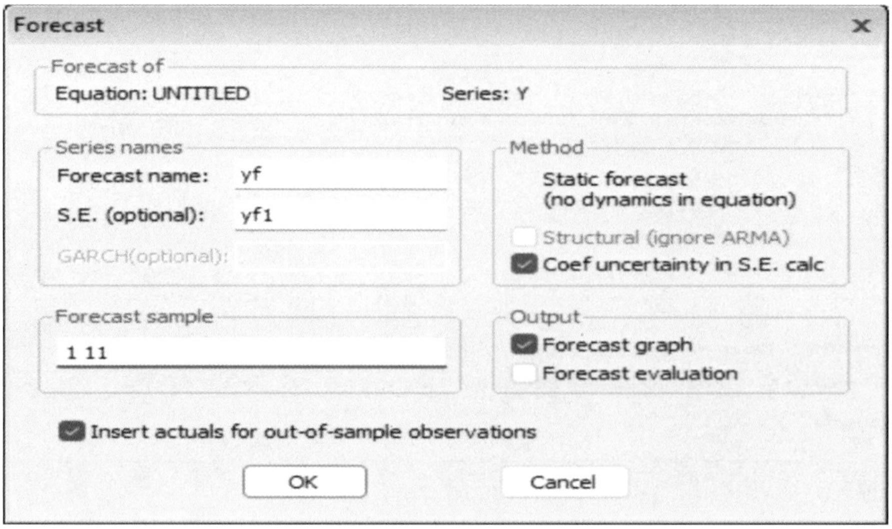

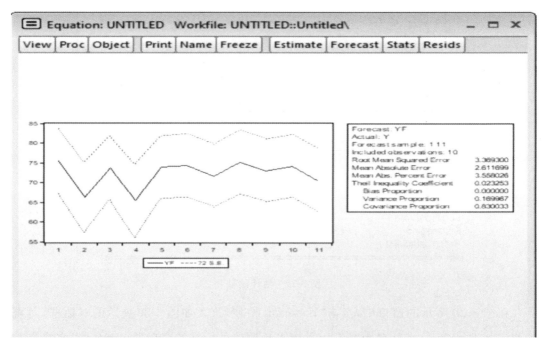

图 3-30　预测对话框

图 3-31 显示了预测图形,其中中间线表示点预测值,上、下线分别表示预测区间的上、下限。此时在主操作窗口中产生了一个以"yf"命名的点预测值序列和以"yf1"命名的标准差序列。将这两个序列同时打开,如图 3-32 所示。

图 3-31　预测结果

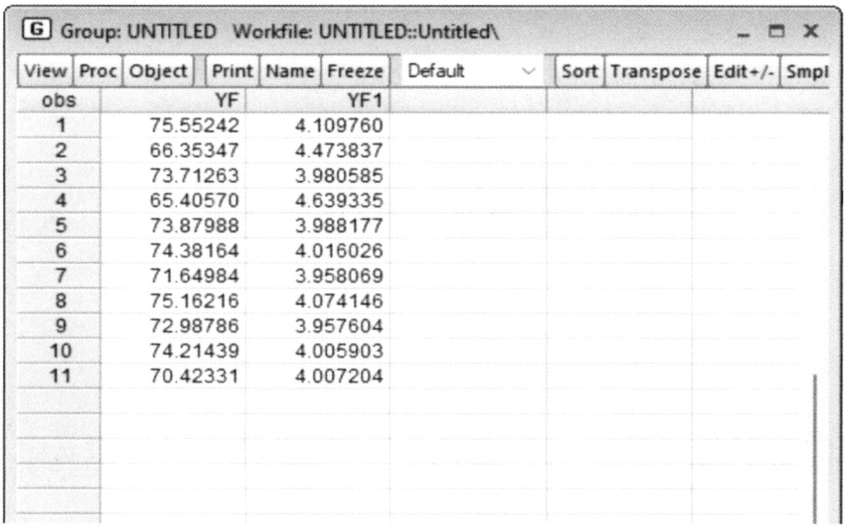

obs	YF	YF1
1	75.55242	4.109760
2	66.35347	4.473837
3	73.71263	3.980585
4	65.40570	4.639335
5	73.87988	3.988177
6	74.38164	4.016026
7	71.64984	3.958069
8	75.16216	4.074146
9	72.98786	3.957604
10	74.21439	4.005903
11	70.42331	4.007204

图 3-32　预测值和标准差序列

由此可得，当成人识字率(x)为 88%时，人均寿命(y)的预测结果是：点预测值 $\hat{y}$ 为 70.42 岁。当显著性水平为 0.05 时，真实值 y 的预测区间为：

$$(\hat{y}-t_{0.025}(n-2)\times s_{\hat{y}},\hat{y}+t_{0.025}(n-2)\times s_{\hat{y}})$$

即

$$(70.42-2.31\times 4.01,70.42+2.31\times 4.01)=(61.16,79.68)$$

课后练习

目标：建立一元线性计量经济模型。

要求：

1. 确定研究选题。通过查找经济学期刊文献，如《经济研究》《管理世界》《金融研究》等，找到自己感兴趣的选题。

2. 确定自变量和因变量。基于省、市统计年鉴、经济数据库等资源，明确要研究变量的数据可得性。

3. 展开经济学分析，提出理论假设。

4. 进行 EViews 操作，建立一元线性回归模型。

5. 完成模型检验。

6. 分析模型经济意义。

7. 自设自变量数据，完成对因变量的预测。

第 4 章
多元线性回归模型

4.1　知识回顾

4.1.1　模型设置

多元线性回归模型是指在被解释变量(因变量)和多个解释变量(自变量)之间建立线性回归关系的模型。如果预判被解释变量可能受多个解释变量的线性影响,就有必要建立多元线性回归模型。假定被解释变量为 y,解释变量为 $x_i(i=1,2,\cdots,k)$,在 y 与 x_i 之间建立的多元线性回归模型表示如下:

$$y_j = \beta_0 + \beta_1 x_{j1} + \cdots + \beta_k x_{jk} + \mu_j, j = 1,2,\cdots,n \tag{4-1}$$

定义向量 $\boldsymbol{X} = \begin{pmatrix} 1 & x_{11} & \cdots & x_{1k} \\ 1 & x_{21} & \cdots & x_{2k} \\ \vdots & \vdots & & \vdots \\ 1 & x_{n1} & \cdots & x_{nk} \end{pmatrix}, \boldsymbol{Y} = \begin{pmatrix} y_1 \\ y_2 \\ \vdots \\ y_n \end{pmatrix}, \boldsymbol{\beta} = \begin{pmatrix} \beta_0 \\ \beta_1 \\ \vdots \\ \beta_k \end{pmatrix}, \boldsymbol{\mu} = \begin{pmatrix} \mu_1 \\ \mu_2 \\ \vdots \\ \mu_n \end{pmatrix}$

则(4-1)式可以转化为如下矩阵形式:

$$\boldsymbol{Y} = \boldsymbol{X}\boldsymbol{\beta} + \boldsymbol{\mu} \tag{4-2}$$

与一元线性回归不同,多元线性回归中的 $\beta_i(i=1,2,\cdots,k)$ 为偏回归系数[①],它表示在其他变量保持不变的情况下,x_i 每变动一个单位,y 将变动 β_i 个单位。

μ 为随机误差项,是指不能为模型所解释,且由非计量原因导致的随机扰动。一般包括:①解释变量和被解释变量的测量误差;②模型中省略的(被认为)对被解释变量不重要的影响因素;③模型关系的设定误差;④其他随机因素。在数学上,随机误差项为被解释变量的实际值与总体回归方程估计值之间的差值。在实际应用中,随机扰动项是不可观测的。

---

①　该回归系数与偏导数的含义相同,故被称为偏回归系数。

4.1.2　基本假设

假设 1：随机误差项 μ_i 的期望为零，即 $E(\mu_i) = 0,(i = 1,2,\cdots,k)$。

假设 2：随机误差项的方差不随样本的变化而变化，即：

$$Var(\mu_i \mid x_i) = \sigma^2, \; \sigma^2 \text{ 是常数},(i = 1,2,\cdots,k)。$$

假设 3：随机误差项之间彼此独立，即对任意大于 0 的整数 t，

$$COV(\mu_i,\mu_{i+t}) = 0,(i = 1,2,\cdots,k)。$$

假设 4：解释变量与随机误差项之间彼此独立，即：

$$COV(x_i,\mu_i) = 0,(i = 1,2,\cdots,k)。$$

假设 5：解释变量间不存在线性相关性，即：

$$COV(x_i,x_j) = 0,(i \neq j)。$$

假设 6：随机误差项 μ_i 服从正态分布$(i=1,2,\cdots,k)$。

4.1.3　参数估计

（1）总体回归方程和样本回归方程

计量经济学最主要的目的之一在于获取回归模型中解释变量的系数值（或称参数值），进而掌握解释和预期经济问题的能力。式(4-1)模型是适用于总体的，而全体数据通常无法获取，因此其真实的参数值是未知的，人们只能根据某一样本对参数进行估计。

根据真实参数值和解释变量的观察值，推导被解释变量的方程被称为总体回归方程，其形式如下：

$$E(y \mid X) = \beta_0 + \beta_1 x_1 + \cdots + \beta_k x_k$$

根据参数估计值和解释变量的观察值，拟合被解释变量的方程被称为样本回归方程，其形式为：

$$\hat{y} = \hat{\beta}_0 + \hat{\beta}_1 x_1 + \cdots + \hat{\beta}_k x_k \tag{4-3}$$

式中：$\hat{\beta}_i$ 为根据特定样本对 β_i 的估计值；$\hat{y}$ 为根据样本回归方程获得的被解释变量的拟合值；$\varepsilon_j = y_j - \hat{y}_j$ 被称为回归残差。回归残差 ε_j 与随机误差项 μ_j 不同，前者是由计量经济学研究之外因素导致的随机扰动，而后者则是由前者与计量经济学研究过程所产生的误差共同作用的结果。

（2）多元回归模型参数估计公式

与一元线性回归模型类似，多元线性回归模型最常用的估计方法也是最小二乘法

（OLS）。该估计法以追求观测值与拟合曲线之间的差值平方和最小化为目标。基于式（4-2），运用 OLS 法获得的多元线性回归模型的系数估计值表达如下：

$$\hat{\boldsymbol{\beta}} = (\boldsymbol{X}'\boldsymbol{X})^{-1}\boldsymbol{X}'\boldsymbol{Y}$$

（3）参数估计值的性质

在实际研究中，不可能获得总体数据，而只能选择不同的样本对参数进行估计，因此实际估计的参数值总是随着样本选取的变化而不断变化。在满足经典假设的前提下，选取任一样本，通过最小二乘法（OLS）得到的参数估计值具有如下性质：

①线性性。

所谓线性性，是指参数估计值 $\hat{\boldsymbol{\beta}}$ 是因变量 $\boldsymbol{Y}$ 的线性函数。从 $\hat{\boldsymbol{\beta}}$ 的公式即可见这种线性关系的成立。

②无偏性。

所谓无偏性，是指参数估计值 $\hat{\boldsymbol{\beta}}$ 的均值（期望）等于参数的真实值，即 $E(\hat{\boldsymbol{\beta}}) = \boldsymbol{\beta}$。

③有效性。

所谓有效性，是指在所有关于 $\boldsymbol{\beta}$ 的线性、无偏估计值中，$\hat{\boldsymbol{\beta}}$ 的方差最小。

（4）随机误差项方差 σ^2 的估计

为了对 $\hat{\boldsymbol{\beta}}$ 的统计性质进行检验，需要获得其方差，为此需要掌握随机扰动项的方差，即 σ^2。由于随机扰动项是不可观测的，因此 σ^2 也不可以直接获得，而只能通过残差的方差进行间接计算。假设残差满足 $E(\varepsilon_j) = 0$，则残差的方差为 $\sigma_\varepsilon^2 = \sum\limits_{j=1}^{n} \varepsilon_j^2 / n$，而随机扰动项方差的估计值可以通过下式获得：

$$\hat{\sigma}^2 = \sigma_\varepsilon^2 \times \frac{n}{n-k-1} = \frac{\sum\limits_{j=1}^{n} \varepsilon_j^2}{n-k-1}$$

进而可以得到 $\hat{\boldsymbol{\beta}}$ 的估计方差：

$$Var(\hat{\boldsymbol{\beta}}) = \hat{\sigma}^2 (\boldsymbol{X}'\boldsymbol{X})^{-1}$$

4.1.4 统计检验

在获得模型参数的估计值之后，我们需要对估计结果进行统计检验，以检验估计结果是否具有统计意义和价值。具体检验包括以下几种。

（1）拟合优度检验

类似于一元线性回归，多元线性回归模型的拟合优度记为 R^2。其公式为：

$$R^2 = \frac{ESS}{TSS} = 1 - \frac{RSS}{TSS}$$

R^2 值介于 0 和 1。R^2 值越大表示拟合优度越高,反之则表示拟合优度越低。

从理论上来说,解释变量的个数越多,R^2 值就越大。但是引入过多的解释变量会导致过度的冗余信息,降低自由度。基于此,需要做出某种调整以在自由度和 R^2 之间实现平衡。这种经过自由度调整的拟合优度被称为调整的拟合优度 $\bar{R}^2$。$\bar{R}^2$ 的定义和计算公式如下:

$$\bar{R}^2 = 1 - \frac{RSS/(n-k-1)}{TSS/(n-1)} = 1 - \frac{n-1}{n-k-1}(1-R^2)$$

与 R^2 相比,$\bar{R}^2$ 具有如下性质:一是 $\bar{R}^2$ 一般小于 R^2;二是 $\bar{R}^2$ 可能小于 0。这表示解释变量在增加拟合优度方面的边际贡献无法抵消降低自由度所带来的危害。

(2)回归系数整体显著性检验:F 检验

虽然在其他条件不变的情况下,我们希望拟合优度越高越好,但并不是所有的情况下都需要很高的拟合优度。相反,在很多时候,只要能够满足研究的需要,即使不高的拟合优度也仍然可以被接受。因此,需要对模型总体的解释效果设置一个基准条件,并检验模型是否能够满足该基准条件,该类检验即为回归系数的整体显著性检验。要求在式(4-1)所示的回归模型中,至少有一个解释变量的回归系数显著不为 0,否则模型就不成立。为此提出如下假设:

$$H_0:\beta_1 = \beta_2 = \cdots = \beta_k = 0$$
$$H_1:至少有一个 \beta_i \neq 0, i = 1,2,\cdots,k$$

为了检验上述假设,需要定义一个统计量 $F_n = \dfrac{ESS/k}{RSS/(n-k-1)}$

若 $F_n > F_a(k,n-k-1)$,则拒绝 H_0,认为模型整体显著。

若 $F_n < F_a(k,n-k-1)$,则接受 H_0,认为模型整体不显著。

(3)回归系数个体显著性检验:t 检验

多元线性回归模型即使通过了总体显著性检验,也仅表示至少有一个解释变量对被解释变量具有解释作用,但究竟是哪个解释变量发挥作用,则无从得知。为了解决上述问题,在 F 检验的基础上,需要对单个回归参数的显著性进行检验,该检验即为 t 检验。其检验步骤如下:

第一步,提出假设,$H_0:\beta_i = 0$,$H_1:\beta_i \neq 0$。

第二步,构建一个统计量 t_i,满足:

$$t_i = \frac{\hat{\beta}_i - \beta_i}{\sqrt{Var(\hat{\beta}_i)}} = \frac{\hat{\beta}_i - \beta_i}{s(\hat{\beta}_i)}$$

第三步,进行比较:

如果 $|t_i| > t_{a/2}(n-k-1)$,则拒绝 H_0,认为 β_i 显著不为零;

如果 $|t_i| < t_{a/2}(n-k-1)$,则接受 H_0,认为 β_i 显著为零。

4.1.5 模型预测

在建立样本回归方程并估计得到其参数值之后,就可以利用该方程对被解释变量的未来值进行预测。预测包括点预测和区间预测两种方式。

点预测是在根据样本数据获得式(4-3)所示的样本回归方程后,将未来某个时点的解释变量值代入该样本回归方程,从而获得被解释变量的预测值。点预测的优点在于获得的预测值是唯一的,但缺点在于这种预测值往往并不等于真实发生的值。为了解决上述难题,需要求助于区间预测。

区间预测是指在事先给定置信水平 $1-\alpha$ 下,基于样本回归方程给出一个预测区间,要预测的真实值落在该区间的论断犯错误的概率不大于 α。给定下一期的解释变量值为 $x^{T+1} = (x_1^{T+1}, \cdots, x_k^{T+1})$,假设根据点预测方法得到的被解释变量点预测值为 $\hat{y}^{T+1}$,那么在显著水平为 α 下,得到的预测区间为:

$$(\hat{y}^{T+1} - t_{a/2}(n-k-1)\hat{\sigma}^2\sqrt{x^{T+1}(X'X)^{-1}x^{T+1}+1}, \hat{y}^{T+1} + t_{a/2}(n-k-1)\hat{\sigma}^2\sqrt{x^{T+1}(X'X)^{-1}x^{T+1}+1})$$

4.2 实验设计与操作

实验 4-1 粮食产量与相关投入关系研究(使用数据文件表 4-1)

(1)实验介绍与模型设计

本案例研究某地区粮食产量与相关投入之间的关系。一般认为,粮食产量(y,单位:万吨)与化肥使用量(x_1,单位:万吨)、粮食播种面积(x_2,单位:千公顷)、天气条件(以受灾面积衡量,x_3,单位:千公顷)、农业机械总动力(x_4,单位:万千瓦)以及农业劳动力数量(x_5,单位:万人)等因素高度相关,因此拟建立如下多元线性回归模型:

$$y_t = \beta_0 + \beta_1 x_{1t} + \beta_2 x_{2t} + \beta_3 x_{3t} + \beta_4 x_{4t} + \beta_5 x_{5t} + \mu_t$$

根据已有的常识,可以对系数做出如下预期或假设:β_1、β_2、β_4、β_5 应该大于 0,而 β_3

应该小于 0。本案例所使用的数据为时间序列数据，数据频率为年度，时间起止点为 1990—2011 年，共包含 22 组观测值样本。

（2）实验步骤

【第一步】建立工作文档。双击打开 EViews，单击"File→New→Workfile Create"，得到如图 4-1 所示的对话框。

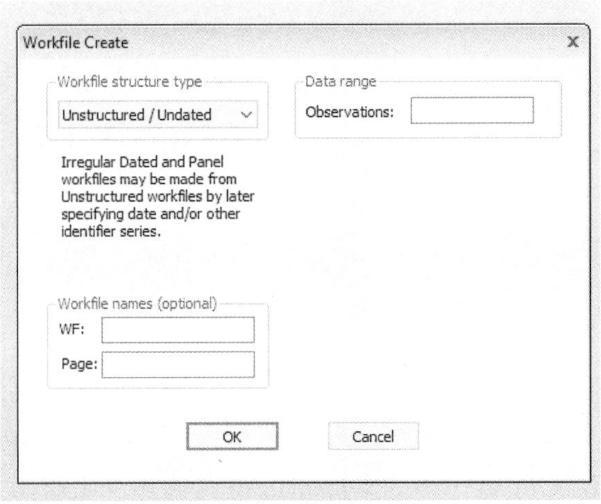

图 4-1　建立工作文档

在图 4-1 所示的对话框中，在"Workfile structure type"一栏中选择"Dated-regular frequency"选项（表示选择的数据类型为时间序列数据）；在"Date specification"一栏下的"Frequency"下选择"Annual"选项（表示选择的数据频率为年度）；在"Start date"处填上"1990"，在"End date"处填上"2011"，表示起止时间为 1990—2011 年。具体选择如图 4-2所示，单击"OK"按钮，进入如图 4-3 所示的文件窗口。

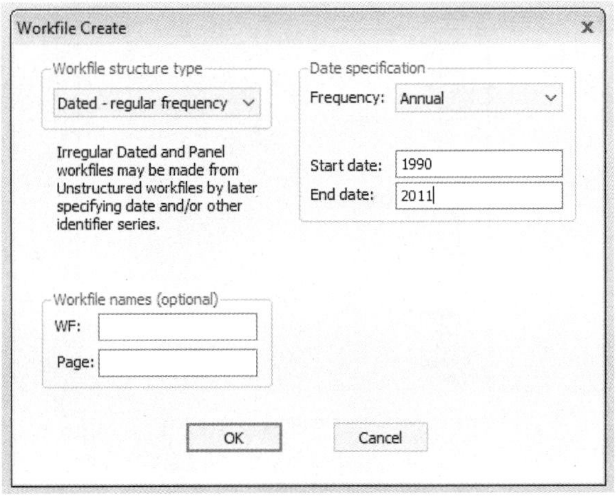

图 4-2　选择数据起止时间

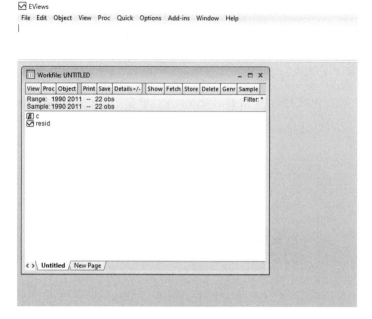

图 4-3　工作文件窗口

【第二步】设置变量并赋值。对本实验所使用的时间序列数据，可以使用两种方式生成新变量：一是单击"Object→New Object"，得到如图 4-4 所示的对话框。在"Type of object"一栏中选择"Series"，并在"Name for object"一栏下将变量命名为 $x1$。二是在命令对话框中输入命令"series $x1$"，并按回车键，如图 4-5 所示。

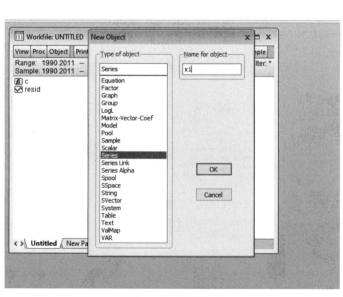

图 4-4　设置变量 $x1$

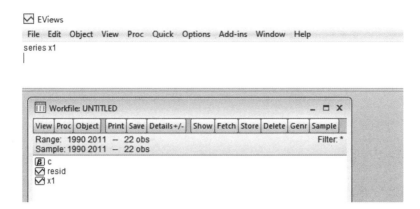

图 4-5　文件窗口

重复上述步骤,依次建立解释变量 $x1$、$x2$、$x3$、$x4$、$x5$ 和被解释变量 y,如图 4-6 所示。在新变量建立之后,接下来是对变量进行赋值。

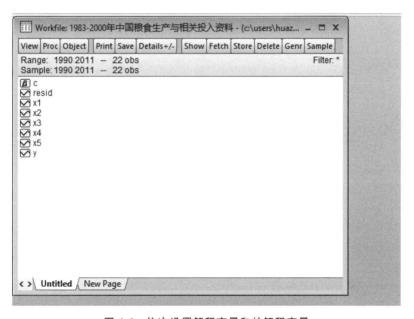

图 4-6　依次设置解释变量和被解释变量

对图 4-6 中的某一变量,比如 $x1$,右击选择"Open"或双击打开该变量的数据框,如图 4-7 所示。单击"Edit＋/－",即可对 $x1$ 进行赋值或编辑。在编辑完成后再次单击"Edit＋/－"按钮,实现数据的保存,如图 4-8 所示。此外,还可以在如图 4-6 所示的窗口中多选或全选变量,右击选中"Open as group"选项,将所有变量在同一数据框中打开,如图 4-9、图 4-10 所示,并进行赋值或编辑。

計量经济学实验教程

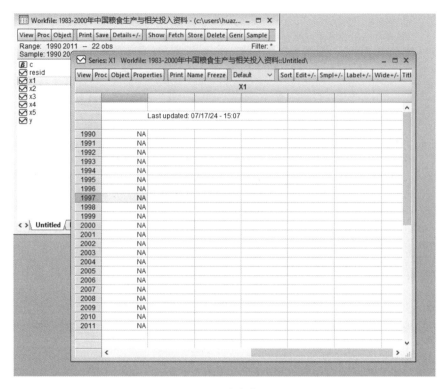

图 4-7　数据框

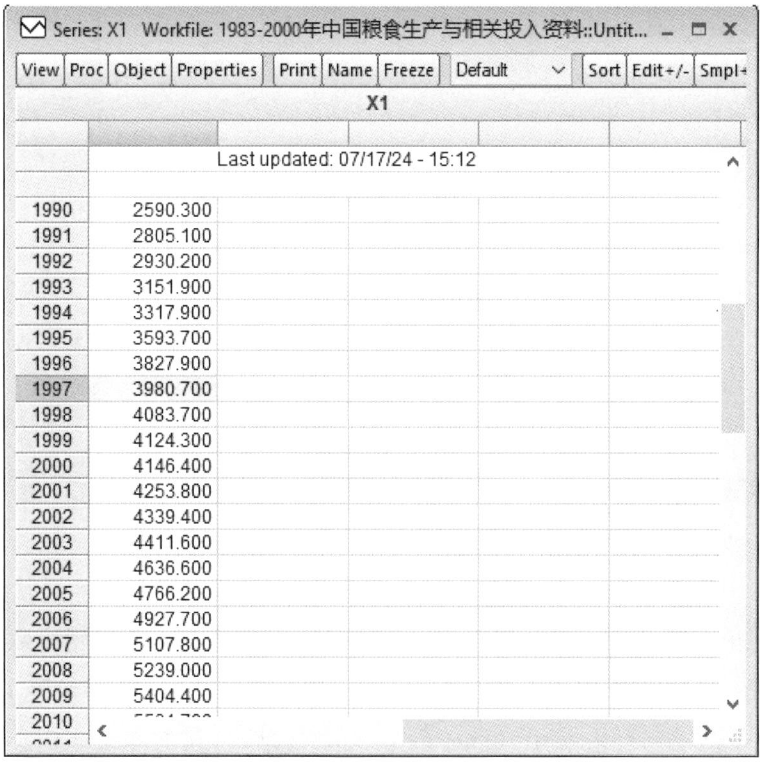

图 4-8　数据保存后的数据框

- 80 -

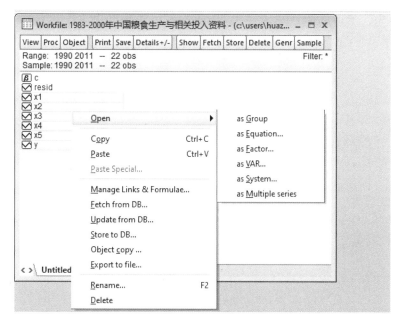

图 4-9　Open as group－1

obs	X1	X2	X3	X4	X5	Y
1990	2590.300	113466.0	38474.00	28707.70	38914.00	44624.30
1991	2805.100	112314.0	55472.00	29388.60	39098.00	43529.30
1992	2930.200	110560.0	51332.00	30308.40	38699.00	44265.80
1993	3151.900	110509.0	48827.00	31816.60	37680.00	45648.80
1994	3317.900	109544.0	55046.00	33802.50	36628.00	44510.10
1995	3593.700	110060.0	45824.00	36118.10	35530.00	46661.80
1996	3827.900	112548.0	46991.00	38546.90	34820.00	50453.50
1997	3980.700	112912.0	53427.00	42015.60	34840.00	49417.10
1998	4083.700	113787.0	50145.00	45207.70	35177.00	51229.50
1999	4124.300	113161.0	49980.00	48996.10	35768.00	50838.60
2000	4146.400	108463.0	54688.00	52573.60	36043.00	46217.50
2001	4253.800	106080.0	52215.00	55172.10	36399.00	45263.70
2002	4339.400	103891.0	46946.00	57929.90	36640.00	45705.80
2003	4411.600	99410.00	54506.00	60386.50	36204.00	43069.50
2004	4636.600	101606.0	37106.00	64027.90	34830.00	46946.90
2005	4766.200	104278.0	38818.00	68397.80	33442.00	48402.20
2006	4927.700	104958.0	41091.00	72522.10	31941.00	49804.20
2007	5107.800	105638.0	48992.00	76589.60	30731.00	50160.30
2008	5239.000	106793.0	39990.00	82190.40	29923.00	52870.90
2009	5404.400	108986.0	47214.00	87496.10	28890.00	53082.10
2010	5561.700	109876.0	37426.00	92780.50	27931.00	54647.70
2011	5704.200	110573.0	32471.00	97734.70	26594.00	57120.80

图 4-10　Open as group－2

【第三步】参数估计。可以通过点击菜单和输入命令两种方式对模型进行 OLS 估计。一是单击图 4-11 中的"Quick→Estimate Equation",进入图 4-12。在"Equation specification"栏中,按照模型方程中变量从左到右的顺序,依次输入 y、c(常数项)、$x1$、$x2$、$x3$、$x4$、$x5$,变量之间以空格分隔。在"Method"栏中选择"LS-Least Squares(NLS and

ARMA)"(最小二乘估计法),点击"OK"按钮即可。二是在图 4-11 的命令窗口中直接输入"ls y c $x1$ $x2$ $x3$ $x4$ $x5$"并按回车键即可。其中,"ls"为 EViews 开展 OLS 估计的指令。

图 4-11　文件窗口

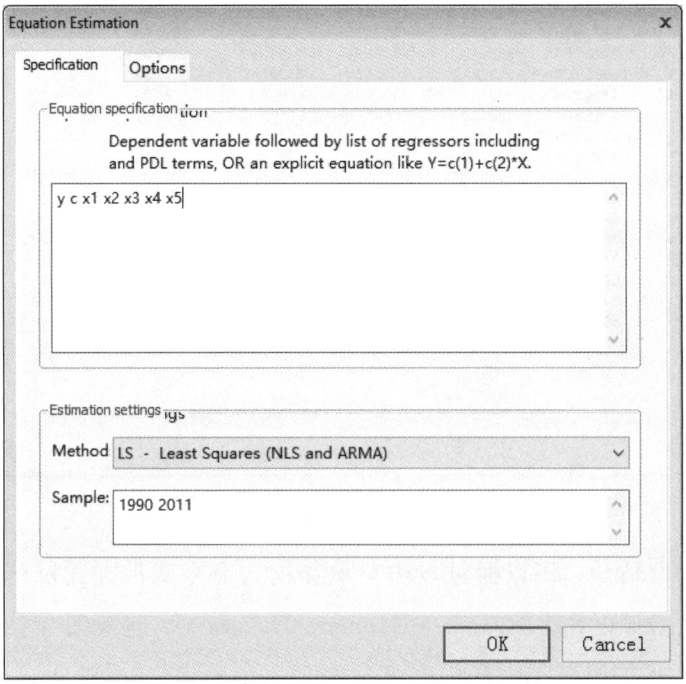

图 4-12　Equation Estimation 对话框

(3)实验结果及检验

根据上述步骤得如图 4-13 所示的回归结果。单击“View→Representations”,得到代入系数估计值的回归模型,如图 4-14 所示。该模型的表达式为:

$$\hat{y}=-13358.574+4.925x_1+0.548x_2-0.111x_3-0.083x_4-0.255x_5 \quad (4\text{-}4)$$

Dependent Variable: Y
Method: Least Squares
Date: 07/17/24 Time: 19:20
Sample: 1990 2011
Included observations: 22

Variable	Coefficient	Std. Error	t-Statistic	Prob.
C	-13358.57	12166.33	-1.097995	0.2885
X1	4.924638	0.711213	6.924282	0.0000
X2	0.548366	0.053717	10.20846	0.0000
X3	-0.111020	0.024804	-4.475948	0.0004
X4	-0.082988	0.030556	-2.715904	0.0153
X5	-0.255204	0.149998	-1.701380	0.1082

R-squared	0.982886	Mean dependent var	48385.02
Adjusted R-squared	0.977537	S.D. dependent var	3869.563
S.E. of regression	579.9513	Akaike info criterion	15.79077
Sum squared resid	5381496.	Schwarz criterion	16.08832
Log likelihood	-167.6984	Hannan-Quinn criter.	15.86086
F-statistic	183.7779	Durbin-Watson stat	2.022563
Prob(F-statistic)	0.000000		

图 4-13　估计结果

```
Estimation Command:
=========================
LS Y C X1 X2 X3 X4 X5

Estimation Equation:
=========================
Y = C(1) + C(2)*X1 + C(3)*X2 + C(4)*X3 + C(5)*X4 + C(6)*X5

Substituted Coefficients:
=========================
Y = -13358.5741596 + 4.9246381111*X1 + 0.548365729957*X2 - 0.111020316682
*X3 - 0.0829878152853*X4 - 0.255204154182*X5
```

图 4-14　模型表达式

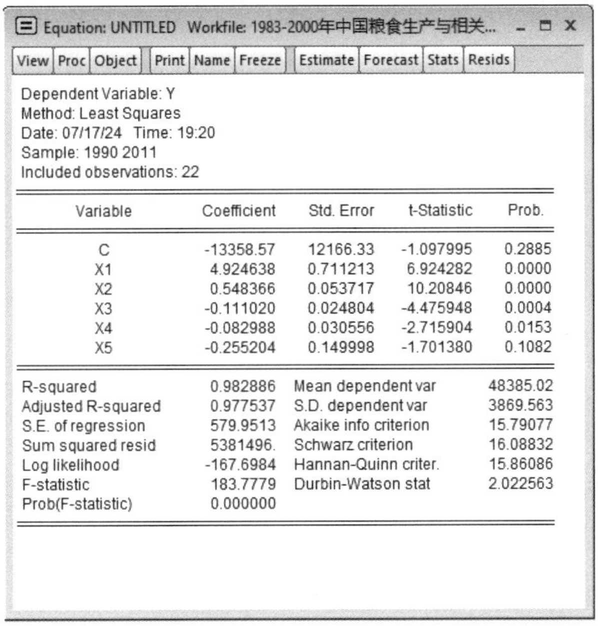

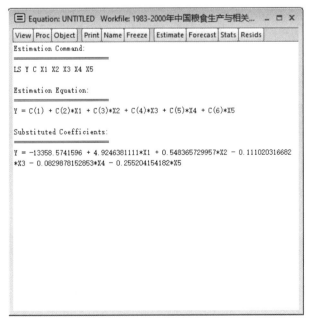

对于上述回归结果,我们进行如下检验:

①回归结果初步解读及经济意义检验。

$x1$ 的回归系数为 4.92,说明化肥使用量对粮食产量的影响是正向的,符合理论预期。在其他条件不变的情况下,化肥使用量每增加 1 万吨,粮食产量增加 4.92 万吨。

$x2$ 的回归系数为 0.55,说明粮食播种面积对粮食产量的影响是正向的,符合理论预期。在其他条件不变的情况下,播种面积每增加 1000 公顷,粮食产量增加 0.55 万吨。

$x3$ 的回归系数为 -0.11,说明受灾面积对粮食产量的影响是负向的,符合理论预期。在其他条件不变的情况下,受灾面积每增加 1000 公顷,粮食产量减少 0.11 万吨。

$x4$ 的回归系数为 -0.08,说明农业机械总动力对粮食产量的影响是负向的,与理论预期不符。回归结果显示,在其他条件不变的情况下,农业机械总动力每增加 1 万千瓦,粮食产量减少 0.08 万吨。

$x5$ 的回归系数为 -0.26,说明农业劳动力数量对粮食产量的影响是负向的,与理论预期不符。回归结果显示,在其他条件不变的情况下,农业劳动力数量每增加 1 万人,粮食产量减少 0.26 万吨。

综上所述,模型经济意义检验未能完全通过。

②拟合优度检验。

模型估计结果显示,拟合优度 R^2 和调整的拟合优度 $\overline{R}^2$ 均在 0.95 以上,表明本实验设定的模型对观测值的拟合程度非常高。

③模型整体显著性检验。

模型估计结果显示,F 统计量的值为 183.78,该值大于显著性水平 5% 对应的临界值 $[F_{0.05}(5,16)=2.85]$,也大于显著性水平 1% 对应的临界值 $[F_{0.01}(5,16)=4.44]$,因此可以认为该模型通过了总体显著性检验。

④自变量显著性检验。

模型估计结果显示,当显著性水平为 0.01 时,由于 t_{x1}、t_{x2}、t_{x3} 对应的 P 值均小于 0.01,因此可以认为 $x1$、$x2$、$x3$ 均对因变量有显著影响。而 $x4$、$x5$ 对应的 P 值均大于 0.01,因此认为 $x4$、$x5$ 对因变量影响不显著。

当显著性水平为 0.05 时,由于 t_{x1}、t_{x2}、t_{x3}、t_{x4} 对应的 P 值均小于 0.05,因此可以认为 $x1$、$x2$、$x3$、$x4$ 均对因变量有显著影响,而 $x5$ 对因变量影响不显著。

结论:部分自变量不能通过检验。

(4)经济意义分析

回归结果显示,化肥使用量、粮食播种面积均对粮食产量产生了显著且正向的影响,符合预期,而且系数的数量级同样符合直觉和常识。受灾面积对粮食产量产生显著且负向的影响,也符合预期,而且系数的绝对值小于播种面积对应的系数绝对值同样符合预期,因为受灾往往并不会导致绝收,而只导致产量相较于常规情形降低。

农业机械总动力对粮食产量的影响虽然是显著的,但负向的影响显然不符合预期,而农业劳动力数量对粮食产量的影响是负向且不显著的,也不符合预期。其原因可能是数据统计存在误差、预期和猜想所基于的经济分析不准确、线性回归模型设置不合理等,有待学习更多计量经济学相关知识后做进一步改进。

（5）模型预测

基于式（4-4）的样本回归方程,对被解释变量 y 做点预测和区间预测,并将点预测值与实际值进行比较。

在图 4-13 窗口中,点击"Forecast"按钮,进入如图 4-15 所示的对话框,在"Forecast name"框中对点预测序列进行命名（默认名为"yf"）,并在"S. E.（optional）"框对预测值的标准差序列进行命名（本实验将其命名为"yf1"）。勾选"Forecast graph",得到如图 4-16 所示的预测图形,并在文件窗口中产生了一个以"yf"命名的点预测值序列和一个以"yf1"命名的标准差序列。

图 4-16 给出了点预测曲线（中间实线）和区间预测的上、下界线（上、下两条虚线）。点预测值曲线作为区间预测的中心线距离上、下界线相对不远,差值与点预测值的比例均在 1% 左右,这表明在本实验中实际发生值将以极大概率（95% 以上）落在点预测值的一个较小邻域（1% 偏差）内。

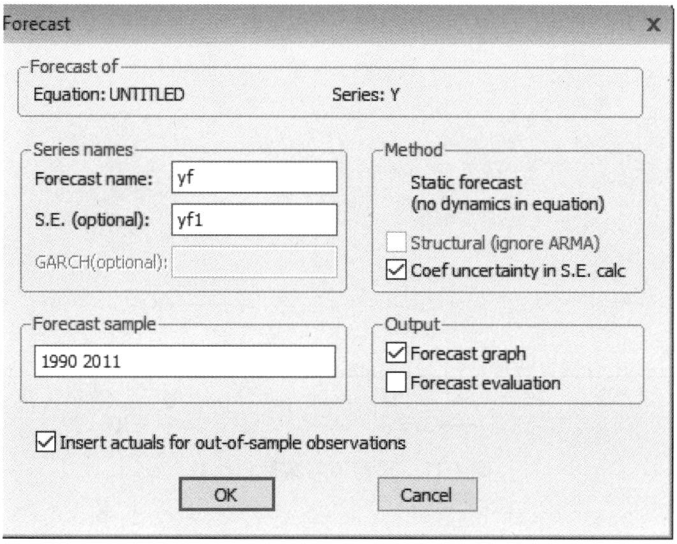

图 4-15　Forecast 对话框

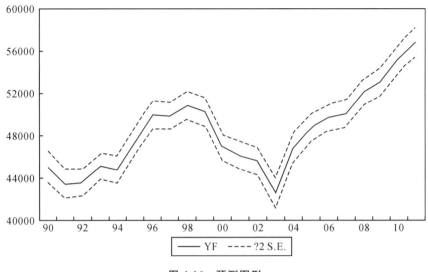

图 4-16　预测图形

图 4-17 给出了点预测值 YF(实线)、实际值 Y(折线)以及两者之间的差值 YR(虚线)的比较。虽然预测值基本不会等于实际发生值,但两者之间的差值相对很小——最大差值的绝对值是 878,与实际值比值不到 2%;差值绝对值的中位数为 73,与实际值比值约为 0.1%。而且,差值序列基本围绕均值 0 呈现上下波动的态势。这一结果表明,即使点预测并不能准确地给出实际值,但是在一定条件下两者之间的差距可以被控制在相对较小的范围内,点预测值有其应用价值。

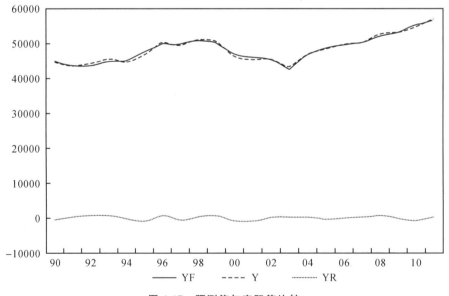

图 4-17　预测值与实际值比较

实验 4-2　封闭式基金折价率影响因素研究(使用数据文件表 4-2)

(1)实验介绍与模型设计

本实验研究不同因素对封闭式基金折价率的影响。当市场需求超过供给时,封闭式基金的市场交易价格可能会高于其净值;而当供过于求时,封闭式基金将以低于其单位净值的折扣价格进行交易,即封闭式基金的交易价格低于其单位净资产的价值从而产生折价。衡量基金折价程度的指标被称为折价率($Disc$)。其公式为:

基金折价率＝(基金单位资产净值－基金价格)/基金单位资产净值

已有研究认为,影响封闭式基金折价率的因素可能包括基金规模(GM)、剩余年限(DT)、单位资产净值(DJ)以及投资者情绪因素(以换手率衡量,HSL),其中剩余年限是指基金距离存续期到期的年数。据此建立如下的多元线性回归模型:

$$Disc_i = \beta_0 + \beta_1 GM_i + \beta_2 DT_i + \beta_3 DJ_i + \beta_4 HSL_i + \mu_i$$

本实验选用了 54 家封闭式基金的截面数据。根据经济学常识,从理论上对系数做出如下假设:

①β_1、β_2 应该大于 0。因为基金规模越大,表示供给越多,则折价比率应该越高;同样地,剩余年限越长,未来不确定性更高,则交易价格相对于净值可能越低,从而折价率越高。

②β_3、β_4 应该小于 0。因为基金单位净值越高,人们对其需求越高,则折价率可能越低;同样地,换手率越高,表明投资者的交易热情越高,则折价率可能越低。

(2)实验步骤

【第一步】建立工作文档。双击打开 EViews,单击"File→New→Workfile",得到如图 4-18 所示的对话框,在"Workfile structure type"下拉列表中选择"Unstructured/Undated"(代表截面数据),在"Data range"中填上观测值数量"54"。

【第二步】设置变量并赋值。可以使用两种方式生成新变量:一是单击"Object→New Object",在"Type of object"一栏中选择"Series",并在"Name for object"一栏下将变量命名为"GM";二是在命令对话框中输入命令"Series GM",并按回车键。

根据设定的模型,重复上述步骤,依次建立解释变量 GM、DT、DJ、HSL 和被解释变量 $Disc$,结果如图 4-19 所示。

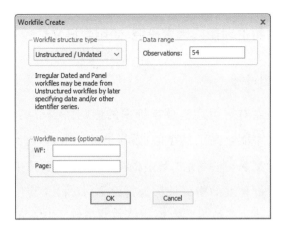

图 4-18　创建工作文档

图 4-19　文件窗口

完成对变量的赋值,结果如图 4-20 所示。

	DJ	DT	DISC	GM	HSL
	DJ	DT	DISC	GM	HSL
1	1.13	6.98	40.26	20	39.58
2	1.1	7.75	44.34	20	58.82
3	1.19	8.02	38.99	20	81.13
4	1.07	8.09	39.43	20	56.81
5	1.09	8.18	45.57	30	78.34
6	1.08	8.27	47.06	30	95.96
7	1.03	1.22	16.64	10	76.06
8	1.13	1.31	13.05	5	59.91
9	1.19	8.38	41.52	30	64.85
10	1.04	8.58	46.7	30	106.45
11	1.03	2.01	22.77	5	41.2
12	1.03	8.73	46.71	30	143.48
13	1.26	0.92	8.58	5	55.58
14	1.22	3.64	24.77	5	55.87
15	1.25	4.41	24.61	5	75.9
16	0.99	3.26	26.97	25	83.83
17	1.21	1.14	15.21	5	56.88
18	1.01	1.39	16.1	5	73.96
19	0.99	1.72	18.1	5	33.77
20	0.89	1.13	11.54	5	50.4
21	1.57	2.68	14.85	8	121.95
22					

图 4-20　对变量赋值后的数据框

【第三步】数据画图和初步分析。在图 4-20 所示的数据对话框中,单击按钮"View→Graph",进入画图设置对话框。在设置之后(此处选择默认设置,为点线图),单击"OK"按钮,实现对所有变量的画图,如图 4-21 所示。

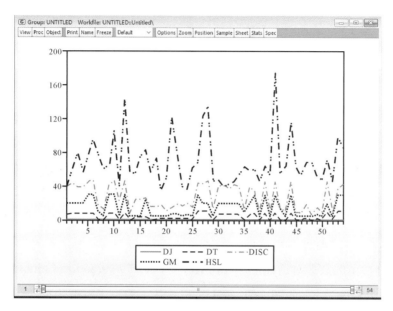

图 4-21 对所有变量进行画图

图 4-21 显示若干解释变量与被解释变量之间存在一定的协同变化趋势,表明前文建立的模型可能是合理的。进一步地,分别画出被解释变量和各个解释变量之间的散点图,如图 4-22 至图 4-25 所示。

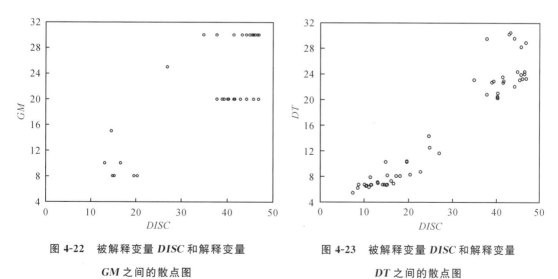

图 4-22　被解释变量 *DISC* 和解释变量　　　图 4-23　被解释变量 *DISC* 和解释变量
　　　　 GM 之间的散点图　　　　　　　　　　　　 *DT* 之间的散点图

图 4-22 和图 4-23 分别显示出基金规模、到期年限与折价率之间存在比较明显正相关关系,符合前文的预期。

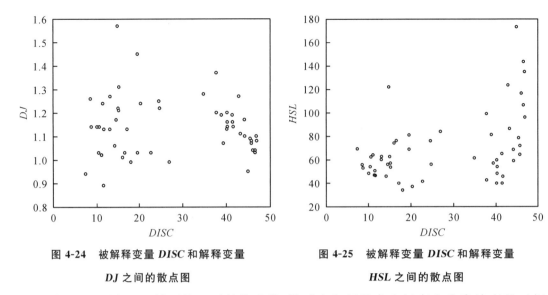

图 4-24　被解释变量 *DISC* 和解释变量　　　图 4-25　被解释变量 *DISC* 和解释变量
　　　　　DJ 之间的散点图　　　　　　　　　　　　　*HSL* 之间的散点图

图 4-24 和图 4-25 并不能显示单位净值、换手率与折价率之间存在非常清晰的正相关或负相关关系,需要通过回归做进一步的验证。

在图 4-20 所示的数据对话框中,单击"View→Descriptive Stats→Common Sample",得到 5 个变量描述性统计表,如图 4-26 所示。折价率(*DISC*)的平均值为 27.96%,最大折价率为 47.06%,最小折价率为 7.43%;基金规模(*GM*)的平均值为 15.12 亿元,最大值为 30.00 亿元,最小值为 5.00 亿元;到期剩余年限(*DT*)的平均值为 4.92 年,最大剩余年限为 11.35 年,最小剩余年限为 0.60 年;单位净值(*DJ*)平均值为 1.14,最大单位净值为 1.57,最小单位净值为 0.89;换手率(*HSL*)平均值为 69.40%,最大换手率值为 173.30%,最小换手率值为 33.77%。

G File Edit Object View Proc Quick Options Add-ins Window Help					
View Proc Object Print Name Freeze Sample Sheet Stats Spec					
	DJ	DT	DISC	GM	HSL
	DJ	DT	DISC	GM	HSL
Mean	1.140883	4.922407	27.96407	15.12963	69.39926
Median	1.135100	3.450000	24.69000	12.50000	61.70500
Maximum	1.573700	11.35000	47.06000	30.00000	173.3000
Minimum	0.891900	0.600000	7.430000	5.000000	33.77000
Std. Dev.	0.125013	3.700014	14.44279	10.15920	29.08913
Skewness	0.879851	0.271966	0.040809	0.333770	1.558455
Kurtosis	4.673858	1.455632	1.280266	1.509448	5.315999
Jarque-Bera	13.27129	6.032105	6.669327	6.001548	33.92770
Probability	0.001313	0.048994	0.035627	0.049749	0.000000
Sum	61.60770	265.8100	1510.060	817.0000	3747.560
Sum Sq. Dev.	0.828291	725.5754	11055.49	5470.093	44847.40
Observations	54	54	54	54	54

图 4-26　变量描述性统计表

在图 4-20 所示的数据对话框中，单击“View→Covariance Analysis”，并在对话框中同时勾选“Covariance”和“Correlation”，得到 5 个变量之间的协方差和相关系数，如图 4-27 所示。结果显示，基金规模（*GM*）、剩余年限（*DT*）与折价率（*DISC*）之间存在非常强烈的正相关关系，与上文通过观察散点图获得的结论一致。

Group: UNTITLED　Workfile: UNTITLED::Untitled\

View | Proc | Object | Print | Name | Freeze | Sample | Sheet | Stats | Spec

Covariance Analysis: Ordinary
Date: 07/18/24　Time: 14:56
Sample: 1 54
Included observations: 54

Covariance Correlation	DISC	HSL	DJ	DT	GM
DISC	204.7313 1.000000				
HSL	177.0378 0.429341	830.5074 1.000000			
DJ	-0.144496 -0.081902	-0.036255 -0.010203	0.015203 1.000000		
DT	50.17509 0.956647	49.64840 0.469991	0.011356 0.025125	13.43658 1.000000	
GM	129.4769 0.899083	141.2094 0.486846	-0.086578 -0.069765	32.72987 0.887155	101.2980 1.000000

图 4-27　变量相关关系

【第四步】估计参数。方法一是单击图 4-20 中的“Quick→Estimate Equation”，在“Equation specification”栏中，按照模型方程中变量从左到右的顺序，依次输入 *DISC*、*c*（常数项）、*GM*、*DT*、*DJ*、*HSL*，变量之间以空格分隔。在“Method”栏中选择“LS-Least Squares (NLS and ARMA)”（最小二乘估计法），点击“OK”按钮即可。方法二是在文件首页命令窗口中直接输入“ls *DISC*、c、*GM*、*DT*、*DJ*、*HSL*”并按回车键即可。回归结果如图 4-28 所示。

(3)实验结果及检验

①回归结果初步解读及经济意义检验。

变量 *GM* 的回归系数为 0.31，说明基金规模对基金折价率的影响是正向的，符合理论预期。在其他条件不变的情况下，基金规模每增加 1 亿元，基金折价率增加 0.31 个百分点。

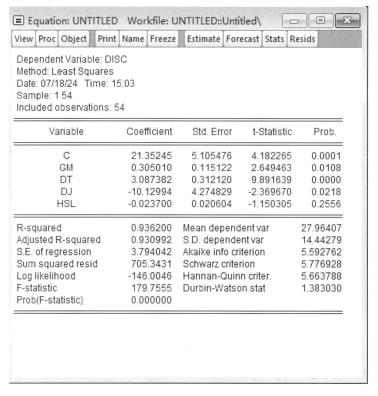

图 4-28　回归结果

变量 DT 的回归系数为 3.09,说明基金剩余年限对基金折价率的影响是正向的,符合理论预期。在其他条件不变的情况下,基金剩余年限每增加 1 年,基金折价率增加 3.09 个百分点。

变量 DJ 的回归系数为 -10.13,说明基金单位净值对基金折价率的影响是负向的,符合理论预期。在其他条件不变的情况下,单位净值每增加 1 元,基金折价率减少 10.13 个百分点。

变量 HSL 的回归系数为 -0.02,说明投资者情绪(换手率)对基金折价率的影响是负向的,符合理论预期。在其他条件不变的情况下,换手率每增加 1 个单位,基金折价率减少 0.02 个百分点。

综上所述,所有变量对基金折价率的作用方向均符合预期,经济意义检验通过。

②回归结果的统计检验。

模型拟合程度检验。拟合优度系数 R^2 和调整的拟合优度系数 $\bar{R}^2$ 的值均在 0.93 左右,表明本实验设定的模型对观测值的拟合程度非常高。

模型整体显著性检验。模型总体回归的 F 统计量的值为 179.76,大于显著性水平 5% 对应的临界值[$F_{0.05}(4,49)=2.80$],也大于显著性水平 1% 对应的临界值[$F_{0.01}(4,49)=$

3.99〕，因此可以认为模型通过了整体显著性检验。

各个自变量的显著性检验。模型估计结果显示，当显著性水平为 0.05 时，由于 t_{GM}、t_{DT}、t_{DJ} 对应的 P 值均小于 0.05，因此，可以认为 GM、DT、DJ 均对因变量有显著影响。而 t_{HSL} 对应的 P 值为 0.26（＞0.05），说明 HSL 对因变量的影响不显著。因此，部分自变量未能通过显著性检验。

（4）经济意义分析

回归结果显示，基金规模对基金折价率产生了显著且正向的影响，符合预期和猜想。这是因为，基金规模越大表示基金产品的供给越大，由供求关系决定的折价率就应该越高。

到期剩余年限对基金折价率产生了显著且正向的影响，符合预期和猜想。这是因为，到期剩余年限越长，持有基金的不确定性越大，投资者购买基金所需要的风险补偿就越高，折价率也就应该越高。

单位净值对基金折价率产生了显著且负向的影响，符合预期和猜想。这是因为，单位净值越高，持有基金的收益越好，投资者对基金的购买需求越旺盛，由供求关系所决定的折价率应该越低。

投资者情绪（换手率）对基金折价率没能产生显著影响，我们认为可能的原因包括多重共线性、模型线性形式不成立等。有待学习更多计量经济学相关知识后做进一步改进。

（5）模型预测

接下来，我们基于估计的样本回归方程，给出被解释变量 y 的点预测值和预测区间，并将其点预测值与实际值进行比较。

在图 4-28 回归结果的窗口中，点击"Forecast"按钮，进入预测对话框，对点预测序列和预测标准差序列分别命名，并勾选预测图形（"Forecast graph"）作为输出结果，得到如图 4-29 所示的预测图形，并在文件窗口产生一个以"discf"命名的点预测值序列和一个以"discfr"命名的标准差值序列。

图 4-29 给出了点预测值（中间实线）和区间预测的上、下界（上、下两条虚线）。在本实验中，点预测值曲线作为区间预测的中心线与上、下界的差值相对较大，差值与点预测值的比例普遍在 10% 左右，最高接近 40%，这表明在本实验中实际发生值将不会以极大概率（95% 以上）落在点预测值的一个较小邻域（1%、5% 甚至 10% 偏差）内。

图 4-30 给出了预测值 $DISCF$（折线）、实际值 $DISC$（虚线）以及两者之间的差值 $DISCFR$（实线）的比较。在本实验中，预测值与实际发生值的差值虽然绝对值很小，且

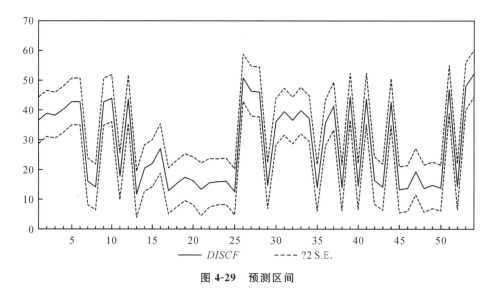

图 4-29　预测区间

差值序列基本围绕均值 0 呈现上下波动的态势,但相对于实际值的比例总体较大。差值与实际值的平均比值为 19.7%,最大比值为 53.6%。这表明点预测不仅不能给出准确的预测值,而且在本实验中与实际值之间的差距相当明显。由此可见,点预测可能产生较为明显的错误,点预测应用价值有限。

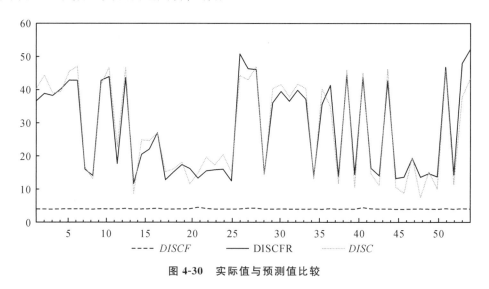

图 4-30　实际值与预测值比较

实验 4-3　股价指数影响因素研究(使用数据文件表 4-3)

(1)实验介绍与模型设计

本实验从供给和需求两个方面探讨影响我国股价指数(这里为上证综指,记为 Y)的因素,供给侧的因素主要是流通股的总股数(X_1),需求侧的因素包括投资者的总数量(以投资者账户数衡量,记为 X_2)、投资者的投资成本(以上海银行间同业拆借 1 周的利率衡量,记为 X_3)以及境外资金可能带来的影响(通过人民币对美元的汇率来反映,记为 X_4)。

据此建立如下多元线性回归模型:

$$Y_t = \beta_0 + \beta_1 X_{1t} + \beta_2 X_{2t} + \beta_3 X_{3t} + \beta_4 X_{4t} + \mu_t$$

本实验所选择的数据为时间序列数据,数据频率为月度,数据起止时间为 2013 年 6 月至 2024 年 6 月,共计 133 组观测值。其中:流通股总数的单位为百万股;投资者账户数单位为千户;人民币对美元汇率使用直接标价法。

我们对变量的参数做出如下预期:

流通股数量 X_1 越多,意味着市场供给越多,导致市场价格即指数下降,因此 β_1 应该小于 0;投资者账户数 X_2 越多,意味着市场对股票投资的需求越大,因此 β_2 应该大于 0;银行间同业拆借利率 X_3 越高,投资者投资股票市场的成本越高,导致对股票的需求下降,因此 β_3 应该小于 0;汇率 X_4 与外资的流入存在相关关系,人民币走强可能引起外资的流入,也可能是外资流入的结果,而外资流入则会推高股票指数。因此,当人民币走强时,用直接标价法表示的汇率值下降,则股指上升,故 β_4 应该小于 0。

（2）实验步骤

【第一步】建立工作文档。双击打开 EViews,单击"File→New→Workfile",得到如图 4-31 所示的对话框,在"Workfile structure type"中选择"Dated-regular frequency"选项,在"Frequency"中选择 "Monthly",在"Start date"中填入"2013-06",在"End date"中填入"2024-06"。点击"OK"按钮即可。

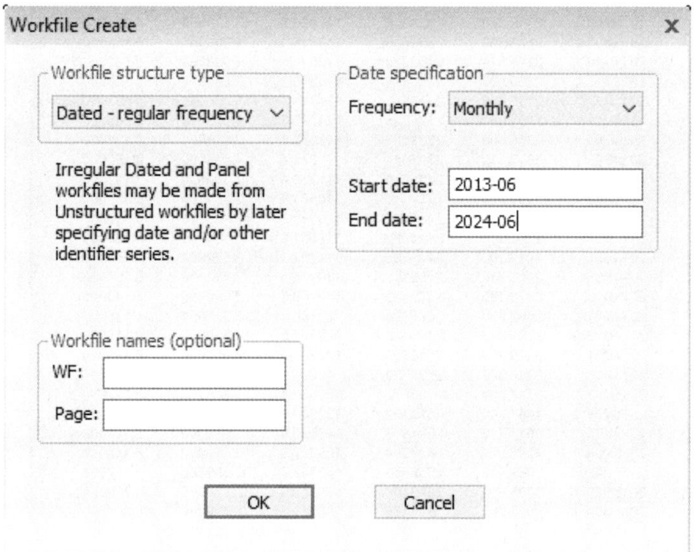

图 4-31　建立工作文档

【**第二步**】建立变量并赋值。使用两种方式生成新变量：一是单击"Object→New Object"，在"Type of object"一栏中选择"Series"，并在"Name for object"一栏下填入变量名称如 X_1；二是在命令对话框中输入命令"Series＋变量名"，并按回车键。使用这两种方式中的任一种，依次建立变量 Y、X_1、X_2、X_3 和 X_4，如图 4-32 所示。进一步地完成对变量的赋值或数据编辑，结果如图 4-33 所示。

图 4-32　建立变量文件窗口

obs	Y	X1	X2	X3	X4
obs	Y	X1	X2	X3	X4
2013M06	1979.210	2027736.	112247.4	6.163000	6.179000
2013M07	1993.800	2301145.	112558.5	4.971000	6.179000
2013M08	2098.380	2334724.	112890.9	3.736000	6.171000
2013M09	2174.660	2352455.	113246.1	4.203000	6.148000
2013M10	2141.610	2363230.	113590.5	4.993000	6.143000
2013M11	2220.500	2366214.	114010.7	4.666000	6.133000
2013M12	2115.980	2373112.	114441.9	5.250000	6.097000
2014M01	2033.080	2385296.	114778.5	4.983000	6.105000
2014M02	2056.300	2391627.	115273.6	3.529000	6.121000
2014M03	2033.310	2397041.	115877.4	4.184000	6.152000
2014M04	2026.360	2405055.	116234.4	4.134000	6.158000
2014M05	2039.210	2418156.	116563.4	3.230000	6.170000
2014M06	2048.330	2431935.	116995.2	3.867000	6.153000
2014M07	2201.560	2441383.	117557.8	3.980000	6.168000
2014M08	2217.200	2449585.	118162.7	3.672000	6.165000
2014M09	2363.870	2468150.	118975.5	2.874000	6.153000
2014M10	2420.180	2475535.	119768.3	3.200000	6.146000
2014M11	2682.830	2478398.	120788.5	3.322000	6.135000
2014M12	3234.680	2491460.	123171.5	4.639000	6.119000
2015M01	3210.360	2516855.	124865.4	4.026000	6.137000
2015M02	3310.300	2527722.	125834.1	4.772000	6.148000
2015M03	3747.900	2560672.	129656.4	3.886000	6.142000
2015M04	4441.660	2570122.	139503.6	2.430000	6.114000
2015M05	4611.740	2591897.	148635.9	1.972000	6.120000
2015M06	4277.220	2638004.	158387.5	2.652000	6.114000
2015M07	3663.730	2660551.	162768.7	2.509000	6.117000
2015M08	3205.990	2676306.	165760.8	2.398000	6.389000
2015M09	3052.780	2696476.	168367.5	2.408000	6.361000
2015M10					

图 4-33　对变量赋值后的数据框

【第三步】数据画图和初步分析。由于本实验中的数据在量纲上和数值上差距较大，所以不给出将所有变量合一起的曲线图，而仅给出被解释变量与各解释变量之间的散点图。具体画图操作可参见实验 4-2，也可通过在命令窗口中键入命令，如"scat X_1 Y"实现。结果如图 4-34 至图 4-37 所示。

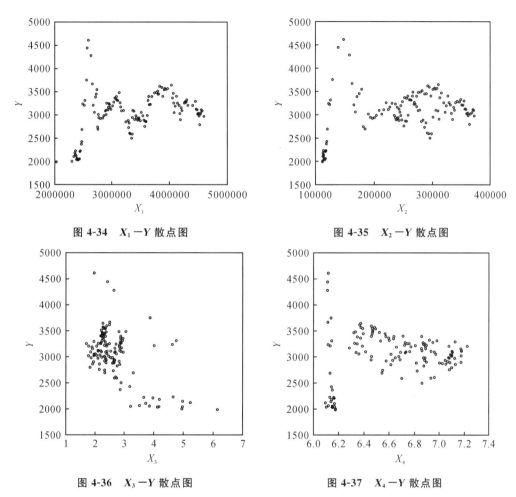

图 4-34　X_1-Y 散点图　　　　　　图 4-35　X_2-Y 散点图

图 4-36　X_3-Y 散点图　　　　　　图 4-37　X_4-Y 散点图

由图 4-34、图 4-35 和图 4-37 可知，流通股票总数、投资者账户数以及人民币对美元汇率与上证综指之间并没有显示比较清晰的正相关或负相关关系，而图 4-36 则显示了市场利率与上证综指之间存在比较清晰的负相关关系，这是符合预期和猜想的。当然，对被解释变量与解释变量之间确切的关系尚需要通过回归进行分析。

在图 4-33 所示的数据框中，单击"View→Descriptive Stats→Common Sample"，可得到 5 个变量的描述性统计表，如图 4-38 所示。由图 4-38 可知：上证综指的均值为 3045.558，最大值为 4611.740，最小值为 1979.210；流通股总数的平均值为 3365457 百万股，最大值为 4600962 百万股，最小值为 2027736 百万股；投资者账户数的平均值为 248743.1 千户，最大值为 372292.3 千户，最小值为 112247.4 千户；银行间拆借利率的平均值为 2.706%，最大值为 6.163%，最小值为 1.705%；人民币对美元汇率的平均值为 6.641，最大值为 7.226，最小值为 6.097。

Group: UNTITLED Workfile: 多元线性回归3::Untitled\

View | Proc | Object | Print | Name | Freeze | Sample | Sheet | Stats | Spec

	Y	X1	X2	X3	X4
Mean	3045.558	3365457.	248743.1	2.706256	6.641060
Median	3095.470	3349724.	260569.8	2.430000	6.651000
Maximum	4611.740	4600962.	372292.3	6.163000	7.226000
Minimum	1979.210	2027736.	112247.4	1.705000	6.097000
Std. Dev.	471.0868	689596.0	79146.88	0.794958	0.345549
Skewness	-0.226966	0.136862	-0.374739	1.870441	-0.077110
Kurtosis	4.209524	1.872235	2.036253	6.648027	1.732555
Jarque-Bera	9.249048	7.463397	8.259991	151.3002	9.034036
Probability	0.009808	0.023952	0.016083	0.000000	0.010922
Sum	405059.2	4.48E+08	33082829	359.9320	883.2610
Sum Sq. Dev.	29293812	6.28E+13	8.27E+11	83.41846	15.76135
Observations	133	133	133	133	133

图 4-38 变量描述性统计表

在图 4-33 所示的数据框中，单击“View→Covariance Analysis”，并在对话框中同时勾选“Covariance”和“Correlation”，可得到 5 个变量之间的协方差和相关系数，如图 4-39 所示。结果显示：市场利率(X_3)与上证综指之间的相关程度最高，且相关系数为负，符合预期；流通股股数(X_1)、投资者账户数(X_2)与上证综指之间的相关系数不是很高，但相关系数为正，也符合预期；人民币兑美元汇率(X_4)与上证综指之间的相关程度不仅最弱，而且相关系数为正，与预期不符。

Group: UNTITLED Workfile: 多元线性回归3::Untitled\

View | Proc | Object | Print | Name | Freeze | Sample | Sheet | Stats | Spec

Covariance Analysis: Ordinary
Date: 07/30/24 Time: 21:16
Sample: 2013M06 2024M06
Included observations: 133

Covariance Correlation	Y	X1	X2	X3	X4
Y	220254.2 1.000000				
X1	1.18E+08 0.365583	4.72E+11 1.000000			
X2	14336497 0.387424	5.13E+10 0.946567	6.22E+09 1.000000		
X3	-209.4739 -0.563589	-389823.6 -0.716485	-45326.47 -0.725858	0.627206 1.000000	
X4	17.21261 0.106540	166620.2 0.704532	19964.74 0.735526	-0.169140 -0.620398	0.118506 1.000000

图 4-39 变量相关关系

【第四步】估计参数。参照实验 4-1，通过点击操作菜单并有序输入相关变量，或直接在命令窗口输入"LS Y C X_1 X_2 X_3 X_4"，对模型进行最小二乘回归，结果如图 4-40 所示。单击"View→Representations"，得到代入系数估计值的回归模型，如图 4-41 所示。

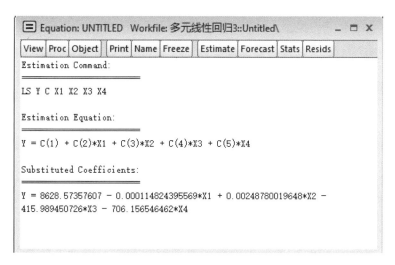

图 4-40　回归结果

图 4-41　样本回归方程

（3）**实验结果及检验**

①回归结果初步解读及经济意义检验。

变量 X_1 的回归系数为 -0.000115，与预期符号相符。该系数表示在其他因素不变的情况下，流通股总数每增加 100 亿股，上证综指下降 1.15 个点。

变量 X_2 的回归系数为 0.00249,与预期符号相符。该系数表示在其他因素不变的情况下,投资者账户数每增加 100 万户,上证综指上升 2.49 个点。

变量 X_3 的回归系数为 -416.00,与预期符号相符。该系数表示在其他因素不变的情况下,市场利率每上升 1 个百分点,上证综指下降 416 个点。

变量 X_4 的回归系数为 -706.157,与预期符号相符。该系数表示在其他因素不变的情况下,人民币兑美元的汇率每上升 1 个单位值,上证综指下降 706.157 个点。

综上所述,所有解释变量对上证综指的作用方向均符合预期和猜想。经济意义检验都通过。

②回归结果的统计检验。

拟合优度检验。图 4-40 显示拟合优度系数 R^2 为 0.441,调整的拟合优度系数 $\bar{R}^2$ 为 0.423。这两个系数虽然不算特别高,但满足了一般计量研究对拟合优度的要求。

模型整体显著性检验。图 4-40 显示模型整体回归的 F 统计量的值为 25.238,大于显著性水平 5% 对应的临界值$[F_{0.05}(4,128)=2.45]$,也大于显著性水平 1% 对应的临界值$[F_{0.01}(4,128)=3.48]$,因此可以认为模型通过了整体显著性检验。

各个自变量显著性检验。图 4-40 显示:X_3、X_4 的 t 检验对应的 P 值均为 0.000,在 0.01 的水平下通过了显著性检验,即 X_3、X_4 对 Y 的影响显著;X_2 的 t 检验对应的 P 值为 0.057,在 0.1 的水平下通过了显著性检验,可以认为 X_2 对 Y 的影响显著;而 X_1 的 t 检验对应的 P 值为 0.418,未能通过显著性检验。因此,部分自变量未能通过显著性检验。

(4)经济意义分析

根据回归结果,除了流通股总数外,其他所有自变量的显著性以及产生影响的方向都符合预期,而且参数估计值在数量级上符合一般的常识,只是在程度上可能会有一些争议。比如人民币对美元的汇率值上升 1 个单位,假设从 6 上升至 7,上证综指下降 706点,以综指平均为 3500 点为例,下降幅度达到 20%,影响之大可能超出了一般的直觉。而流通股数之所以未能对上证综指产生足够显著的影响,除了后几章提到的违反经典假设造成显著性检验失灵外,还有可能就是流通股数和股票市场上交易的股票数量并没有完全相关,导致流通股数不能完全反映股票交易的供给因素。

(5)模型预测

基于图 4-40 的模型估计结果,给出被解释变量 Y 的点预测值和预测区间,并将点预测值与实际值进行比较。

在图 4-40 窗口点击"Forecast"按钮,进入预测对话框,对点预测序列及其标准差序列进行命名,并勾选预测图形("Forecast graph")作为输出结果,得到如图 4-42 所示的预测图形。同时,在主操作窗口产生一个以"yf"命名的点预测值序列和一个以"yfr"命名的标准差值序列。

图 4-42 给出了点预测值(中间实线)和区间预测的上、下界(上、下两条虚线分别表示区间的上界和下界)。本实验点预测值曲线作为区间预测的中心线与上、下界的差值相对较大,差值与点预测值之比普遍在 10% 以上,最高超过 20%,这表明在本实验中实际发生值将不会以非常大的概率(95% 以上)落在点预测值的一个较小邻域(1%、5% 甚至 10% 偏差)内。

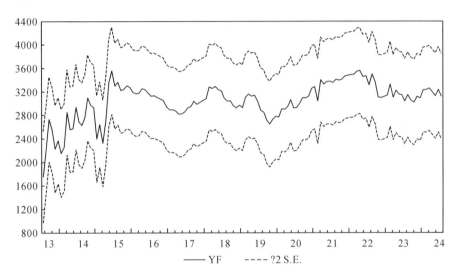

图 4-42　预测图

课后练习

目标:建立多元线性计量经济模型。在第 3 章课后练习建立一元线性回归模型的基础上,继续增加至少 3 个自变量,使自变量总数不少于 4 个,并构建多元线性回归模型。

要求:

1.确定自变量和因变量。明确要新增变量的数据可得性。

2.进行经济学分析,提出理论假设。

3.进行 EViews 操作,建立一元线性回归模型。

4.完成模型检验。

5.分析模型的经济意义。

6.自设自变量数据,完成对因变量的预测。

第5章
非线性回归模型

5.1　知识回顾

到目前为止,我们所接触到的模型都是标准线性模型。其表达式为:

$$y_i = \beta_0 + \beta_1 x_{1i} + \beta_2 x_{2i} + \cdots + \beta_k x_{ki} + \mu_i$$

该模型同时满足两个条件:

①因变量与参数呈线性关系;②因变量与自变量呈线性关系。

在实际计量模型的运用中,标准线性模型只占很少一部分,大部分模型并非如此。

5.1.1　非标准线性模型

非标准线性模型具有两个特点:①因变量与参数呈线性关系;②因变量与自变量不呈线性关系。非标准线性模型一般可以转换为标准线性模型。下面我们介绍几种较典型的非标准线性模型。

5.1.1.1　多项式模型

$$y_i = \beta_0 + \beta_1 x_i + \beta_2 x_i^2 + \cdots + \beta_k x_i^k + \mu_i \tag{5-1}$$

令 $z_1 = x, z_2 = x^2, \cdots, z_k = x^k$,则上式可化为标准线性回归模型:

$$y_i = \beta_0 + \beta_1 z_{1i} + \beta_2 z_{2i} + \cdots + \beta_k z_{ki} + \mu_i$$

类似式(5-1)的模型,较多地被运用于生产函数、成本函数。例如,图 5-1 描绘了总成本—产量曲线,图 5-2 描绘了边际成本、平均成本—产量曲线。从直观上判断,这样的曲线可以用类似(5-1)的多项式模型来表达。

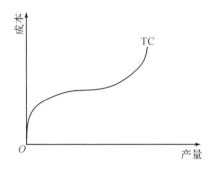

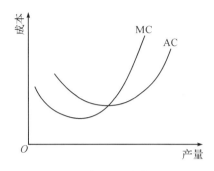

图 5-1　总成本—产量曲线　　　　　图 5-2　边际成本、平均成本—产量曲线

5.1.1.2　双曲模型

双曲模型的表达式为：

$$y_i = \alpha + \beta \frac{1}{x_i} + \mu_i \tag{5-2}$$

令 $z = 1/x$，则上式化为标准线性回归模型：$y_i = \alpha + \beta z_i + \mu_i$

以下是双曲模型的例子。图 5-3 考察了平均固定成本—产量之间的关系；图 5-4 描绘了恩格尔消费曲线，反映了对某一商品的支出与收入之间的关系。

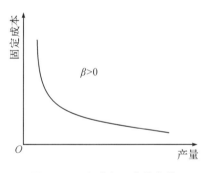

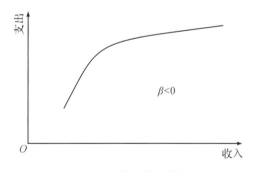

图 5-3　固定成本—产量曲线　　　　　图 5-4　支出—收入曲线

5.1.1.3　对数模型

（1）半对数模型

【线性—对数模型】线性—对数模型的表达式为：

$$y_i = \alpha + \beta \ln x_i + \mu_i \tag{5-3}$$

令 $z = \ln x$，则上式化为标准线性回归模型：

$$y_i = \alpha + \beta z_i + \mu_i$$

需说明的是，在半对数模型 $y_i = \alpha + \beta \ln x_i + \mu_i$ 中，参数 β 的经济含义是：当 x 每变动 1% 时，y 变动 0.01β 个单位。证明如下：

$$\lim_{\Delta x \to 0} \frac{\Delta y}{\frac{\Delta x}{x}} = \frac{dy}{dx} x = \beta \frac{1}{x} x = \beta$$

【对数—线性模型】对数—线性模式的表达式为:

$$\ln y_i = \alpha + \beta x_i + \mu_i \tag{5-4}$$

令 $y^* = \ln y$,则上式化为标准线性回归模型:

$$y_i^* = \alpha + \beta x_i + \mu_i$$

这里,参数 β 的经济含义是:当 x 每变动 1 个单位时,y 变动 $100\beta\%$。读者可以自己尝试完成相关证明。

(2)双对数模型

双对数模型的表达式为:

$$\ln y_i = \alpha + \beta \ln x_i + \mu_i \tag{5-5}$$

令 $y^* = \ln y, x^* = \ln x$,则上式化为标准线性回归模型:

$$y_i^* = \alpha + \beta x_i^* + \mu_i$$

这里,参数 β 是 y 对 x 的弹性,其经济含义是:当 x 每变动 1%时,y 变动 $\beta\%$。证明如下:

$$y \text{ 对 } x \text{ 的弹性} = \lim_{\Delta x \to 0} \frac{\frac{\Delta y}{y}}{\frac{\Delta x}{x}} = \frac{dy}{dx} \frac{x}{y} = y \frac{\beta}{x} \frac{x}{y} = \beta$$

5.1.2 非线性模型

非线性模型的特点是:因变量与参数之间呈非线性关系。非线性模型分为两类:一类是经过变换,可转化为标准线性的模型;另一类是不可线性化的模型。本节我们主要研究前者。

5.1.2.1 可转为线性的模型

(1)柯布—道格拉斯生产函数

柯布—道格拉斯生产函数的表达式为:

$$Q = AK^\alpha L^\beta e^\mu \tag{5-6}$$

其中:Q 表示产量;K 表示投入的资本;L 表示投入的劳动。

为了将其做标准线性化处理,在模型两边取对数,得到:

$$\ln Q = \ln A + \alpha \ln K + \beta \ln L + \mu \tag{5-7}$$

令 $Q^* = \ln Q, \alpha_0 = \ln A, K^* = \ln K, L^* = \ln L$，则上式转化为：

$$Q^* = \alpha_0 + \alpha K^* + \beta L^* + \mu \tag{5-8}$$

这是一个自变量为 K^*、L^*，因变量为 Q^* 的标准线性回归模型。如果随机项满足全部经典假设，则可对其用 OLS 法求得参数估计值 $(\hat{\alpha_0}, \hat{\alpha}, \hat{\beta})$，原模型中的常数项 Q 为 $e^{\hat{\alpha_0}}$。这样得到样本回归模型为：

$$\hat{Q} = e^{\hat{\alpha_0}} K^{\hat{\alpha}} L^{\hat{\beta}}$$

需要注意的是：在柯布—道格拉斯生产函数中，参数具有重要的经济意义。其中，α 表示资本的产出弹性，β 表示劳动的产出弹性。还需要说明的是：

当 $\alpha + \beta = 1$ 时，称模型反映的经济体为规模报酬不变型；

当 $\alpha + \beta > 1$ 时，称模型反映的经济体为规模报酬递增型；

当 $\alpha + \beta < 1$ 时，称模型反映的经济体为规模报酬递减型。

（2）指数模型

指数模型的表达式为：

$$y = a e^{bx + \mu} \tag{5-9}$$

为了转化为标准线性回归模型，首先在模型两边取对数，得到：

$$\ln y = \ln a + bx + \mu$$

令 $y^* = \ln y, a^* = \ln a$，则上式化为：

$$y^* = a^* + bx + \mu$$

这是一个标准线性回归模型，可以用 OLS 法求得其参数估计值 $(\hat{a}^*, \hat{b})$，则原模型的参数估计值是 $(e^{\hat{a}^*}, \hat{b})$，估计的模型为：

$$\hat{y} = e^{\hat{a}^*} e^{\hat{b}x} = e^{\hat{a}^* + \hat{b}x}$$

5.1.2.2　不可转为线性的模型

并非所有的非线性模型都可以线性化。例如：

$$y = a e^{bx} + \mu \tag{5-10}$$

一般来说，无法线性化的模型形式为：

$$Y = f(X_1, X_2, \cdots, X_k) + \mu$$

其中，$f(X_1, X_2, \cdots, X_k)$ 为参数非线性函数，例如(5-10)式。此时需要采用非线性方法估计其参数，本书对此不展开详细说明。

5.2 实验设计与操作

实验 5-1 企业成本—产量关系研究（使用数据文件表 5-1）

（1）实验介绍与模型设计

某上市公司生产一种大型机床，为掌握产量与总成本的关系，财务部搜集了 10 组成本—产量数据，试建立恰当的总成本—产量回归模型。模型的具体形式有待后续观察散点图设计。

（2）实验步骤

【第一步】建立工作文档。打开 EViews，单击"File→New→Workfile"，得到如图 5-5 所示的窗口。在"Workfile Create"对话框的"Workfile structure type"中选择"Unstructured/Undated"选项（表示非结构/非时间序列数据）；在"Date range"一栏下的"Observations"中输入"10"，表示有 10 个观测值。单击"OK"按钮进入工作窗口，如图 5-6 所示。

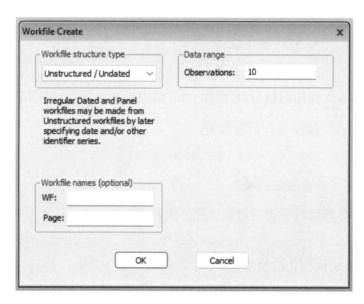

图 5-5　建立工作文档

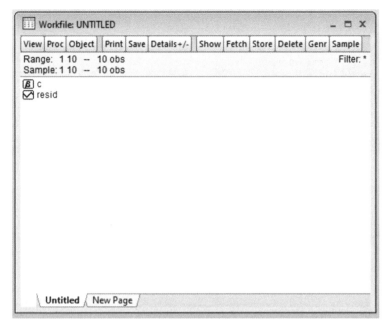

图 5-6 文件窗口

【第二步】设置变量并赋值。单击"Object→New Object",得到如图 5-7 所示的对话框。在"Type of object"一栏中选择"Series",并在"Name for object"一栏下将被解释变量命名为 YCB,并按回车键。重复上述步骤,设立解释变量 XCL,如图 5-8 所示。在变量建立完成之后,需对变量进行赋值。

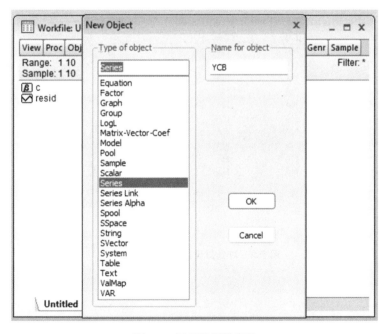

图 5-7 设置被解释变量

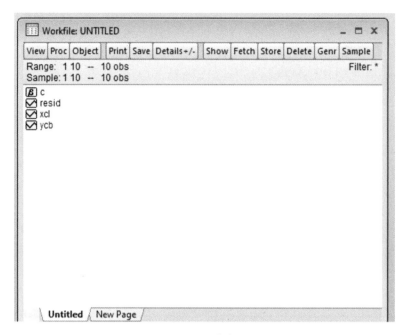

图 5-8　文件窗口

同时选中 *XCL* 和 *YCB* 两个变量，双击打开变量数据框，如图 5-9 所示。单击"Edit
＋/－"即可对变量进行赋值，或对其数据进行修改和编辑。在编辑完成后再次单击
"Edit＋/－"按钮，实现数据的保存。如图 5-10 所示。

obs	XCL	YCB
1	NA	NA
2	NA	NA
3	NA	NA
4	NA	NA
5	NA	NA
6	NA	NA
7	NA	NA
8	NA	NA
9	NA	NA
10	NA	NA

图 5-9　对变量进行赋值的数据框

obs	XCL	YCB
1	1.000000	193.0000
2	2.000000	226.0000
3	3.000000	240.0000
4	4.000000	244.0000
5	5.000000	257.0000
6	6.000000	260.0000
7	7.000000	274.0000
8	8.000000	297.0000
9	9.000000	350.0000
10	10.00000	420.0000

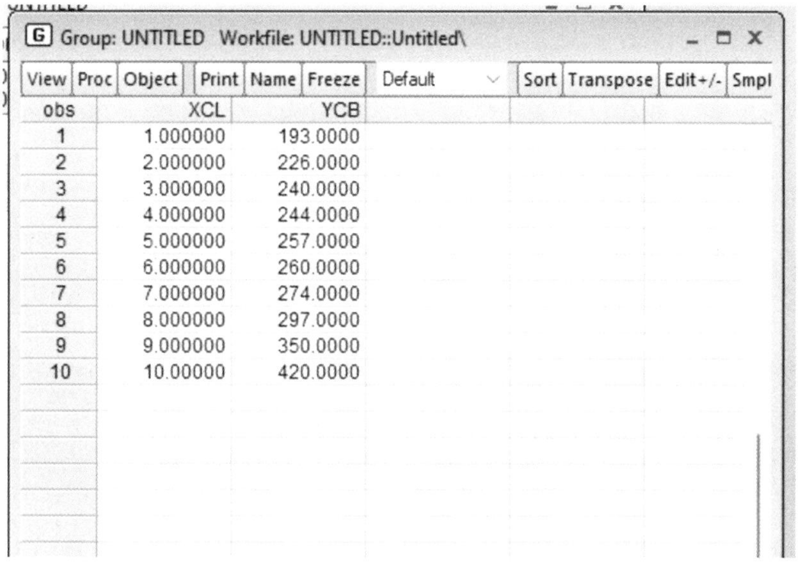

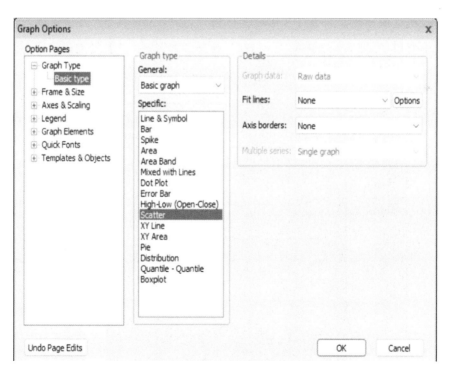

图 5-10　对变量赋值后的数据框

【第三步】画散点图。同时选中 *XCL* 和 *YCB*，双击打开数据。点击“View→Graph”，并在“Specific”一栏下选择“Scatter”(表示散点图)，如图 5-11 所示。单击“OK”按钮，结果如图 5-12 所示。

图 5-11　画散点图

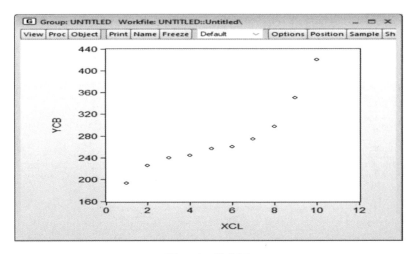

图 5-12　散点图

根据图 5-12,考虑建立如下多项式模型:

$$ycb = \beta_0 + \beta_1 \times xcl + \beta_2 \times xcl^2 + \beta_3 \times xcl^3 + \mu$$

令 $z_1 = xcl$,$z_2 = xcl^2$,$z_3 = xcl^3$,则上式化为:

$$ycb = \beta_0 + \beta_1 z_1 + \beta_2 z_2 + \beta_3 z_3 + \mu$$

这是一个标准线性回归模型,可以用 OLS 法估计参数。

【第四步】生成新变量。在 EViews 文件窗口,按"Genr"按钮(表示生成新的变量),在开启的小窗口(见图 5-13)输入"$z_1 = xcl$",点击"OK"按钮。重复上述步骤,生成:$z_2 = xcl^2$,$z_3 = xcl^3$。于是得到新变量 z_1、z_2、z_3。如图 5-14 所示。

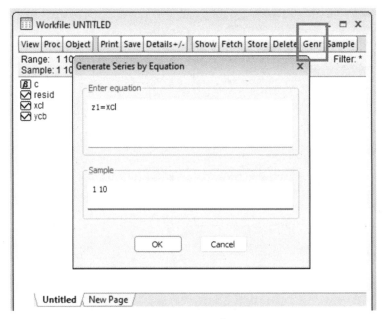

图 5-13　Genr 窗口

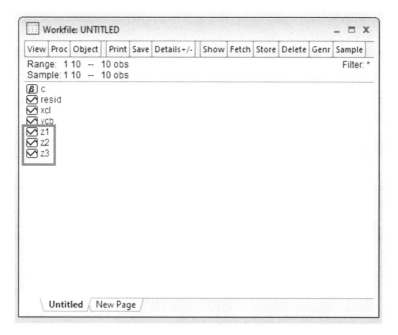

图 5-14　生成新变量 z_1、z_2、z_3

【第五步】估计模型。同时选中所有变量,双击打开变量数据框,如图 5-15 所示。点击"Proc→Equation Estimation",得到图 5-16。点击"OK"按钮,输出回归结果如图 5-17 所示。

EViews - [Group: UNTITLED　Workfile: UNTITLED::Untitled\]

File　Edit　Object　View　Proc　Quick　Options　Add-ins　Window　Help

View | Proc | Object | Print | Name | Freeze | Default ∨ | Sort | Transpose | Edit+/- | Smp

obs	YCB	Z1	Z2	Z3
1	193.0000	1.000000	1.000000	1.000000
2	226.0000	2.000000	4.000000	8.000000
3	240.0000	3.000000	9.000000	27.00000
4	244.0000	4.000000	16.00000	64.00000
5	257.0000	5.000000	25.00000	125.0000
6	260.0000	6.000000	36.00000	216.0000
7	274.0000	7.000000	49.00000	343.0000
8	297.0000	8.000000	64.00000	512.0000
9	350.0000	9.000000	81.00000	729.0000
10	420.0000	10.00000	100.0000	1000.000

图 5-15　变量数据框

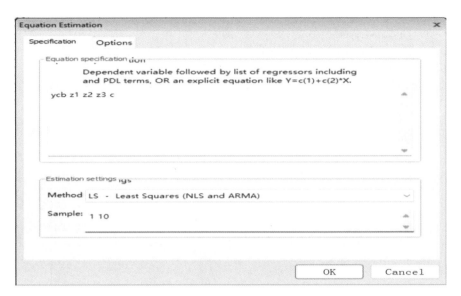

图 5-16　Equation Estimation 窗口

| View | Proc | Object | | Print | Name | Freeze | | Estimate | Forecast | Stats | Resids |

Dependent Variable: YCB
Method: Least Squares
Date: 08/04/24　Time: 15:40
Sample: 1 10
Included observations: 10

Variable	Coefficient	Std. Error	t-Statistic	Prob.
Z1	63.47766	4.778607	13.28372	0.0000
Z2	-12.96154	0.985665	-13.15005	0.0000
Z3	0.939588	0.059106	15.89677	0.0000
C	141.7667	6.375322	22.23678	0.0000

R-squared	0.998339	Mean dependent var		276.1000
Adjusted R-squared	0.997509	S.D. dependent var		65.81363
S.E. of regression	3.284911	Akaike info criterion		5.505730
Sum squared resid	64.74382	Schwarz criterion		5.626764
Log likelihood	-23.52865	Hannan-Quinn criter.		5.372956
F-statistic	1202.220	Durbin-Watson stat		2.700212
Prob(F-statistic)	0.000000			

图 5-17　回归结果

据此,可得回归估计结果为:

$$\hat{ycb} = 141.7667 + 63.4777xcl - 12.9615xcl^2 + 0.9396xcl^3$$

$$t \quad (22.237) \quad (13.284) \quad (-13.150) \quad (15.897)$$

$$R^2 = 0.9983, F = 1202.22$$

(3)实验结果及检验

从模型拟合程度看,$R^2 = 0.9983$,说明模型解释了因变量 YCB 变动的 99.83%,拟合程度非常高,模型表现佳。

从模型整体显著性看，$F = 1202.22$，$P = 0.0000 < 0.01$，说明在 99% 的置信水平下，模型整体线性关系成立。

从各个自变量的显著性来看，以 XCL 为例，该自变量的 $t = 13.284$，$P = 0.0000 < 0.01$，说明在 99% 的置信水平下，自变量 XCL 对因变量的影响显著。同理，自变量 XCL^2、XCL^3 对因变量的影响都显著。各个自变量均通过显著性检验。

综上所述，该模型拟合程度好，参数检验均显著，因此较好地反映了企业成本—产量关系。

（4）经济意义分析

从回归结果来看，总体而言，产量和总成本是正相关的，即随着产量的增加，总成本呈上升趋势，这符合一般的经济学常识。

这种正相关并非简单线性的关系，而是呈现复杂的变化。在初始阶段，产品生产从无到有，需要投入大量的资金、劳力和物力，而总成本由于包含固定成本和可变成本，因此上升得比较快。到了稳定期，为了提高产量，只要增加劳动力和原材料等可变成本的投入就能实现增产，而固定成本如厂房、设备、专利等可以维持不变，因此总成本仅包含可变成本，上升的速度自然较初期有所减缓。当产量超过一定临界值后，继续增产需要增加新的场地、设备及产品更新的研发投入，而这些都属于固定成本，加上可变成本的增加，总成本再次快速上涨。

实验 5-2 家庭收入与支出关系研究（使用数据文件表 5-2）

（1）实验介绍与模型设计

调查某地区 20 个家庭用于旅游的支出（Y）和家庭可支配收入（X）的数据。要求拟合恰当的回归模型，并对模型展开分析。模型的具体形式有待观察散点图后设计。

（2）实验步骤

【第一步】建立工作文档。打开 EViews，单击"File→New→Workfile"，得到如图 5-18 所示的窗口。在"Workfile Create"对话框的"Workfile structure type"一栏中选择"Unstructured/Undated"选项（表示非结构/非时间序列数据）；在"Date range"一栏下的"Observations"中输入"20"，表示有 20 个观测值。单击"OK"按钮进入工作窗口，如图 5-19 所示。

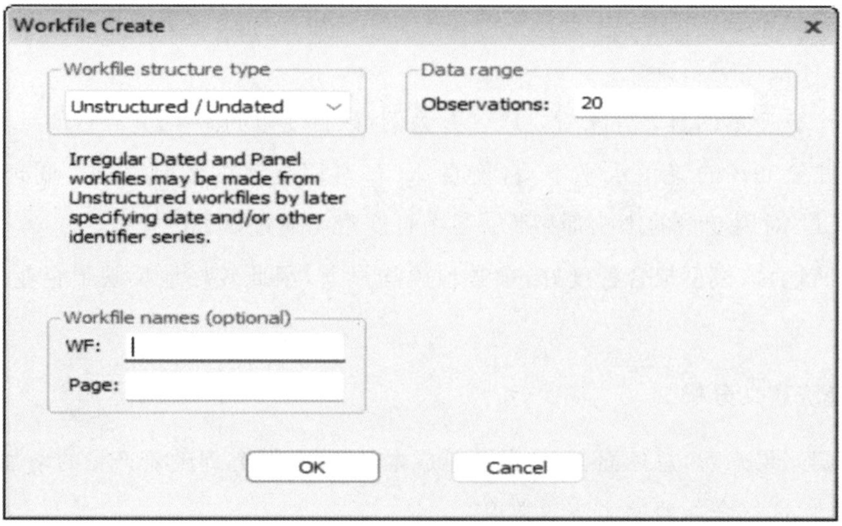

图 5-18　建立工作文档

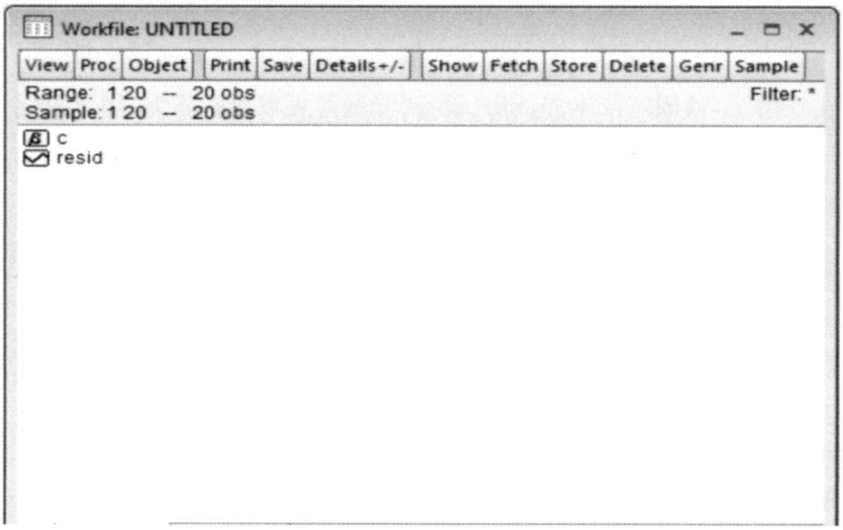

图 5-19　文件窗口

【第二步】建立变量并赋值。单击"Object→New Object",得到如图 5-20 所示的对话框。在"Type of object"一栏中选择"Series",并在"Name for object"一栏下将被解释变量命名为 Y,并按回车键。重复上述步骤,设立解释变量 X,如图 5-21 所示。在新变量建立完成之后,需对变量进行赋值。

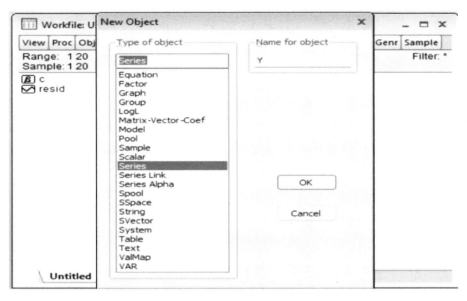

图 5-20　设置被解释变量

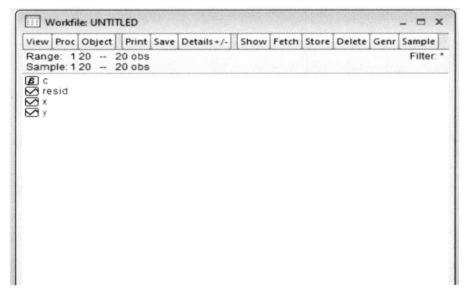

图 5-21　文件窗口

同时选中图 5-21 的因变量和自变量，双击打开变量数据框，单击"Edit＋/－"即可对变量进行赋值，或对其数据进行修改和编辑，结果如图 5-22 所示。在编辑完成后，再次单击"Edit＋/－"按钮，实现数据的保存。

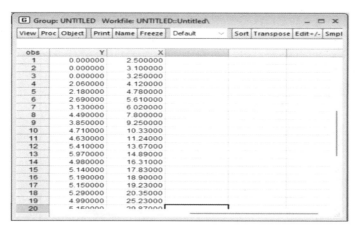

图 5-22　对变量进行赋值

【第三步】做散点图。同时选中 X 和 Y，双击打开数据。点击"View→Graph"，并在"Specific"一栏下选择"Scatter"（表示散点图），如图 5-23 所示。单击"OK"按钮，得到 $X-Y$ 散点图，如图 5-24 所示。

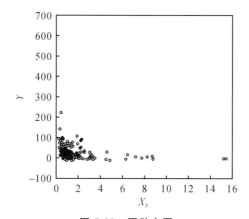

图 5-23　画散点图

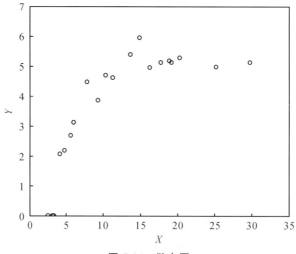

图 5-24　散点图

根据以上散点图,考虑设计如下模型:

$$y = \alpha + \beta \frac{1}{x} + \mu$$

【第四步】估计模型。同时选中 Y、X 两个变量,双击打开变量数据框,点击"Proc→ Equation Estimation",在对话框中编辑公式"$y \quad 1/x \quad c$",如图 5-25 所示。点击"OK" 按钮,输出回归结果如图 5-26 所示。

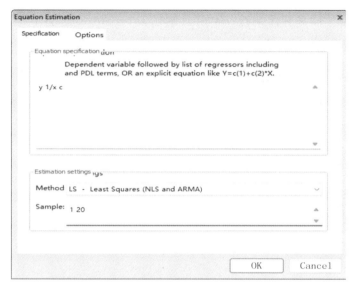

图 5-25　Equation Estimation 窗口

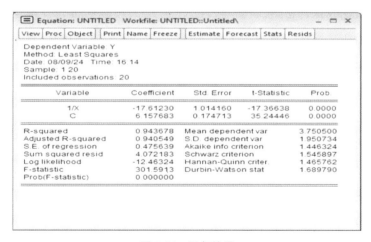

图 5-26　回归结果

(3)实验结果及检验

据图 5-26,可得回归方程为:

$$\hat{y} = 6.1577 - 17.6123 \frac{1}{x}$$

$$t \quad (35.24) \quad (-17.37)$$
$$R^2 = 0.9437, F = 301.5913$$

首先,从经济意义检验来看,自变量前面的系数为负值,说明随着收入 X 的提高,支出 Y 也随之提高,这与理论预期相符。

其次,从拟合程度看,$R^2 = 0.9437$,说明模型解释了因变量 Y 变动的 94.37%,拟合程度非常高。

再次,从模型整体显著性来看,$F = 301.5913$,$P = 0.0000 < 0.01$。说明在 99% 的置信水平下,模型整体线性关系成立。

最后,从自变量的显著性看,自变量的 t 统计值为 17.37,对应的概率为 $P = 0.0000 < 0.01$,说明在 99% 的置信水平下,自变量 X 对因变量 Y 的影响显著,自变量通过了显著性检验。

综上所述,该模型通过了经济意义检验和各项统计检验,能较好地反映收入和支出的关系。

实验 5-3 IPO 抑价现象研究(使用数据文件表 5-3)

(1)实验介绍与模型设计

IPO 抑价是指证券市场存在新股发行价格被低估的现象,即股票发行价格明显低于新股上市首日的收盘价格,投资者可以通过一、二级市场的价差获得高额的初始回报率。IPO 抑价的衡量指标一般用上市首日的涨幅(Y)表示。近年来,众多研究围绕 IPO 抑价的影响因素展开。本案例采纳的研究观点认为,IPO 抑价的主要影响因素包括以下几个方面。

①上市首日换手率(X_1)。上市首日换手率表示 IPO 上市首日股市的活跃程度和证券市场中投机的程度。上市首日换手率越高,意味着股票市场中投资者的投机程度越高,也暗示投资者参与新股申购主要是为了获得短期的超额收益。基于这个原因,首日收益率也就越高。因此,假设 1 为:上市首日换手率与 IPO 抑价率正相关。

②网上发行中签率(X_2)。网上发行中签率是指股票发行股数和有效申购数之间的比例。这一变量可以表示市场中投资者对新股的需求程度。当新股发行股数确定时,网上发行中签率越低,表明市场中的投资者对该股票的需求越大,在新股发行股数固定的前提下,将会出现供不应求的情况。没有中签的投资者会转向股票二级市场,这将会提升股票的价格。另外,网上发行中签率可以在一定程度上反映市场中的从众效应,对于 IPO 中签率越低的股票,投资者越有可能跟风去二级市场购买。因此,假设 2 为:中

签率与 IPO 抑价率负相关。

③首发市盈率(X_3)。首发市盈率是股票发行价格与每股收益的比值,从某种程度上反映了新股的基本面状况,会影响二级市场投资者的情绪,进而对新股价格走势产生影响,也是二级市场中投资者对新股预期的最初反映。首发市盈率越高,表明一级市场对公司的估值也就越高,可能存在泡沫风险,这会抑制二级市场中投资者对新股的追捧意愿,从而降低新股的抑价程度。因此,假设 3 为:首发市盈率与 IPO 抑价率负相关。

④首发募集资金(X_4)。这一变量反映了新股的发行规模。首发募集资金量与公司规模之间存在正相关关系。也就是说,首发募集资金越多,公司规模就越大。之前很多学者认为,公司规模可以在一定程度上代表信息不对称的程度,规模越大的公司,受到的监督越多,信息越透明,IPO 抑价程度也就越低。因此,假设 4 为:首发募集资金与 IPO 抑价率负相关。

本实验选取某一年份在沪深交易所上市的 149 只新股资料,要求构建合适的计量模型,研究 IPO 抑价的影响因素,说明实证结果与理论假设是否相符。若相符,请说明经济意义;若不相符,请分析可能的原因。

(2)实验步骤

【第一步】建立文件。打开 EViews,单击“File→New→Workfile”,得到如图 5-27 所示的窗口。在“Workfile Create”对话框的“Workfile structure type”一栏中选择“Unstructured/Undated”选项(表示非结构/非时间序列数据);在“Date range”一栏下的“Observations”中输入“149”,表示有 149 个观测值。单击“OK”按钮进入工作窗口,如图 5-28 所示。

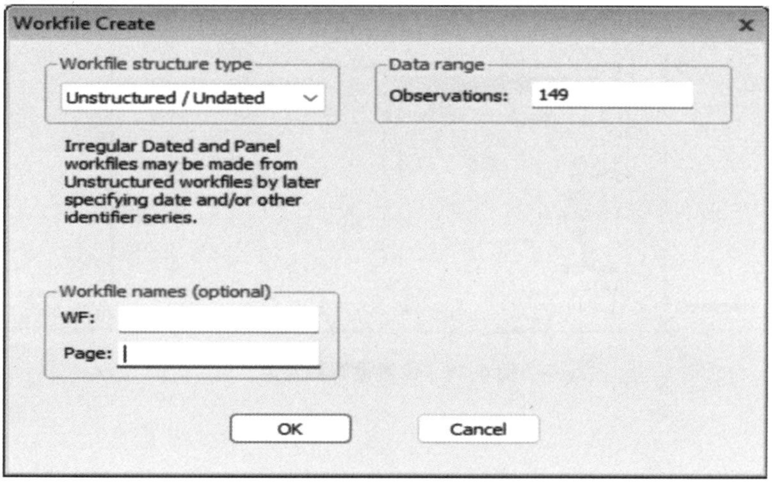

图 5-27　建立工作文档

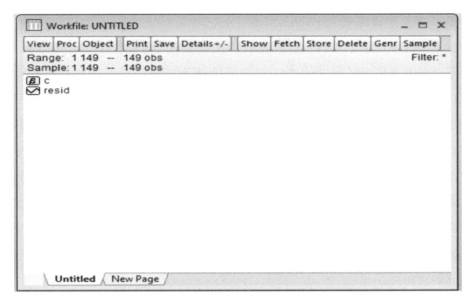

图 5-28　文件窗口

【第二步】建立变量并赋值。单击"Object→New Object",得到如图 5-29 所示的对话框。在"Type of object"一栏中选择"Series",并在"Name for object"一栏下将被解释变量命名为 Y,并按回车键。重复上述步骤,依次设立解释变量 X_1、X_2、X_3、X_4,如图 5-30所示。在新变量建立完成之后,再对变量进行赋值。

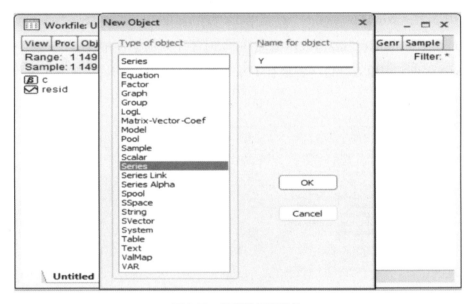

图 5-29　设置被解释变量

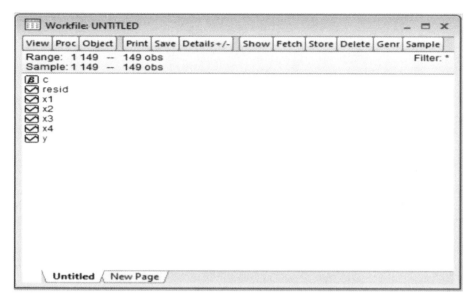

图 5-30　文件窗口

同时，选中因变量和所有自变量，双击打开变量数据框，单击“Edit＋/－”即可对变量进行赋值，或对其数据进行修改和编辑。在编辑完成后再次单击“Edit＋/－”按钮，实现数据的保存，如图 5-31 所示。

obs	Y	X1	X2	X3	X4
obs	Y	X1	X2	X3	X4
1	626.7400	95.15000	62.27000	0.130000	0.390000
2	-8.000000	43.06000	33.59000	8.830000	5.130000
3	10.46000	70.58000	16.78000	6.480000	16.56000
4	221.0000	87.52000	33.92000	0.450000	6.000000
5	20.90000	86.37000	28.75000	1.250000	3.940000
6	91.10000	84.11000	29.77000	0.300000	4.050000
7	6.020000	68.10000	51.73000	0.750000	2.780000
8	42.66000	93.58000	39.46000	0.420000	3.980000
9	37.91000	91.24000	77.50000	0.490000	2.250000
10	-10.77000	40.42000	36.36000	2.150000	6.200000
11	27.84000	74.81000	88.75000	0.710000	4.170000
12	18.28000	80.83000	120.8500	1.290000	4.740000
13	40.63000	87.20000	37.66000	0.820000	5.250000
14	6.910000	70.27000	18.68000	0.920000	11.11000
15	4.050000	75.24000	19.24000	1.030000	9.380000
16	17.11000	89.82000	44.45000	1.840000	5.260000
17	-8.830000	36.94000	35.99000	2.990000	9.290000
18	85.13000	86.16000	35.63000	0.590000	4.940000

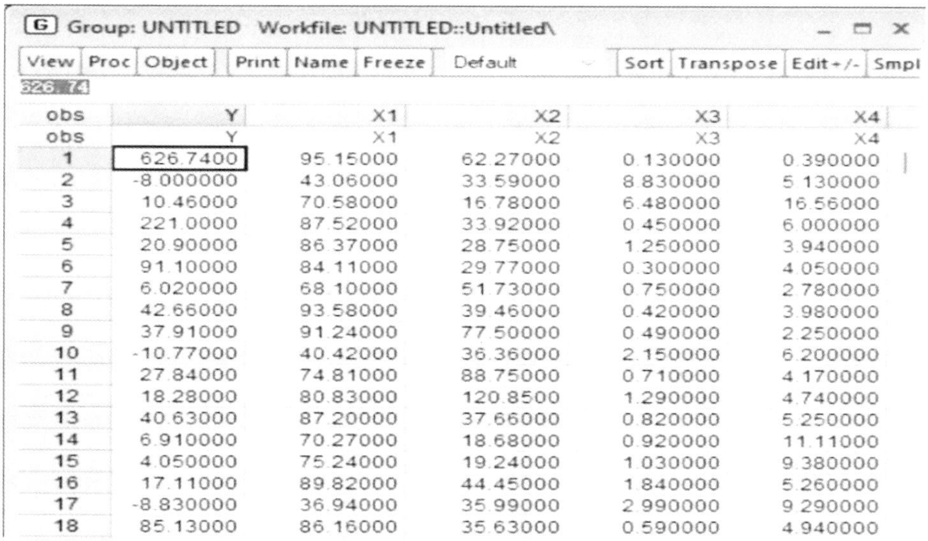

图 5-31　对变量赋值后的数据框

【第三步】画散点图。同时选中 X_1 和 Y，双击打开数据。点击“View→Graph”，并在“Specific”一栏下选择“Scatter”（表示散点图），如图 5-32 所示。单击“OK”按钮，得到 X_1-Y 散点图，如图 5-33 所示。重复上述步骤，依次画出 X_2-Y、X_3-Y、X_4-Y 散点图，分别如图 5-34、图 5-35、图 5-36 所示。

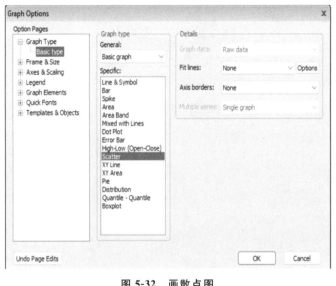

图 5-32 画散点图

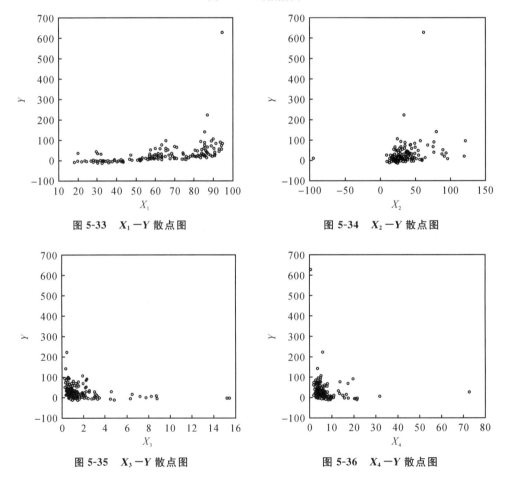

图 5-33 $X_1 - Y$ 散点图

图 5-34 $X_2 - Y$ 散点图

图 5-35 $X_3 - Y$ 散点图

图 5-36 $X_4 - Y$ 散点图

根据上述四个散点图,结合 Y 存在取值为负数的情况,初步考虑建立如下模型:

$$Y = \beta_0 + \beta_1 \mathrm{Ln}X_1 + \beta_2 \mathrm{Ln}X_2 + \beta_3 \mathrm{Ln}X_3 + \beta_4 \mathrm{Ln}X_4 + \mu$$

【第四步】估计模型。同时选中所有变量，双击打开变量数据框，点击“Proc→Equation Estimation”，在对话框中编辑公式。

第一次尝试：输入“Y LOG(X_1) LOG(X_2) LOG(X_3) LOG(X_4) c”。如图 5-37 所示，点击“OK”按钮，输出回归结果如图 5-38 所示。

图 5-37　Equation Estimation 窗口

View | Proc | Object | Print | Name | Freeze | Estimate | Forecast | Stats | Resids

Dependent Variable: Y
Method: Least Squares
Date: 08/09/24　Time: 14:32
Sample: 1 149
Included observations: 149

Variable	Coefficient	Std. Error	t-Statistic	Prob.
LOG(X1)	36.16972	11.63302	3.109229	0.0023
LOG(X2)	6.133951	10.35196	0.592540	0.5544
LOG(X3)	-14.88993	6.528091	-2.280902	0.0240
LOG(X4)	-15.60570	8.280723	-1.884582	0.0615
C	-111.7286	60.10096	-1.859015	0.0651

R-squared	0.258373	Mean dependent var	27.70208
Adjusted R-squared	0.237773	S.D. dependent var	59.44664
S.E. of regression	51.90027	Akaike info criterion	10.76951
Sum squared resid	387883.8	Schwarz criterion	10.87031
Log likelihood	-797.3282	Hannan-Quinn criter.	10.81046
F-statistic	12.54195	Durbin-Watson stat	1.130598
Prob(F-statistic)	0.000000		

图 5-38　第一次尝试的回归结果

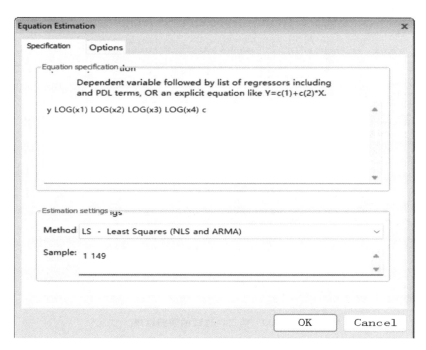

显然,上述模型的统计检验结果不理想,在 0.05 的显著性水平下,仅 X_1 和 X_3 的影响显著。此时,我们考虑尝试其他结构的模型。反观前面四张散点图,发现 X_2 与 Y 并非对数关系。于是,在对话框中编辑新公式:

第二次尝试:输入"Y LOG(X_1) x_2 LOG(X_3) LOG(X_4) c"。点击"OK"按钮,输出回归结果如图 5-39 所示。

图 5-39 第二次尝试的回归结果

显然,上述模型的统计检验结果仍然不理想,虽然 R^2 有所提高,但仅 X_1 和 X_3 的影响显著。于是,我们考虑继续尝试其他结构的模型。由前面四张散点图可知,X_2 与 Y 之间的相关性较弱,且 X_2 在模型中不显著,于是考虑去掉 X_2,在对话框中编辑新公式:

第三次尝试:输入"Y LOG(X_1) LOG(X_3) LOG(X_4) c"。点击"OK"按钮,输出回归结果如图 5-40 所示。

(3)模型结果与检验

图 5-40 所得模型的检验结果相对较为理想。首先,系数的正负号与假设相符,均符合经济意义。其次,在 0.05 的显著性水平下,X_1、X_3 和 X_4 各自的显著性检验均通过,说明这三个自变量对 Y 的影响均显著。最后,R^2 为 0.2566,F 统计量值为 16.68,说明虽然拟合程度不高,但模型整体线性关系成立,通过检验。

本案例得到的最终模型为:

$$\hat{Y} = -92.44 + 37.27\mathrm{Ln}X_1 - 15.53\mathrm{Ln}X_3 - 16.82\mathrm{Ln}X_4$$
$$t \quad (-1.83) \quad (3.25) \quad (-2.42) \quad (-2.10)$$
$$R^2 = 0.2566, F = 16.6802$$

| View | Proc | Object | | Print | Name | Freeze | | Estimate | Forecast | Stats | Resids | | | |

Dependent Variable: Y
Method: Least Squares
Date: 08/09/24　Time: 14:47
Sample: 1 149
Included observations: 149

Variable	Coefficient	Std. Error	t-Statistic	Prob.
LOG(X1)	37.26646	11.45910	3.252128	0.0014
LOG(X3)	-15.52533	6.424992	-2.416397	0.0169
LOG(X4)	-16.81635	8.006728	-2.100277	0.0374
C	-92.43553	50.40394	-1.833895	0.0687

R-squared	0.256565	Mean dependent var	27.70208
Adjusted R-squared	0.241184	S.D. dependent var	59.44664
S.E. of regression	51.78401	Akaike info criterion	10.75852
Sum squared resid	388829.6	Schwarz criterion	10.83916
Log likelihood	-797.5096	Hannan-Quinn criter.	10.79128
F-statistic	16.68021	Durbin-Watson stat	1.127115
Prob(F-statistic)	0.000000		

图 5-40　第三次尝试的回归结果

（4）经济意义分析

本案例研究较好地拟合了新股上市首日抑价率的影响因素有哪些，以及它们对溢价率的影响程度。

上市首日换手率（X_1）对 IPO 抑价率的影响为正，与理论预期相符。在其他条件不变的情况下，换手率每增加 1%，IPO 抑价率增加 0.37%。

网上发行中签率（X_2）对 IPO 抑价率的影响并不显著，与理论预期不相符。这可能是因为当年新股 IPO 的中签率普遍较低，从数据来看，149 只新股中签率最低为 0.3%，最高为 15.53%，但其中 84% 的新股中签率集中在 2.7% 以下。如此集中的中签率数据，意味着 X_2 的变化很小，因此很难体现出 X_2 对 IPO 抑价率 Y 的实质性影响。

首发市盈率（X_3）对 IPO 抑价率的影响为负，与理论预期相符。在其他条件不变的情况下，首发市盈率每增加 1%，IPO 抑价率下降 0.16%。

首发募集资金（X_4）对 IPO 抑价率的影响为负，与理论预期相符。在其他条件不变的情况下，首发募集资金每增加 1%，IPO 抑价率下降 0.17%。

课后练习

目标:建立非线性计量经济模型。在第 4 章建立多元线性回归模型的基础上,考察模型结构的恰当性,分析是否有必要修改模型结构,从而使模型的性能更优。

要求:

1.绘制每个自变量对因变量的散点图,考察其线性关系是否全部成立。

2.分析是否有必要修改标准线性模型结构。

3.如果要修改,请提出恰当的模型结构。

4.进行 EViews 操作,建立回归模型。

5.完成模型检验。

6.分析模型经济意义。

7.自设自变量数据,完成对因变量的预测。

第6章
多重共线性

6.1 知识回顾

6.1.1 多重共线性的内涵

（1）定义

多重共线性是指在多元线性回归模型中，若干或全体解释变量之间存在完全或者近似的线性关系。

假设有 3 个解释变量 x_1、x_2、x_3。所谓存在完全的线性关系，是指这 3 个变量之间满足如下等式：$x_1 = \alpha_1 x_2 + \alpha_2 x_3$，其中 α_1、α_2 不全为 0。所谓存在近似线性关系，是指这 3 个变量之间满足如下等式：$x_1 = \alpha_1 x_2 + \alpha_2 x_3 + \varepsilon$，其中 α_1、α_2 不全为 0，ε 为随机误差项。

（2）危害

完全多重共线性，将导致模型不可估计。近似多重共线性，将导致参数估计值的方差变大，此时参数估计值 $\hat{\beta}_i$ 的方差非有效。

模型不可估计或方差过大会导致估计得到的参数失去其应有的经济含义，模型失去意义。而且如果方差变大，t 值则会过小，原本能够通过显著性检验的参数因为过小的 t 值而未能通过检验，t 检验失去准确性。

（3）原因

多重共线性之所以出现，一般是因为解释变量之间存在共同的趋势，或者其他一些原因导致解释变量之间有较强的相关性。例如模型引入了与解释变量当期项高度相关的滞后项，以及模型设置错误导致的多重共线性问题。

比如，研究总就业人口、各个产业就业人口对总产出（Y）的影响，设置了如下线性回归模型：

$$Y_t = \beta_0 + \beta_1 L_{0t} + \beta_2 L_{1t} + \beta_3 L_{2t} + \beta_4 L_{3t} + \mu_t$$

其中：L_{0t} 表示总就业人口，L_{1t}、L_{2t}、L_{3t} 则分别表示第一、二、三产业中的就业人口。该模型存在明显的多重共线性问题，这是因为总就业人口等于 3 个产业中分布的就业人口总和，即 $L_{0t} = L_{1t} + L_{2t} + L_{3t}$。因此，这就是模型设置错误导致的多重共线性问题。

6.1.2　多重共线性的检验

如何知道模型是否存在多重共线性呢？我们有以下几种检验方法。

（1）不显著系数法

不显著系数法的判定规则是：如果回归模型的拟合优度 R^2 很大，但是模型中所有参数或部分参数未能通过显著性检验，则判断模型可能存在多重共线性问题。

当然，拟合优度 R^2 很大的标准是缺乏定论的。在无法判定拟合优度够不够大的情况下，可以根据模型的总体回归显著性（F 值）进行判定。具体而言，如果回归模型的 F 值很大，超过了 1% 显著性水平下的临界值，但是所有参数或部分参数未能通过显著性检验，即使 R^2 不是很大，也可以怀疑模型可能存在多重共线性问题。此时，我们需进一步用下面的方法做判断。

（2）相关系数矩阵法

检验多重共线性最简单也最直接的方法就是观察解释变量之间的相关系数矩阵。一般认为，当解释变量之间相关系数的绝对值在 0.8 以上时，可判定模型存在多重共线性问题。

（3）拟合优度检验法

以多元线性回归模型 $y = \beta_0 + \beta_1 x_1 + \beta_2 x_2 + \beta_3 x_3 + \cdots + \beta_k x_k + \mu$ 为例，基于拟合优度的检验法步骤如下。

第一步，对模型中的 k 个解释变量，构建 k 个如下形式的回归模型：

$$x_1 = f_1(x_2, x_3, \cdots, x_k) + \mu$$
$$x_2 = f_2(x_1, x_3, \cdots, x_k) + \mu$$
$$\vdots$$
$$x_h = f_m(x_1, \cdots, x_{h-1}, x_{h+1}, \cdots x_k) + \mu$$
$$\vdots$$
$$x_k = f_k(x_1, x_2, \cdots, x_{k-1}) + \mu$$

第二步，对上述 k 个模型进行估计，并获取相应的 R^2 值和 F 值。如果某个回归的

R^2 值很大,且 F 值显著地大于临界值(一般为 1％ 显著性水平下的临界值),则可以认为该回归方程对应的解释变量与其他解释变量之间存在近似共线性,这会导致原模型存在多重共线性问题。

6.1.3　多重共线性的消除

(1)Frisch 综合分析法

Frisch 综合分析法又称逐步回归法。该方法通过向模型中逐步添加解释变量,并观察新添加变量对拟合优度、参数显著性以及参数正负号等关键信息的影响,检验新添加的变量与已有解释变量之间是否存在多重共线性问题。如果存在,则该新添加变量不能引入模型,反之则可以作为新变量引入模型。如此操作有助于更加合理、更加平衡地进行变量取舍,以寻找到消除多重共线性问题的最优方案。

(2)差分法

对于存在多重共线性的模型:

$$y_t = \beta_0 + \beta_1 x_{1t} + \beta_2 x_{2t} + \cdots + \beta_k x_{kt} + \mu_t$$

差分法是指对上式进行差分处理,构建新的模型如下:

$$\Delta y_t = \beta_0^* + \beta_1^* \Delta x_{1t} + \beta_2^* \Delta x_{2t} + \cdots + \beta_k^* \Delta x_{kt} + \varepsilon_t$$

经过差分处理的数据,极大程度地消除了原始数据共同增长的趋势,因而有助于消除由此导致的多重共线性问题。不过需要注意,差分模型的系数与原模型系数无法对应,因此难以求得原模型的系数,而且对随机扰动项进行差分处理有可能加重自相关问题,在多重共线性处理与自相关问题处理之间需要做出权衡。

6.2　实验设计与操作

实验 6-1　广义货币需求影响因素分析(使用数据文件表 6-1)

(1)实验介绍和模型构建

货币需求及其决定因素是宏观经济学和货币经济学经常研究的核心问题之一。在实务中,对货币需求函数进行估计并据此对未来的货币需求进行预测,对货币政策操作具有十分重要的意义。

人们之所以持有货币首先是出于交易的需求——与实际的交易量相关,而交易的需求又可以被细分为消费性交易需求和生产性交易需求,前者往往和物价变动水平相关。

人们持有货币一般还会出于投资①的需求,即持有货币以等待更好的投资机会。出于该目的而产生的货币需求往往和市场利率存在较强的相关性。基于上述思想,本实验选择如下变量以构建多元线性回归模型。

被解释变量:广义货币存量,M2(模型中记为 M)。由于本实验同时考察了消费性交易和生产性交易,而能够同时涵盖两类交易的货币应为广义货币存量(M2)。这里选用的数据为由中国人民银行提供的货币供给(或货币存量)数据。现实经济中,在各种因素的共同作用下,货币供给和货币需求通常处在均衡状态,货币需求等于货币供给,因此严格来说本实验研究的是货币需求与实现货币供求平衡的因素之间的关系。

解释变量(与交易动机相关):为了衡量全社会需要交易的货物总量,选择国内生产总值(GDP)作为第一个解释变量;为了研究消费性交易动机的影响,选择与该动机可能相关的两个变量——消费品零售总额(DC)和通货膨胀率(P)——作为第二、第三个解释变量;为了研究生产性交易动机的影响,选择与该动机可能相关的两个变量——固定资产投资(I)和社会融资总量(F)——作为第四、第五个解释变量。

解释变量(与投资动机相关):市场化的利率(R)。本研究选择的市场化利率指标为经过加权平均的银行间同业拆借利率。银行间同业拆借利率是指商业银行在同业拆借市场上借出或借入资金时所使用的利率,该利率完全由市场因素决定。当前,中国人民银行的公开市场操作利率与该利率直接相关。

基于上述变量,本实验拟构建如下多元线性回归模型:

$$M_t = \beta_0 + \beta_1 GDP_t + \beta_2 DC_t + \beta_3 P_t + \beta_4 I_t + \beta_5 F_t + \beta_6 R_t + \mu_t$$

访模型所使用的数据为时间序列数据,除通货膨胀率和利率外所有数据单位均为10亿元。数据频率为季度,起止时间为 2013 年第四季度至 2024 年第二季度,共包含43 个季度的数据。

根据经济理论提出待验证的假设如下:国内生产总值(GDP)、消费品零售总额(DC)、通货膨胀率(P)、固定投资规模(I)、社会融资总规模(F)均会对广义货币需求(M)产生正向的显著影响,而利率水平(R)则会对广义货币需求(M)产生负向的显著影响。

(2)模型参数估计

新建"Workfile",在"Workfile Create"对话框中的"Workfile structure type"一栏选择"Dated-regular frequency"(表示选择的数据类型为时间序列数据),在"Date specification"

---

① 这里的投资是口语习惯的用法,对应到宏观经济学术语指的是家庭的储蓄而非企业的投资。

一栏的"Frequency"下选择"Quarterly"选项（表示选择的数据频率为季度），在"Start date"处填"2013-04"，在"End date"处填"2024-02"。如图 6-1 所示。

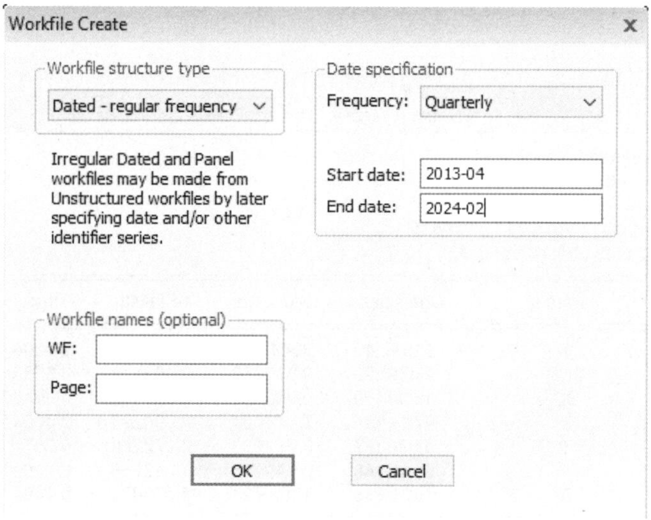

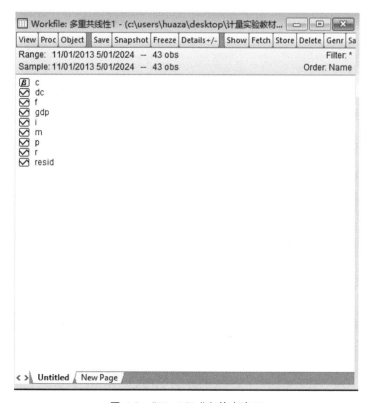

图 6-1　建立工作文档

在主窗口的命令窗口，输入"series＋变量名"建立新变量，依次建立变量 M、GDP、DC、P、I、F、R，得到如图 6-2 所示的"Workfile"文件主窗口。此时，变量全部设置完毕。

图 6-2　"Workfile"文件主窗口

在主窗口的命令窗口输入命令“ls *M* c *GDP* *DC* *P* *I* *F* *R*”，对模型进行 OLS 回归，回归结果如图 6-3 所示。其中，拟合优度 R^2 高达 0.9953，F 检验也非常显著，但有一半的解释变量（*GDP*、*I*、*R*）未通过显著性检验。

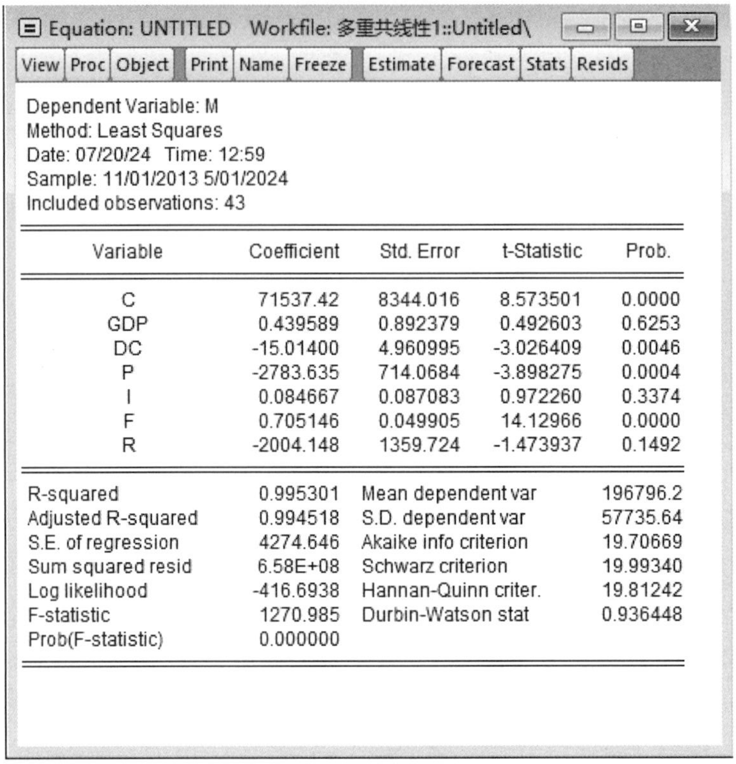

Equation: UNTITLED Workfile: 多重共线性1::Untitled\

View Proc Object Print Name Freeze Estimate Forecast Stats Resids

Dependent Variable: M
Method: Least Squares
Date: 07/20/24 Time: 12:59
Sample: 11/01/2013 5/01/2024
Included observations: 43

Variable	Coefficient	Std. Error	t-Statistic	Prob.
C	71537.42	8344.016	8.573501	0.0000
GDP	0.439589	0.892379	0.492603	0.6253
DC	-15.01400	4.960995	-3.026409	0.0046
P	-2783.635	714.0684	-3.898275	0.0004
I	0.084667	0.087083	0.972260	0.3374
F	0.705146	0.049905	14.12966	0.0000
R	-2004.148	1359.724	-1.473937	0.1492

R-squared	0.995301	Mean dependent var	196796.2
Adjusted R-squared	0.994518	S.D. dependent var	57735.64
S.E. of regression	4274.646	Akaike info criterion	19.70669
Sum squared resid	6.58E+08	Schwarz criterion	19.99340
Log likelihood	-416.6938	Hannan-Quinn criter.	19.81242
F-statistic	1270.985	Durbin-Watson stat	0.936448
Prob(F-statistic)	0.000000		

图 6-3　回归结果

（3）多重共线性检验

①基于不显著系数法。

不显著系数法的判定规则认为，当模型拟合优度 R^2 很大或模型明显通过了总体显著性检验（*F* 检验），但所有或部分自变量的参数估计值未通过显著性检验（*t* 检验），则有可能存在多重共线性。因此，根据图 6-3 的回归结果，R^2 很大，但多个自变量不显著，我们推测模型可能存在多重共线性问题。

②基于相关系数矩阵法。

选中图 6-2 中所有变量，双击打开，再单击“View→Covariance Analysis”，得到如图 6-4 所示的对话框。勾选“Covariance”和“Correlation”，点击“OK”按钮，得到如图 6-5 所示的相关系数矩阵。

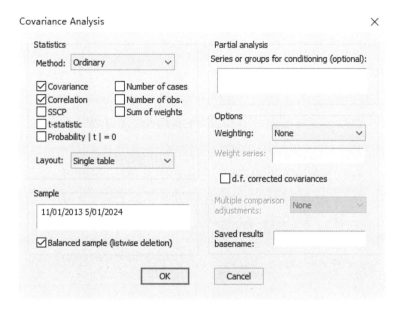

图 6-4　协方差分析对话框

Covariance Analysis: Ordinary
Date: 07/21/24　Time: 09:47
Sample: 11/01/2013 5/01/2024
Included observations: 43

Covariance Correlation	DC	F	GDP	I	M	P	R
DC	396242.7						
	1.000000						
F	49761372	7.52E+09					
	0.911345	1.000000					
GDP	3518433.	4.68E+08	32756052				
	0.976614	0.941887	1.000000				
I	3534389.	-26435267	28892697	3.12E+08			
	0.317914	-0.017256	0.285837	1.000000			
M	32100419	4.93E+09	3.04E+08	-37327945	3.26E+09		
	0.893708	0.995921	0.930909	-0.037040	1.000000		
P	-234.9769	-34594.35	-2122.338	1398.854	-24762.39	1.047420	
	-0.364741	-0.389687	-0.362333	0.077391	-0.424031	1.000000	
R	-229.8088	-35531.41	-2173.811	418.4467	-23568.00	0.082883	0.405482
	-0.573325	-0.643277	-0.596473	0.037208	-0.648638	0.127180	1.000000

图 6-5　相关系数矩阵

　　图 6-5 显示,多个解释变量之间存在较强的相关性,比如 F 与 DC 之间的相关系数高达 0.9113,诸如此类。解释变量之间过高的相关系数预示着模型确实存在严重的多重共线性问题。

③基于解释变量相互回归的拟合优度法。

对 6 个解释变量建立如下 6 个多元线性回归模型，依次用 OLS 法估计模型，结果分别如图 6-6 至图 6-11 所示。

$$GDP_t = \beta_0 + \beta_1 F_t + \beta_2 DC_t + \beta_3 P_t + \beta_4 I_t + \beta_5 R_t + \varepsilon_t$$

$$DC_t = \beta_0 + \beta_1 F_t + \beta_2 GDP_t + \beta_3 P_t + \beta_4 I_t + \beta_5 R_t + \varepsilon_t$$

$$P_t = \beta_0 + \beta_1 F_t + \beta_2 GDP_t + \beta_3 DC_t + \beta_4 I_t + \beta_5 R_t + \varepsilon_t$$

$$I_t = \beta_0 + \beta_1 F_t + \beta_2 GDP_t + \beta_3 P_t + \beta_4 DC_t + \beta_5 R_t + \varepsilon_t$$

$$F_t = \beta_0 + \beta_1 DC_t + \beta_2 GDP_t + \beta_3 P_t + \beta_4 I_t + \beta_5 R_t + \varepsilon_t$$

$$R_t = \beta_0 + \beta_1 F_t + \beta_2 GDP_t + \beta_3 P_t + \beta_4 I_t + \beta_5 DC_t + \varepsilon_t$$

Equation: UNTITLED Workfile: 多重共线性1::Untitled\

View | Proc | Object | Print | Name | Freeze | Estimate | Forecast | Stats | Resids

Dependent Variable: GDP
Method: Least Squares
Date: 07/20/24 Time: 13:43
Sample: 11/01/2013 5/01/2024
Included observations: 43

Variable	Coefficient	Std. Error	t-Statistic	Prob.
C	2320.587	1489.087	1.558396	0.1277
DC	2.682100	0.800541	3.350358	0.0019
P	-46.54641	131.3268	-0.354432	0.7250
I	0.066222	0.011784	5.619796	0.0000
F	0.044372	0.005596	7.929534	0.0000
R	-11.55304	250.4887	-0.046122	0.9635

R-squared	0.983709	Mean dependent var	23789.22
Adjusted R-squared	0.981508	S.D. dependent var	5791.024
S.E. of regression	787.4986	Akaike info criterion	16.30439
Sum squared resid	22945697	Schwarz criterion	16.55014
Log likelihood	-344.5443	Hannan-Quinn criter.	16.39501
F-statistic	446.8453	Durbin-Watson stat	1.079446
Prob(F-statistic)	0.000000		

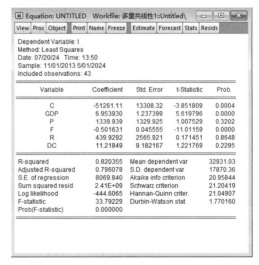

图 6-6 以 *GDP* 为因变量的回归结果

Equation: UNTITLED Workfile: 多重共线性1::Untitled\

View | Proc | Object | Print | Name | Freeze | Estimate | Forecast | Stats | Resids

Dependent Variable: DC
Method: Least Squares
Date: 07/20/24 Time: 13:44
Sample: 11/01/2013 5/01/2024
Included observations: 43

Variable	Coefficient	Std. Error	t-Statistic	Prob.
C	809.2054	242.4009	3.338293	0.0019
GDP	0.086783	0.025903	3.350358	0.0019
P	-14.62361	23.54057	-0.621209	0.5383
I	0.003457	0.002829	1.221769	0.2295
F	0.001165	0.001643	0.709437	0.4825
R	0.034526	45.05897	0.000766	0.9994

R-squared	0.956425	Mean dependent var	3243.661
Adjusted R-squared	0.950537	S.D. dependent var	636.9278
S.E. of regression	141.6545	Akaike info criterion	12.87345
Sum squared resid	742442.1	Schwarz criterion	13.11920
Log likelihood	-270.7791	Hannan-Quinn criter.	12.96407
F-statistic	162.4239	Durbin-Watson stat	1.143306
Prob(F-statistic)	0.000000		

图 6-7 以 *DC* 为因变量的回归结果

Equation: UNTITLED Workfile: 多重共线性1::Untitled\

View | Proc | Object | Print | Name | Freeze | Estimate | Forecast | Stats | Resids

Dependent Variable: P
Method: Least Squares
Date: 07/20/24 Time: 13:46
Sample: 11/01/2013 5/01/2024
Included observations: 43

Variable	Coefficient	Std. Error	t-Statistic	Prob.
C	5.075831	1.730328	2.933450	0.0057
GDP	-7.27E-05	0.000205	-0.354432	0.7250
I	1.99E-05	1.98E-05	1.007529	0.3202
F	3.07E-06	1.15E-05	0.267033	0.7909
R	-0.337334	0.308096	-1.094899	0.2806
DC	-0.000706	0.001136	-0.621209	0.5383

R-squared	0.204333	Mean dependent var	1.695349
Adjusted R-squared	0.096811	S.D. dependent var	1.035548
S.E. of regression	0.984146	Akaike info criterion	2.934702
Sum squared resid	35.83609	Schwarz criterion	3.180451
Log likelihood	-57.09610	Hannan-Quinn criter.	3.025327
F-statistic	1.900375	Durbin-Watson stat	0.522696
Prob(F-statistic)	0.117807		

图 6-8 以 *P* 为因变量的回归结果

Equation: UNTITLED Workfile: 多重共线性1::Untitled\

View | Proc | Object | Print | Name | Freeze | Estimate | Forecast | Stats | Resids

Dependent Variable: I
Method: Least Squares
Date: 07/20/24 Time: 13:50
Sample: 11/01/2013 5/01/2024
Included observations: 43

Variable	Coefficient	Std. Error	t-Statistic	Prob.
C	-51261.11	13308.32	-3.851809	0.0004
GDP	6.953930	1.237399	5.619796	0.0000
P	1339.939	1329.925	1.007529	0.3202
F	-0.501631	0.045555	-11.01159	0.0000
R	439.9292	2565.921	0.171451	0.8648
DC	11.21849	9.182167	1.221769	0.2295

R-squared	0.820355	Mean dependent var	32931.03
Adjusted R-squared	0.796078	S.D. dependent var	17870.36
S.E. of regression	8069.840	Akaike info criterion	20.95844
Sum squared resid	2.41E+09	Schwarz criterion	21.20419
Log likelihood	-444.6065	Hannan-Quinn criter.	21.04907
F-statistic	33.79229	Durbin-Watson stat	1.770160
Prob(F-statistic)	0.000000		

图 6-9 以 *I* 为因变量的回归结果

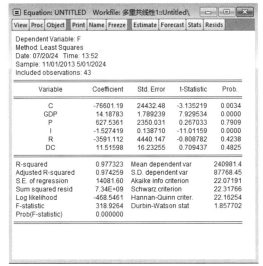

图 6-10　以 F 为因变量的回归结果　　　图 6-11　以 R 为因变量的回归结果

回归结果显示，以 GDP、DC 以及 F 为因变量的回归模型均有超过 0.9 的拟合优度，表明这三个变量与其他解释变量之间确实存在较强的线性相关关系，导致模型存在较严重的多重共线性。

（4）多重共线性消除

①基于 Frisch 综合分析法。

用被解释变量（M）依次对 6 个解释变量（GDP、DC、P、I、F、R）进行一元线性回归，回归结果如图 6-12 至图 6-17 所示。

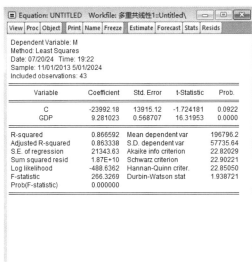

图 6-12　以 GDP 为自变量的回归结果　　　图 6-13　以 DC 为自变量的回归结果

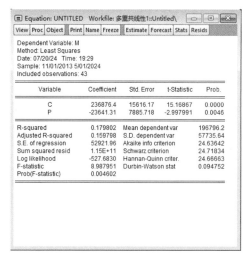

图 6-14　以 P 为自变量的回归结果

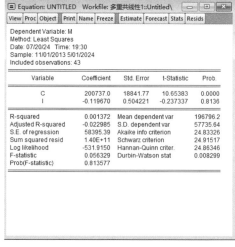

图 6-15　以 I 为自变量的回归结果

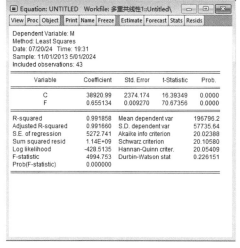

图 6-16　以 F 为自变量的回归结果

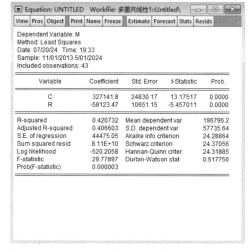

图 6-17　以 R 为自变量的回归结果

上述回归结果显示,除了固定资产投资(I)外,其他所有自变量的参数都通过 1% 的显著性检验,而且正负性都符合猜想和预期。根据现有的主流宏观经济学理论和研究成果,一般认为国内生产总值和利率是决定货币需求最为关键的两个变量。结合我国经济的现实特点,选择国内生产总值(GDP)作为基准自变量。

接下来,依次在基准模型中逐个引入其他自变量。

首先,引入变量 DC,引入后回归结果如图 6-18 所示。相较于图 6-12 的基准模型,变量 DC 的加入未能明显改进模型的拟合优度($\bar{R}^2$ 从 0.8633 升至 0.8653),而且变量 DC 的参数估计值为负值,与图 6-13 中的符号相反,未能通过经济意义检验,且未能通过系数的显著性检验($P=0.2123$)。这表明变量 DC 和基准变量 GDP 之间可能存在共线性问题。对此,放弃引入变量 DC。

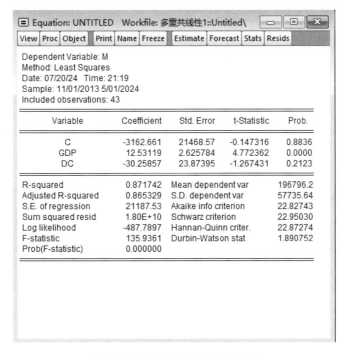

图 6-18　引入变量 *DC* 的回归结果

其次,引入变量 *P*,回归结果如图 6-19 所示。相较于图 6-12 的基准模型,变量 *P* 的加入同样未能明显改进模型的拟合优度($\bar{R}^2$ 从 0.8633 升至 0.8690),且变量 *P* 的参数估计值未能通过 10% 水平下的显著性检验。对此,放弃引入变量 *P*。

Equation: UNTITLED　Workfile: 多重共线性1::Untitled\

View | Proc | Object | Print | Name | Freeze | Estimate | Forecast | Stats | Resids

Dependent Variable: M
Method: Least Squares
Date: 07/20/24　Time: 21:43
Sample: 11/01/2013 5/01/2024
Included observations: 43

Variable	Coefficient	Std. Error	t-Statistic	Prob.
C	-5975.369	17392.52	-0.343560	0.7330
GDP	8.920363	0.597364	14.93288	0.0000
P	-5566.403	3340.598	-1.666289	0.1035

R-squared	0.875251	Mean dependent var		196796.2
Adjusted R-squared	0.869013	S.D. dependent var		57735.64
S.E. of regression	20895.73	Akaike info criterion		22.79969
Sum squared resid	1.75E+10	Schwarz criterion		22.92257
Log likelihood	-487.1934	Hannan-Quinn criter.		22.84500
F-statistic	140.3217	Durbin-Watson stat		1.972570
Prob(F-statistic)	0.000000			

图 6-19　引入变量 *P* 的回归结果

再次,引入变量 F,回归结果如图 6-20 所示。此时变量 GDP 的参数估计值显著性和正负性都发生了变化,参数估计值由正变成负,且不能通过自变量显著性检验。这样的回归结果是与一般的宏观经济理论截然相反和矛盾的。对此,放弃引入变量 F。

```
View  Proc  Object  Print  Name  Freeze  Estimate  Forecast  Stats  Resids

Dependent Variable: M
Method: Least Squares
Date: 08/20/24   Time: 11:44
Sample: 2013Q4 2024Q2
Included observations: 43
```

Variable	Coefficient	Std. Error	t-Statistic	Prob.
C	44477.10	4314.017	10.30990	0.0000
GDP	-0.630437	0.411518	-1.531979	0.1334
F	0.694314	0.027152	25.57113	0.0000

R-squared	0.992309	Mean dependent var	196796.2
Adjusted R-squared	0.991925	S.D. dependent var	57735.64
S.E. of regression	5188.206	Akaike info criterion	20.01338
Sum squared resid	1.08E+09	Schwarz criterion	20.13625
Log likelihood	-427.2876	Hannan-Quinn criter.	20.05869
F-statistic	2580.595	Durbin-Watson stat	0.266755
Prob(F-statistic)	0.000000		

图 6-20　引入变量 F 的回归结果

最后,引入变量 R,回归结果如图 6-21 所示。此时,不仅 $\bar{R}^2$ 有所提升(从 0.8633 升至 0.8741),而且 GDP 和 R 的参数符号、参数显著性均通过检验。因此保留变量 R。这样模型就有两个自变量:GDP、R。

```
View  Proc  Object  Print  Name  Freeze  Estimate  Forecast  Stats  Resids

Dependent Variable: M
Method: Least Squares
Date: 08/20/24   Time: 11:47
Sample: 2013Q4 2024Q2
Included observations: 43
```

Variable	Coefficient	Std. Error	t-Statistic	Prob.
C	25650.86	26903.85	0.953427	0.3461
GDP	8.418825	0.680010	12.38044	0.0000
R	-12990.26	6111.558	-2.125524	0.0398

R-squared	0.880130	Mean dependent var	196796.2
Adjusted R-squared	0.874137	S.D. dependent var	57735.64
S.E. of regression	20482.98	Akaike info criterion	22.75979
Sum squared resid	1.68E+10	Schwarz criterion	22.88266
Log likelihood	-486.3355	Hannan-Quinn criter.	22.80510
F-statistic	146.8480	Durbin-Watson stat	1.939178
Prob(F-statistic)	0.000000		

图 6-21　引入变量 R 的回归结果

另需要说明的是,由于图 6-15 显示自变量 I 对因变量 M 并无显著影响,所以直接放弃引入变量 I。

最终,我们基于图 6-21 建立模型如下,该模型已经不存在明显的多重线性。

$$\hat{M}_t = 25650.86 + 8.4188GDP - 12990.26R$$

$$P \qquad (0.35) \qquad (0.000) \qquad (0.04)$$

$$R^2 = 0.88, F = 146.85$$

②基于差分法。

首先在命令窗口输入命令"genr(新变量名)=d(原变量名)",实现对所有变量取差分。在本案例中,我们将差分后的变量分别命名为 DM、$DGDP$、DDC、DP、DI、DF、DR。这七个差分变量之间的相关系数矩阵如图 6-22 所示。

相较于图 6-5 原始变量的相关系数矩阵,图 6-22 显示相关性问题在很大程度上得到了解决,变量 F 与变量 DC 之间的相关系数由原来的 0.91 降至 -0.47,变量 GDP 与变量 F 的相关系数由原来的 0.94 降至 -0.54,两个相关系数的绝对值均显著低于 0.80,说明这两对变量之间的近似线性问题得到了有效解决。但变量 GDP 与变量 DC 之间的相关系数仍为 0.94,明显高于 0.8 的经验临界值,说明这两个变量之间的近似线性问题未能得到有效解决。

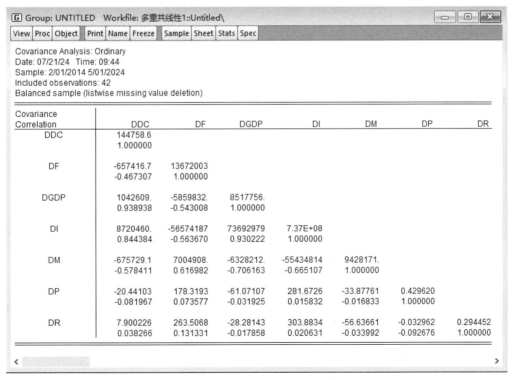

图 6-22　差分变量相关系数矩阵

接下来我们对所有差分变量进行 OLS 回归,结果如图 6-23 所示。

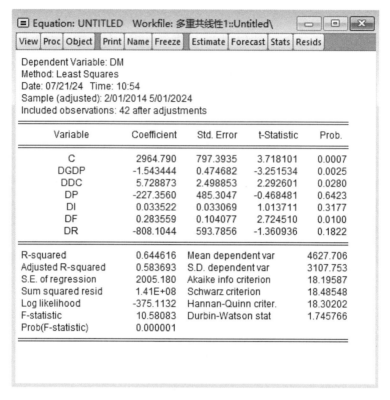

图 6-23　差分变量最小二乘回归结果

回归结果显示,拟合优度为 0.6446,通过了总体显著性 F 检验,但六个自变量中仍有一半未能通过显著性检验。这说明差分法在本例中并未消除多重共线性问题。

实验 6-2　GDP 影响因素分析(使用数据文件表 6-2)

(1)实验介绍与模型设计

本实验研究国内生产总值(GDP)的影响因素。从理论上来说,GDP 是由供、求两方面的因素共同决定的,所以我们从供、求两方面来分析和选择解释变量。

首先,从供给角度来看,供给由资本品、劳动力的投入数量以及技术水平共同决定。资本品投入数量用固定资产投资额(I)表示,劳动力投入数量用经济活动人口(P)表示,技术水平则选择大学及以上毕业生总量(G)、高等学校教育经费投入(R)作为变量指标。

其次,从需求角度来看,在决定 GDP 的总需求中,消费需求和投资需求最为重要。所以除了前文已经提到的固定资产投资额(I),本实验还引入了居民消费总额(TC)。拟估计以下形式的多元线性回归模型:

$$GDP_t = \beta_0 + \beta_1 I_t + \beta_2 P_t + \beta_3 G_t + \beta_4 R_t + \beta_5 TC_t + \mu_t$$

该模型所使用的数据为时间序列数据。国内生产总值(GDP)、固定资产投资总额(I)、居民消费总额(TC)以及高等学校教育经费投入(R)的单位均为亿元。经济活动人口(P)的单位为百万人,高校毕业生总量(G)的单位为千人。数据频率为年度,起止时间为 1991—2022 年,共包含 32 个年份的数据。

根据经济理论,提出待验证假设如下:固定资产投资额(I)、经济活动人口(P)、高等学校教育经费投入(R)、高校毕业生总量(G)均会通过推动总供给变化,对国内生产总值产生显著的正向影响;居民消费总额(TC)和固定资产投资总额(I)将通过影响总需求对国内生产总值产生显著的正向影响。

(2)模型估计

新建"Workfile",在"Workfile Create"对话框的"Workfile structure type"一栏中选择"Dated-regular frequency"选项(表示选择的数据类型为时间序列数据),在"Date specification"一栏的"Frequency"下选择"Annual"选项(表示选择的数据频率为年度),在"Start date"处输入"1991",在"End date"处输入"2022",具体如图 6-24 所示。在主窗口的命令窗口中,输入"series+变量名"式的命令建立新变量,依次建立变量 GDP、I、P、G、R、TC,最终得到如图 6-25 所示的文件主窗口。

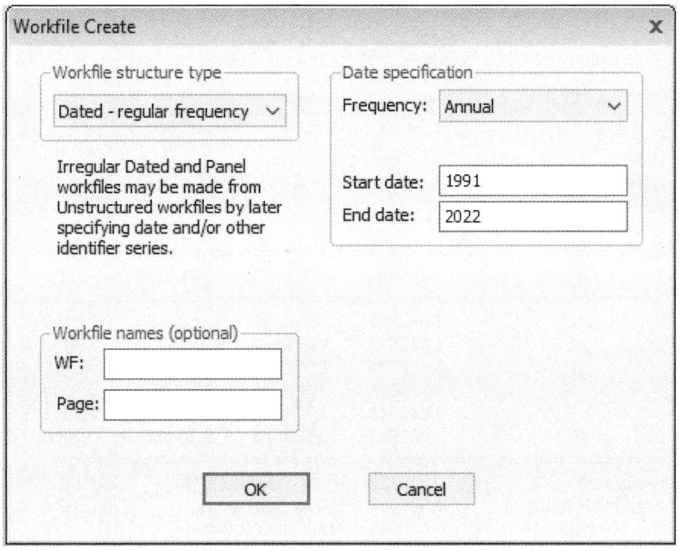

图 6-24　建立工作文档

在主窗口的命令窗口中输入命令"ls $GDP\ I\ P\ Q\ R\ TC$",对模型进行 OLS 回归,回归结果如图 6-26 所示。结果显示:拟合优度 R^2 很高,接近于 1;F 检验对应的 P 值约等于 0,表明模型整体显著;所有解释变量的参数估计值均通过了显著性检验,但是变量 I 和变量 P 的系数符号与预期不符。

图 6-25　文件窗口

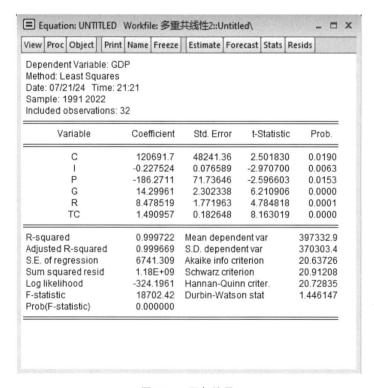

图 6-26　回归结果

（3）多重共线性检验

①基于不显著系数法。

从图 6-27、图 6-28 的回归结果来看，自变量 P、I 各自单独对因变量 GDP 的影响都是正向且显著的，但为何到了多元模型（见图 6-26）中，其系数却变为负的？ 因此，有理由怀疑是自变量之间存在共线性所致。

View Proc Object Print Name Freeze Estimate Forecast Stats Resids				
Dependent Variable: GDP				
Method: Least Squares				
Date: 08/20/24　Time: 15:09				
Sample: 1991 2022				
Included observations: 32				
Variable	Coefficient	Std. Error	t-Statistic	Prob.
P	556.1911	86.60571	6.422107	0.0000
R-squared	0.060925	Mean dependent var		397332.9
Adjusted R-squared	0.060925	S.D. dependent var		370303.4
S.E. of regression	358845.8	Akaike info criterion		28.44992
Sum squared resid	3.99E+12	Schwarz criterion		28.49573
Log likelihood	-454.1988	Hannan-Quinn criter.		28.46511
Durbin-Watson stat	0.018751			

图 6-27　以 P 为自变量的回归结果

View Proc Object Print Name Freeze Estimate Forecast Stats Resids				
Dependent Variable: GDP				
Method: Least Squares				
Date: 08/20/24　Time: 15:20				
Sample: 1991 2022				
Included observations: 32				
Variable	Coefficient	Std. Error	t-Statistic	Prob.
I	2.099153	0.032352	64.88507	0.0000
R-squared	0.984004	Mean dependent var		397332.9
Adjusted R-squared	0.984004	S.D. dependent var		370303.4
S.E. of regression	46834.87	Akaike info criterion		24.37739
Sum squared resid	6.80E+10	Schwarz criterion		24.42320
Log likelihood	-389.0383	Hannan-Quinn criter.		24.39258
Durbin-Watson stat	0.241232			

图 6-28　以 I 为自变量的回归结果

②基于相关系数矩阵法。

将图 6-25 中所有变量选中，在同一数据框中打开，并单击"View → Covariance Analysis"，在对话框中同时勾选"Covariance"和"Correlation"两个选项，得到如图 6-29 所示的相关系数矩阵。

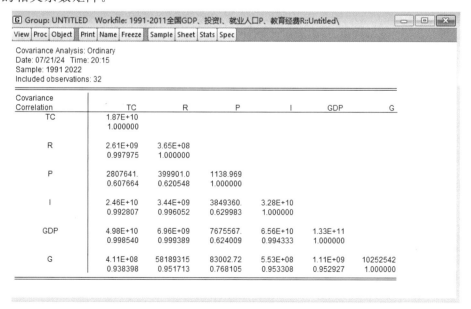

图 6-29　相关系数矩阵

该矩阵显示,若干解释变量之间确实存在较强的相关性。比如变量 G 与变量 TC 之间的相关系数高达 0.9384,诸如此类。根据相关系数高于 0.8 即表明可能存在多重共线性的经验法则,上述解释变量之间过高的相关系数预示着原模型存在严重的多重共线性问题。

③基于解释变量相互之间回归的拟合优度法。

对 5 个解释变量建立如下的 5 个多元线性回归模型:

$$I_t = \beta_0 + \beta_1 P_t + \beta_2 G_t + \beta_3 R_t + \beta_4 TC_t + \varepsilon_t$$

$$P_t = \beta_0 + \beta_1 I_t + \beta_2 G_t + \beta_3 R_t + \beta_4 TC_t + \varepsilon_t$$

$$G_t = \beta_0 + \beta_1 P_t + \beta_2 I_t + \beta_3 R_t + \beta_4 TC_t + \varepsilon_t$$

$$R_t = \beta_0 + \beta_1 P_t + \beta_2 G_t + \beta_3 I_t + \beta_4 TC_t + \varepsilon_t$$

$$TC_t = \beta_0 + \beta_1 P_t + \beta_2 G_t + \beta_3 R_t + \beta_4 I_t + \varepsilon_t$$

对上述 5 个回归模型依次进行最小二乘回归,回归结果分别如图 6-30 至图 6-34 所示。

图 6-30 以 I 为因变量的回归结果

图 6-31 以 P 为因变量的回归结果

图 6-32 以 G 为因变量的回归结果

图 6-33 以 R 为因变量的回归结果

```
[G] File  Edit  Object  View  Proc  Quick  Options  Add-ins  Window  Help
View│Proc│Object│ Print│Name│Freeze│Estimate│Forecast│Stats│Resids
```

Dependent Variable: TC
Method: Least Squares
Date: 05/21/25 Time: 14:08
Sample: 1991 2022
Included observations: 32

Variable	Coefficient	Std. Error	t-Statistic	Prob.
I	-0.064415	0.079742	-0.807795	0.4263
P	144.2859	70.30119	2.052396	0.0499
G	-7.824368	1.901988	-4.113784	0.0003
R	8.853952	0.763212	11.60091	0.0000
C	-82091.90	48312.87	-1.699172	0.1008

R-squared	0.997729	Mean dependent var		151375.5
Adjusted R-squared	0.997392	S.D. dependent var		139096.4
S.E. of regression	7103.104	Akaike info criterion		20.71705
Sum squared resid	1.36E+09	Schwarz criterion		20.94607
Log likelihood	-326.4728	Hannan-Quinn criter.		20.79297
F-statistic	2965.171	Durbin-Watson stat		0.948007
Prob(F-statistic)	0.000000			

图 6-34　以 *TC* 为因变量的回归结果

图 6-30 至图 6-34 的回归结果显示，全部 5 个回归模型均具有极高的拟合优度。这表明每个解释变量可能均与其他解释变量之间存在近似的线性关系，导致模型存在较强的共线性问题。

（4）多重共线性消除

①基于 Frisch 综合分析法。

首先，建立基准模型。将被解释变量（GDP）依次对 5 个解释变量（*I*、*P*、*G*、*R*、*TC*）进行一元线性回归，回归结果如图 6-35 至图 6-39 所示。

Dependent Variable: GDP
Method: Least Squares
Date: 08/20/24 Time: 20:01
Sample: 1991 2022
Included observations: 32

Variable	Coefficient	Std. Error	t-Statistic	Prob.
I	2.001667	0.039072	51.23036	0.0000
C	35300.16	9999.065	3.530346	0.0014

R-squared	0.988699	Mean dependent var		397332.9
Adjusted R-squared	0.988322	S.D. dependent var		370303.4
S.E. of regression	40016.86	Akaike info criterion		24.09245
Sum squared resid	4.80E+10	Schwarz criterion		24.18406
Log likelihood	-383.4792	Hannan-Quinn criter.		24.12282
F-statistic	2624.550	Durbin-Watson stat		0.338721
Prob(F-statistic)	0.000000			

图 6-35　以 *I* 为自变量的回归结果

Dependent Variable: GDP
Method: Least Squares
Date: 08/20/24 Time: 20:00
Sample: 1991 2022
Included observations: 32

Variable	Coefficient	Std. Error	t-Statistic	Prob.
P	6739.045	1540.741	4.373897	0.0001
C	-4533534.	1128538.	-4.017175	0.0004

R-squared	0.389387	Mean dependent var		397332.9
Adjusted R-squared	0.369034	S.D. dependent var		370303.4
S.E. of regression	294144.5	Akaike info criterion		28.08199
Sum squared resid	2.60E+12	Schwarz criterion		28.17360
Log likelihood	-447.3119	Hannan-Quinn criter.		28.11236
F-statistic	19.13098	Durbin-Watson stat		0.045746
Prob(F-statistic)	0.000135			

图 6-36　以 *P* 为自变量的回归结果

| View | Proc | Object | Print | Name | Freeze | Estimate | Forecast | Stats | Resids |

Dependent Variable: GDP
Method: Least Squares
Date: 08/20/24   Time: 20:06
Sample: 1991 2022
Included observations: 32

Variable	Coefficient	Std. Error	t-Statistic	Prob.
G	108.4694	6.301094	17.21438	0.0000
C	-74336.53	34026.61	-2.184659	0.0369

R-squared	0.908070	Mean dependent var	397332.9
Adjusted R-squared	0.905006	S.D. dependent var	370303.4
S.E. of regression	114131.8	Akaike info criterion	26.18856
Sum squared resid	3.91E+11	Schwarz criterion	26.28017
Log likelihood	-417.0169	Hannan-Quinn criter.	26.21892
F-statistic	296.3349	Durbin-Watson stat	0.124831
Prob(F-statistic)	0.000000		

图 6-37   以 G 为自变量的回归结果

| View | Proc | Object | Print | Name | Freeze | Estimate | Forecast | Stats | Resids |

Dependent Variable: GDP
Method: Least Squares
Date: 08/20/24   Time: 19:58
Sample: 1991 2022
Included observations: 32

Variable	Coefficient	Std. Error	t-Statistic	Prob.
R	19.07555	0.121754	156.6723	0.0000
C	23383.22	3331.988	7.017797	0.0000

R-squared	0.998779	Mean dependent var	397332.9
Adjusted R-squared	0.998739	S.D. dependent var	370303.4
S.E. of regression	13151.67	Akaike info criterion	21.86695
Sum squared resid	5.19E+09	Schwarz criterion	21.95856
Log likelihood	-347.8712	Hannan-Quinn criter.	21.89731
F-statistic	24546.21	Durbin-Watson stat	1.224590
Prob(F-statistic)	0.000000		

图 6-38   以 R 为自变量的回归结果

| View | Proc | Object | Print | Name | Freeze | Estimate | Forecast | Stats | Resids |

Dependent Variable: GDP
Method: Least Squares
Date: 08/20/24   Time: 20:03
Sample: 1991 2022
Included observations: 32

Variable	Coefficient	Std. Error	t-Statistic	Prob.
TC	2.658320	0.026252	101.2615	0.0000
C	-5071.695	5358.099	-0.946547	0.3514

R-squared	0.997083	Mean dependent var	397332.9
Adjusted R-squared	0.996986	S.D. dependent var	370303.4
S.E. of regression	20331.04	Akaike info criterion	22.73815
Sum squared resid	1.24E+10	Schwarz criterion	22.82976
Log likelihood	-361.8104	Hannan-Quinn criter.	22.76851
F-statistic	10253.90	Durbin-Watson stat	0.255443
Prob(F-statistic)	0.000000		

图 6-39   以 TC 为自变量的回归结果

在上述 5 个一元回归结果中,所有自变量的参数都通过 1% 水平下的显著性检验,而且正负性全部符合预期。对此,选择 R^2 最大的模型对应的自变量 R 作为基准变量,与被解释变量 GDP 一起共同构建基准模型。

其次,将其余自变量按照拟合优度由大到小顺序逐个引入基准模型。第一步,引入变量 TC,模型估计结果如图 6-40 所示。不难发现,$\bar{R}^2$ 有所上升(从 0.9987 升至 0.9991),变量 R 和变量 TC 的系数符号均符合预期,且均在 1% 的显著性水平下通过检验。因此,变量 TC 值得引入。第二步,在变量 R 和变量 TC 两个自变量的基础上,继续引入变量 I,估计结果如图 6-41 所示。显然,变量 I 的系数未能通过显著性检验,系数的符号也不符合预期,因此不值得引入。第三步,在变量 R、变量 TC 两个自变量的基础上,继续引入变量 G,结果如图 6-42 所示。不难发现,$\bar{R}^2$ 有所上升(从 0.9987 升至 0.9995),变量 G、变量 R、变量 TC 的系数符号均符合预期,且在 1% 的显著性水平下均通过检验。因此,变量 G 值得引入。第四步,在变量 R、变量 TC、变量 G 三个自变量的基础上,继续引入变量 P,结果如图 6-43 所示。显然,变量 P 的系数符号不符合预期,因此不值得引入。

图 6-40 引入变量 *TC* 的回归结果

图 6-41 引入变量 *I* 的回归结果

图 6-42 引入变量 *G* 的回归结果

图 6-43 引入变量 *P* 的回归结果

综上所述,最后得到的模型包含变量 *TC*、变量 *R*、变量 *G* 三个自变量,如图 6-42 所示。模型的估计结果为:

$$\hat{GDP}_t = -3419.023 + 1.3875 TC_t + 7.6577 R_t + 9.3363 G_t$$

$$P \qquad (0.4631) \quad (0.0000) \quad (0.0001) \quad (0.0000)$$

$$R^2 = 0.9995, F = 20228.05$$

②基于差分法。

首先在命令窗口中输入命令"genr(新变量名)=d(原变量名)",实现对所有变量取差分。在本案例中,我们将差分后的变量分别命名为 *DGDP*、*DI*、*DP*、*DR*、*DG*、*DTC*。六个差分变量之间的相关系数矩阵如图 6-44 所示。

相较于图 6-29 的原变量相关系数矩阵,图 6-44 显示差分变量之间的相关性都有不同程度的降低:*DG* 与 *DTC*、*DR* 等变量之间相关系数的绝对值都已经降至 0.8 以下,*DR* 与 *DTC*、*DP* 等变量之间相关系数的绝对值也降至比 0.8 略高。

对所有差分后的变量进行 OLS 回归,得到如图 6-45 所示的回归结果。

Group: UNTITLED Workfile: 多重共线性2::Untitled\

View | Proc | Object | Print | Name | Freeze | Sample | Sheet | Stats | Spec

Covariance Analysis: Ordinary
Date: 07/22/24 Time: 12:36
Sample (adjusted): 1992 2022
Included observations: 31 after adjustments
Balanced sample (listwise missing value deletion)

Covariance Correlation	DG	DGDP	DI	DP	DR	DTC
DG	101650.5 1.000000					
DGDP	2651183. 0.271199	9.40E+08 1.000000				
DI	1116726. 0.266586	2.80E+08 0.695625	1.73E+08 1.000000			
DP	-879.8751 -0.581403	-105591.7 -0.725511	-41050.06 -0.658220	22.53088 1.000000		
DR	151171.8 0.319045	40354852 0.885597	15035525 0.770019	-5680.388 -0.805240	2208649. 1.000000	
DTC	239964.4 0.061064	3.60E+08 0.951438	1.11E+08 0.685007	-36366.47 -0.621593	15283033 0.834334	1.52E+08 1.000000

图 6-44　差分变量相关系数矩阵

Equation: UNTITLED Workfile: 多重共线性2::Untitled\

View | Proc | Object | Print | Name | Freeze | Estimate | Forecast | Stats | Resids

Dependent Variable: DGDP
Method: Least Squares
Date: 07/22/24 Time: 13:13
Sample (adjusted): 1992 2022
Included observations: 31 after adjustments

Variable	Coefficient	Std. Error	t-Statistic	Prob.
DI	-0.152987	0.148416	-1.030798	0.3121
DP	-137.1499	236.5674	-0.579750	0.5671
DR	3.574040	1.948120	1.834610	0.0780
DTC	2.051003	0.199589	10.27615	0.0000
DG	16.08990	4.185176	3.844497	0.0007

R-squared	0.957265	Mean dependent var	38152.21
Adjusted R-squared	0.950690	S.D. dependent var	31168.54
S.E. of regression	6921.250	Akaike info criterion	20.66927
Sum squared resid	1.25E+09	Schwarz criterion	20.90056
Log likelihood	-315.3737	Hannan-Quinn criter.	20.74466
Durbin-Watson stat	1.904579		

图 6-45　差分变量最小二乘回归结果

相较于原变量的回归结果（见图 6-26），差分变量的拟合优度出现了一定程度的下降（从 0.9997 降至 0.9573）。此外，在差分变量回归中，变量 *DP* 和变量 *DI* 的系数不仅符号为负，不符合经济学常识，而且未能够通过显著性检验。这一结果显示，本案例中用差分法并不能消除多重共线性。

课后练习

目标：对模型进行多重共线性检验。

要求：在第 4 章建立的多元线性回归模型基础上，考察模型是否存在多重共线性；若是，则用恰当方法消除多重共线性。

第7章
异方差

7.1 知识回顾

7.1.1 异方差的内涵

（1）定义

当计量模型在不同的样本观测值下，随机误差项的方差彼此不相等，则称模型存在异方差。用公式表示为：

$$\mathrm{Var}(\mu_i) = \sigma_i^2 \neq 常数$$

显然，异方差违背了经典假设中关于随机误差项方差相等的假设。一般来说，异方差主要有以下三种表现形式。

①单调递增型，即方差随着解释变量的增大而增大。

②单调递减型，即方差随着解释变量的增大而减小。

③复杂型，即方差与解释变量之间呈现复杂的变化关系。

（2）后果

在存在异方差的情况下，如果仍然用 OLS 对模型参数进行估计，则会带来以下问题。

①对参数估计值的性质产生不利影响。参数估计值虽然仍是线性和无偏的，但不再是有效的。

②对参数的显著性检验产生不利影响。参数估计值进行 t 检验要用到随机扰动项的方差，异方差导致该方差非有效，从而导致 t 检验的结论是无效的。

③对预测产生不利影响。在进行区间预测时，需要用到随机扰动项的方差，异方差导致该方差非有效，从而导致区间预测结果无效。

（3）产生原因

异方差主要是由特定的数据采集类型、不合适的数据处理方法以及不合理的模型设置等几个方面的因素引起的。

首先,使用截面数据作为样本非常容易导致异方差问题。对于截面数据而言,不同样本点上随机扰动项的差异往往是很大的,从而容易导致异方差。尤其是当样本采集自间隔较远的不同地区、不同种族、不同年龄、不同性别以及由于其他一些性质而进行区分的总样本时,更是如此。比如,当研究个体的消费与收入之间的关系时,由于老年人的收入和生活习惯一般比较稳定,而年轻人的收入和生活习惯波动较大,所以相较于采集年轻人群体的数据,采集来自老年人群体的数据往往有着波动更小的随机扰动项,如果将采集两类群体的数据混合使用则很容易造成异方差问题。

其次,对样本数据做平均化处理并以此为解释变量也容易导致异方差问题。仍以上述来自不同年龄群体的截面数据为例。假设利用这些截面数据建立形如 $y_i = \beta_0 + \beta_1 x_i + \mu_i$ 的回归方程,研究者认为将样本分成不同的年龄段,通过使用各年龄段的平均值可以获得更好的回归结果,则模型变为:$\bar{y} = \beta_0 + \beta_1 \bar{x} + \bar{\mu}$。可以证明,随机扰动项平均值的方差为 $\mathrm{Var}(\bar{\mu}_i) = \dfrac{\sum_{j=1} \sigma_j^2}{n_i^2}$,其中 n_i 为子样本 i 内的观测值数量。此时即使原本的数据不存在异方差问题,但只要不同子样本内观测值的数量不同,基于平均值的回归也将存在异方差。

最后,模型函数设置不合理也容易造成或加重异方差。比如对原有模型进行差分处理,并对差分模型进行回归。假设原有模型中的随机扰动项为 μ_t,则新的差分模型中的随机扰动项为:$\varepsilon_t = \mu_t - \mu_{t-1}$。假设不存在序列自相关,则新扰动项的方差与原扰动项的关系为:$\sigma_{\varepsilon_t}^2 = \sigma_{\mu_t}^2 + \sigma_{\mu_{t-1}}^2$。可见,即使原有模型中相对轻微的异方差问题,在差分模型中也可能变得非常明显和严重。

7.1.2　异方差的检验

（1）残差图法

残差图的横坐标是被解释变量拟合值或单个解释变量,而纵坐标是随机误差项的方差。由于随机误差项的方差不可观测,所以一般以残差的平方来替代。

如果存在异方差,则残差图一般显示残差平方随着横轴的变化而有规律地变化,比如残差平方总体呈上升、下降态势或者其他有规律变化趋势等。

当然,使用残差图法只是做初步判断。模型究竟是否存在异方差,还需要进一步检验。

(2)戈德菲尔德—匡特检验(Goldfeld-Quandt Test)

戈德菲尔德—匡特检验的思想如下:如果模型满足同方差假设,则任意选取两个子样本并分别求取其随机扰动项的方差,这两个方差之间应该不存在显著差异。相反,按照自变量的大小排序并选取分隔较远的两个子样本,如果两个子样本对应的随机扰动项方差存在显著差异,则可判定模型存在异方差问题。

(3)帕克检验、格莱泽检验

帕克检验和格莱泽检验的思想是一致的,都是在随机误差项的方差和自变量之间建立回归模型(随机误差项的方差以残差平方来替代),检验模型中自变量的显著性。如果变量通过了显著性检验,则证明方差确实是随着该自变量的变化而变化的,因此存在异方差。基于上述思想的异方差检验,由于用于检验的模型形式不同,可分为以下两种方法。

①帕克检验法(Park Test)。

帕克检验法是在残差平方与解释变量 x 之间建立如下形式的回归模型:

$$\varepsilon_i^2 = \varepsilon^2 x_i^\beta e^{\mu_i} \tag{7-1}$$

其中:ε 为常数,β 是待估计的参数,μ_i 为随机扰动项。通过对模型(7-1)进行回归,并检验参数的显著性,可以判断原模型是否存在异方差问题,以及异方差的函数结构。

②格莱泽检验法(Glejser Test)。

如果自变量与残差平方之间存在某种函数关系,则自变量也就和残差的绝对值之间存在某种函数关系。因此,在残差绝对值和自变量之间建立回归函数,并检验自变量的显著性,同样可以检验异方差是否存在。通常用于检验的回归方程有如下几种形式,只要其中有一个模型中的系数 α_1 显著,则说明存在异方差。

$$|\varepsilon_i| = \alpha_0 + \alpha_1 x_i + \mu_i$$

$$|\varepsilon - i| = \alpha_0 + \alpha_1 \frac{1}{x_i} + \mu_i$$

$$|\varepsilon_i| = \alpha_0 + \alpha_1 \sqrt{x_i} + \mu_i$$

$$|\varepsilon_i| = \alpha_0 + \alpha_1 x_i^2 + \mu_i$$

(4)怀特检验(White Test)

怀特检验在残差平方与解释变量 x 之间建立模型。该模型的特点是:列出了自变量尽可能多的形式。以一个二元线性模型为例,已知自变量分别为 x_1、x_2,则怀特检验建立的检验模型如下：

$$\varepsilon_i^2 = \alpha_0 + \alpha_1 x_{1i} + \alpha_2 x_{2i} + \alpha_3 x_{1i}^2 + \alpha_4 x_{2i}^2 + \alpha_5 x_{1i} x_{2i} + \mu_i$$

模型的拟合优度为 R^2，可以证明统计量 $LM = nR^2$ 近似服从 $\chi^2(q)$，q 为上式中自变量的个数——这里 $q = 5$。当显著性水平为 α 时，如果 LM 大于临界值 $\chi_{\alpha/2}^2(q)$，则拒绝等方差假设，即认为存在异方差。反之，则认为不存在异方差。

7.1.3 异方差的消除

（1）模型变换法

假设以下模型存在异方差：

$$y_i = \beta_0 + \beta_1 x_{1i} + \beta_2 x_{2i} + \cdots + \beta_k x_{ki} + \mu_i \tag{7-2}$$

而且异方差与对应的自变量之间存在某种函数关系，即：

$$\mathrm{Var}(\mu_i) = \sigma_i^2 = c f(X_i)$$

其中：c 为常数，X_i 是与 σ_i^2 存在函数关系的自变量。

所谓模型变换法，即要求在式(7-2)两侧同时除以 $\sqrt{f(X_i)}$，得：

$$\frac{y_i}{\sqrt{f(X_i)}} = \beta_0 \frac{1}{\sqrt{f(X_i)}} + \beta_1 \frac{x_{1i}}{\sqrt{f(X_i)}} + \cdots + \beta_k \frac{x_{ki}}{\sqrt{f(X_i)}} + \frac{\mu_i}{\sqrt{f(X_i)}} \tag{7-3}$$

此时，新的随机扰动项为 $\mu'_i = \dfrac{\mu_i}{\sqrt{f(X_i)}}$，其方差为：

$$\mathrm{Var}(\mu'_i) = \frac{\sigma_i^2}{f(X_i)} = \frac{c f(X_i)}{f(X_i)} = c$$

这意味着模型(7-3)不存在异方差问题，可以直接使用 OLS 估计模型(7-3)，以获得原模型(7-2)的参数估计值和对应的检验结果。

（2）加权最小二乘法（WLS）

以式(7-2)为例，已知 $\mathrm{Var}(\mu_i) = \sigma_i^2$，即模型存在异方差。所谓加权最小二乘法，就是在模型两边同时除以 σ_i，或者说赋予 $\dfrac{1}{\sigma_i}$ 权重，得：

$$\frac{y_i}{\sigma_i} = \beta_0 \frac{1}{\sigma_i} + \beta_1 \frac{x_{1i}}{\sigma_i} + \beta_2 \frac{x_{2i}}{\sigma_i} + \cdots + \beta_k \frac{x_{ki}}{\sigma_i} + \frac{\mu_i}{\sigma_i} \tag{7-4}$$

此时新的随机扰动项 $\mu'_i = \dfrac{\mu_i}{\sigma_i}$，其方差为：

$$\mathrm{Var}(\mu'_i) = \frac{\sigma_i^2}{\sigma_i^2} = 1$$

这意味着模型(7-4)不存在异方差,故可以用 OLS 估计模型(7-4)的参数,相应地获得原模型(7-2)的参数估计值和对应的检验结果。

(3)对数变换法

将原模型中的变量取对数建立对数模型,通常可以有效减轻异方差问题。不过需要注意的是,对数模型中的参数和原模型中的参数是不同的。

7.2 实验设计与操作

实验 7-1 家庭收入与交通通信消费关系研究(使用数据文件表 7-1)

(1)实验介绍与模型构建

本实验使用 2011 年全国 31 个省(市、区)的数据,研究城镇家庭平均可支配收入(x)和家庭平均交通通信支出(y)之间的关系。拟构建的模型形式如下:

$$y_i = \beta_0 + \beta_1 x_i + \mu_i \tag{7-5}$$

家庭平均可支配收入和家庭平均交通通信支出的单位均为元。使用的数据为截面数据。根据经济学常识,提出假设如下:

β_1 应该显著大于 0,即家庭平均可支配收入的上升将引起家庭平均交通通信支出的增加。

(2)模型初步估计

新建"Workfile"。在"Workfile Create"对话框的"Workfile structure type"中选择"Unstructured/Undated"选项,在"Data range"中输入观测值数量"31",建立截面数据工作文档。在主窗口的命令窗口中,输入"series+变量名"式的命令建立新变量,依次建立变量 x、y,并完成对变量的数据赋值。

在命令窗口中输入"ls y c x",对模型(7-5)进行 OLS 回归,结果如图 7-1 所示。

回归结果显示,模型拟合优度达到 0.8992,说明拟合程度很高;整体显著性 F 检验也通过,说明模型整体显著;t 检验显示,自变量对因变量产生了显著的正向影响,且家庭平均可支配收入每增加 100 元,交通通信支出平均增加 13.46 元。

(3)异方差检验

本模型是对截面数据进行回归,故有必要做异方差检验。

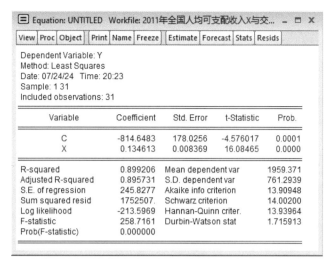

图 7-1　回归结果

①残差图法。

此时在主变量窗口的变量 resid 已经被自动赋予回归残差值。在命令窗口中输入命令"genr $r2$＝resid^2"，得到以 $r2$ 命名的残差平方序列（变量）。在命令窗口中输入命令"scat x $r2$"，得到残差图，如图 7-2 所示。图 7-2 显示，随着自变量的变化，$r2$ 值起伏很大，说明 $r2$ 并非一个常数，意味着模型可能存在异方差。

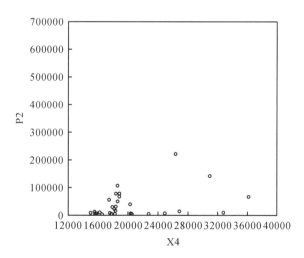

图 7-2　残差图

②帕克检验法。

依据帕克检验的模型形式 $\varepsilon_i^2 = \varepsilon^2 x_i^{\beta} e^{\mu_i}$，本实验中拟建立如下模型：

$$\ln r2 = c + \beta \ln x_i + \mu_i \tag{7-6}$$

在命令窗口中键入命令"genr $\ln r2$＝log($r2$)"和"genr $\ln x$＝log(x)"，得到 $r2$ 和 x 对应的对数变量。键入命令"ls $\ln r2$ c $\ln x$"，对模型(7-6)进行 OLS 回归，回归结果如图

7-3 所示。

图 7-3 的回归结果显示,变量 $\ln x$ 的参数估计值通过了 5% 水平下的显著性检验,表明异方差确实存在。异方差随自变量的变化而变化,具体形式为:

$$\ln \hat{r2} = -24.67 + 3.45\ln x$$

也即
$$\hat{\sigma}_i^2 = e^{-24.67} \times x_i^{3.45} \tag{7-7}$$

| View | Proc | Object | Print | Name | Freeze | Estimate | Forecast | Stats | Resids |

Dependent Variable: LNR2
Method: Least Squares
Date: 08/22/24   Time: 17:52
Sample: 1 31
Included observations: 31

Variable	Coefficient	Std. Error	t-Statistic	Prob.
LNX	3.451514	1.484456	2.325105	0.0273
C	-24.66575	14.70838	-1.676986	0.1043

R-squared	0.157126	Mean dependent var	9.523845
Adjusted R-squared	0.128062	S.D. dependent var	2.003070
S.E. of regression	1.870420	Akaike info criterion	4.152544
Sum squared resid	101.4556	Schwarz criterion	4.245059
Log likelihood	-62.36442	Hannan-Quinn criter.	4.182701
F-statistic	5.406111	Durbin-Watson stat	1.820047
Prob(F-statistic)	0.027269		

图 7-3　帕克检验回归结果

③格莱泽检验法。

建立格莱泽检验的四种模型。在命令窗口中输入命令"genr e2＝abs(resid)",生成以 e2 命名的残差绝对值序列(变量)。在命令窗口中输入命令"genr $x1=1/x$""genr $x2=x^0.5$"和"genr $x3=x^2$",分别生成以 $x1$、$x2$、$x3$ 命名的新变量。在命令窗口中分别输入命令"ls e2 c x""ls e2 c $x1$""ls e2 c $x2$"和"ls e2 c $x3$",回归结果如图 7-4 至图 7-7 所示。

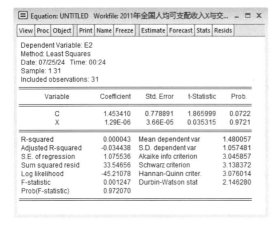

图 7-4　格莱泽检验模型一回归结果

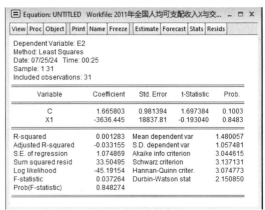

图 7-5　格莱泽检验模型二回归结果

图 7-6　格莱泽检验模型三回归结果

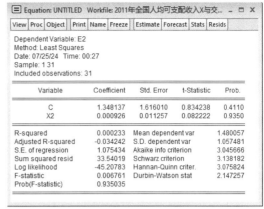

图 7-7　格莱泽检验模型四回归结果

上述四个回归结果中，自变量均未能通过显著性检验，但这并不能说明模型不存在异方差，只能说明异方差的形式，即随机误差项的方差与自变量 x 之间关系，并非如这四种模型的形式，但有可能是其他形式。在本例中，随机误差项的方差与自变量 x 之间的关系就是式(7-7)所示的关系。

④戈德菲尔德—匡特检验法。

观察残差图 7-2，如果存在异方差问题，其表现形式应为单调递增型，满足戈德菲尔德—匡特检验的条件要求。具体操作如下：

【第一步】按自变量大小将所有样本排序。本实验中共有 31 个数据点，舍弃中间的 7 个，剩下的前后两个子样本各保留 12 个观测值。在主变量窗口点击"Proc→Sort current page"，进入如图 7-8 所示的对话框。在"Sort key(s)"一栏输入"x"，并勾选"Ascending"，意味着所有样本将按自变量 x 的升序排列。

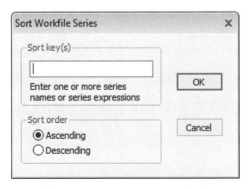

图 7-8　Sort Workfile Series 窗口

【第二步】建立子样本并各自进行 OLS 回归。点击主变量窗口中的"Proc→Set sample"，进入如图 7-9 所示的对话框。该对话框用于在总样本中选择一个子样本，这里我们填写"1 12"，单击"OK"按钮，即获得子样本 1。之后在命令窗口中键入命令"ls y c

x",即可完成基于子样本 1 的 OLS 回归,回归结果如图 7-10 所示。

按照同样的步骤,在图 7-9 所示的对话框中输入"20 31",获得子样本 2,之后基于子样本 2 进行 OLS 回归,操作与子样本 1 相同,回归结果如图 7-11 所示。

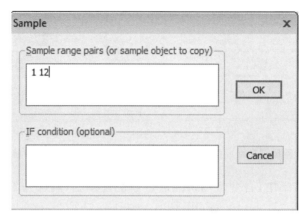

图 7-9　Sample 窗口

Dependent Variable: Y
Method: Least Squares
Date: 07/25/24　Time: 11:45
Sample: 1 12
Included observations: 12

Variable	Coefficient	Std. Error	t-Statistic	Prob.
C	-219.1777	479.6535	-0.456950	0.6575
X	0.098898	0.028490	3.471285	0.0060

R-squared	0.546481	Mean dependent var	1442.153
Adjusted R-squared	0.501130	S.D. dependent var	156.3985
S.E. of regression	110.4654	Akaike info criterion	12.39829
Sum squared resid	122026.1	Schwarz criterion	12.47911
Log likelihood	-72.38976	Hannan-Quinn criter.	12.36837
F-statistic	12.04982	Durbin-Watson stat	2.647832
Prob(F-statistic)	0.006008		

图 7-10　子样本 1 的回归结果

Dependent Variable: Y
Method: Least Squares
Date: 07/25/24　Time: 11:51
Sample: 20 31
Included observations: 12

Variable	Coefficient	Std. Error	t-Statistic	Prob.
C	-667.7636	503.8390	-1.325351	0.2145
X	0.129763	0.019231	6.747763	0.0001

R-squared	0.819925	Mean dependent var	2662.188
Adjusted R-squared	0.801917	S.D. dependent var	790.7574
S.E. of regression	351.9385	Akaike info criterion	14.71580
Sum squared resid	1238607.	Schwarz criterion	14.79662
Log likelihood	-86.29481	Hannan-Quinn criter.	14.68588
F-statistic	45.53231	Durbin-Watson stat	2.816392
Prob(F-statistic)	0.000051		

图 7-11　子样本 2 的回归结果

【第三步】建立假设,并计算统计量 F_ε。原假设 H_0:同方差。备择假设 H_1:异方差。由于两个子样本的观测值数量相等,所以统计量为:

$$F_\varepsilon = \frac{RSS_2}{RSS_1}$$

其中:RSS_1 为样本 1 回归的残差平方和;RSS_2 为样本 2 回归的残差平方和。注意 RSS 大的值做分子,由图 7-10 和图 7-11 的结果,可计算得到:

$$F_\varepsilon = \frac{1238607}{122026} = 10.14$$

【第四步】将 F_ε 与 5% 显著性水平下的临界值对比,判断模型是否存在异方差。因

为临界值为 $F_{0.05}(10,10)=2.98$，而 $F_\varepsilon=10.14>2.98$，所以拒绝原假设 H_0，即认为模型存在异方差。

⑤怀特检验法。

构建怀特检验方程，并进行 OLS 回归。构建的怀特检验模型如下：

$$\varepsilon_i^2 = \alpha_0 + \alpha_1 x_i + \alpha_2 x_i^2 + \mu_i$$

前面绘残差图时已经生成了新变量 $r2=\text{resid}^2$。基于此，在命令窗口输入命令"ls $r2\ c\ x\ x^2$"，得回归结果如图 7-12 所示。图 7-12 显示 R^2 的值为 0.1906，计算得：

$$LM = nR^2 = 31 \times 0.1906 = 5.905 < \chi_{0.05}^2(2) = 5.99$$

所以接受等方差假设，认为模型不存在异方差。

| View | Proc | Object | | Print | Name | Freeze | | Estimate | Forecast | Stats | Resids |

Dependent Variable: R2
Method: Least Squares
Date: 08/22/24 Time: 20:19
Sample: 1 31
Included observations: 31

Variable	Coefficient	Std. Error	t-Statistic	Prob.
X	63.80282	34.77324	1.834826	0.0772
X^2	-0.001142	0.000706	-1.617435	0.1170
C	-741484.8	401384.7	-1.847317	0.0753

R-squared	0.190568	Mean dependent var	56532.48
Adjusted R-squared	0.132751	S.D. dependent var	125410.7
S.E. of regression	116790.2	Akaike info criterion	26.26591
Sum squared resid	3.82E+11	Schwarz criterion	26.40468
Log likelihood	-404.1216	Hannan-Quinn criter.	26.31115
F-statistic	3.296077	Durbin-Watson stat	1.785418
Prob(F-statistic)	0.051823		

图 7-12　怀特检验回归结果

综上所述，不同的检验法得出不同的结论，但只要有一种方法检验出存在异方差，就应该认为模型存在异方差，进而需要消除异方差。

（4）消除异方差

①模型变换法。

前文帕克检验给出了异方差的形式如下：

$$\hat{\sigma}_i^2 = e^{-24.67} \times x_i^{3.45} \tag{7-7}$$

因此，模型变换法就是在式(7.5)两边同时除以 $\sqrt{x_i^{3.45}}$ 即 $x_i^{1.725}$。在命令窗口输入 "ls　$y/x^{\wedge}1.725$　$x/x^{\wedge}1.725$　$1/x^{\wedge}1.725$"，点击"OK"按钮，回归结果如图 7-13 所示。

| View | Proc | Object | | Print | Name | Freeze | | Estimate | Forecast | Stats | Resids |

Dependent Variable: Y/X^1.725
Method: Least Squares
Date: 08/22/24 Time: 20:52
Sample: 1 31
Included observations: 31

Variable	Coefficient	Std. Error	t-Statistic	Prob.
X/X^1.725	0.132562	0.011173	11.86422	0.0000
1/X^1.725	-776.6805	204.5505	-3.797011	0.0007

R-squared	0.315514	Mean dependent var	7.06E-05
Adjusted R-squared	0.291911	S.D. dependent var	9.28E-06
S.E. of regression	7.81E-06	Akaike info criterion	-20.62004
Sum squared resid	1.77E-09	Schwarz criterion	-20.52753
Log likelihood	321.6107	Hannan-Quinn criter.	-20.58989
Durbin-Watson stat	1.753494		

图 7-13　模型变换法消除异方差

进一步做怀特检验(检验过程略),显示图 7-13 所示的模型已经消除了异方差。

②加权最小二乘法。

前文已经命名 e2＝abs(resid),根据加权最小二乘法的要求,在命令窗口输入"ls $y/e2$　$x/e2$　$1/e2$",点击"OK"按钮。输出结果如图 7-14 所示。

| View | Proc | Object | | Print | Name | Freeze | | Estimate | Forecast | Stats | Resids |

Dependent Variable: Y/E2
Method: Least Squares
Date: 08/22/24 Time: 21:03
Sample: 1 31
Included observations: 31

Variable	Coefficient	Std. Error	t-Statistic	Prob.
X/E2	0.126868	0.002776	45.69611	0.0000
1/E2	-689.3811	45.84574	-15.03697	0.0000

R-squared	0.999363	Mean dependent var	25.89941
Adjusted R-squared	0.999341	S.D. dependent var	35.71678
S.E. of regression	0.916701	Akaike info criterion	2.726269
Sum squared resid	24.36986	Schwarz criterion	2.818785
Log likelihood	-40.25718	Hannan-Quinn criter.	2.756427
Durbin-Watson stat	2.197091		

图 7-14　加权最小二乘法模型

进一步做怀特检验(检验过程略),显示图 7-14 所示的模型已经消除了异方差。

对于截面数据模型,一般直接用加权最小二乘法消除异方差。本例中,消除异方差后得到的回归方程为:

$$\frac{\hat{y}}{|\varepsilon|} = -689.3811\frac{1}{|\varepsilon|} + 0.1269\frac{x}{|\varepsilon|}$$

即:

$$\hat{y} = -689.3811 + 0.1269x$$

$$P \qquad (0.000) \qquad (0.000)$$

$$R^2 = 0.9994$$

图 7-14 的回归结果显示,模型拟合优度 R^2 达到 0.9994,相比未经异方差处理的原模型有所提高;F 值虽未输出,但根据 F 值与 R^2 的函数关系[①],F 值相比原模型会有所提高,所以模型整体显著;T 检验显示自变量对因变量有显著的影响,即可支配收入每增加 100 元,交通通信支出平均增加 12.69 元,与原模型略有不同。

实验 7-2　各城市生产总值与财政收入关系研究(使用数据文件表 7-2)

(1)实验介绍与模型构建

本实验研究全国各城市当年生产总值(x)与财政收入(y)之间的关系。拟构建的模型形式如下:

$$y_i = \beta_0 + \beta_1 x_i + \mu_i \tag{7-8}$$

城市生产总值和财政收入的单位均为十亿元。使用的数据为截面数据,包括 2022 年全国 66 个城市。根据一般的经济常识,推测 β_1 应该显著大于 0,即城市生产总值的增加将引起财政收入的增加。

本实验所选的 66 个城市包括北京、上海等一线城市和宁波、无锡等经济发达的二线城市,也包括一些经济相对落后的城市。城市的区位和经济发达程度可能导致随机扰动项的方差存在差异,各地财政级别的不同也可能引起更加显著的异方差问题。

(2)模型初步估计

新建"Workfile"。在"Workfile Create"对话框的"Workfile structure type"中选择"Unstructured/Undated"选项,在"Data range"中输入观测值数量"66",建立截面数据工作文档。在主窗口的命令窗口中,键入"series+变量名"式的命令建立新变量,依次建立变量 x、y,并完成对变量的数据赋值。

打开变量 x、y 的数据窗口,点击"Proc→Make Equation",在对话框输入"$y\ x\ c$",点击"OK"按钮,所得结果如图 7-15 所示。

---

① $R^2 = 1 - \dfrac{n-1}{n-k-1+kF}$

| View | Proc | Object | Print | Name | Freeze | Estimate | Forecast | Stats | Resids |

Dependent Variable: Y
Method: Least Squares
Date: 08/23/24   Time: 09:09
Sample: 1 66
Included observations: 66

Variable	Coefficient	Std. Error	t-Statistic	Prob.
X	0.136967	0.004971	27.55404	0.0000
C	-34.05092	6.016259	-5.659817	0.0000

R-squared	0.922257	Mean dependent var	79.16102
Adjusted R-squared	0.921042	S.D. dependent var	127.0597
S.E. of regression	35.70305	Akaike info criterion	10.01818
Sum squared resid	81581.29	Schwarz criterion	10.08454
Log likelihood	-328.6001	Hannan-Quinn criter.	10.04440
F-statistic	759.2249	Durbin-Watson stat	2.131045
Prob(F-statistic)	0.000000		

图 7-15　回归结果

结果显示,模型总体通过了显著性检验,自变量对因变量产生了显著的正向影响,回归结果符合一般经济理论的预期。具体而言,城市生产总值每增加 1 亿元,财政收入平均增加 0.137 亿元。

本模型使用的是截面数据,故有必要进行异方差检验。

(3)异方差检验

①残差图法。

在命令窗口中输入命令"genr r2＝resid^2",得到了以 r2 命名的残差平方序列(变量)。在命令窗口中输入命令"scat x r2",得到残差平方和与自变量之间的散点图,如图 7-16 所示。以图 7-16 可以观察到明显的异方差现象,但还需要进一步做精确的检验。

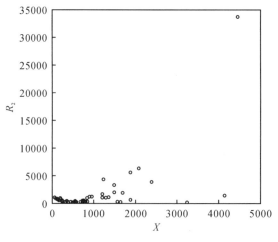

图 7-16　残差图

②帕克检验。

接下来的实验,都是基于按钮菜单的快捷操作。

在图 7-15 所示的回归结果窗口中,单击"View→Residual Diagnostics(残差诊断)→Heteroskedasticity Tests(异方差检验)",进入如图 7-17 所示的对话框。在"Test type"选项框中,选中"Harvey",即代表帕克检验。

图 7-17　在异方差检验窗品选中帕克检验

已知帕克检验的模型为:$\varepsilon_i^2 = a x_i^{\beta} \mathrm{e}^{\mu_i}$

两端取对数得:$\ln \varepsilon_i^2 = \ln a + \beta \ln x_i + \mu_i$

因此,在图 7-17 左下方的框内输入"$c \ \log(x)$",点击"OK"按钮,输出结果如图 7-18 所示。

```
View Proc Object  Print Name Freeze  Estimate Forecast Stats Resids
Heteroskedasticity Test: Harvey

F-statistic           1.368543    Prob. F(1,64)            0.2464
Obs*R-squared         1.381763    Prob. Chi-Square(1)      0.2398
Scaled explained SS   2.507279    Prob. Chi-Square(1)      0.1133


Test Equation:
Dependent Variable: LRESID2
Method: Least Squares
Date: 08/23/24   Time: 10:23
Sample: 1 66
Included observations: 66
```

Variable	Coefficient	Std. Error	t-Statistic	Prob.
C	2.365201	2.408708	0.981938	0.3298
LOG(X)	0.445115	0.380490	1.169847	0.2464

R-squared	0.020936	Mean dependent var	5.149559
Adjusted R-squared	0.005638	S.D. dependent var	3.015330
S.E. of regression	3.006817	Akaike info criterion	5.069476
Sum squared resid	578.6209	Schwarz criterion	5.135829
Log likelihood	-165.2927	Hannan-Quinn criter.	5.095695
F-statistic	1.368543	Durbin-Watson stat	1.468936
Prob(F-statistic)	0.246401		

图 7-18　帕克检验结果

图 7-18 显示,自变量的参数未能通过显著性检验。这表明残差平方与自变量之间不存在类似帕克检验的函数关系。从图 7-18 的异方差总体检验结果来看,不论是 F 统计量,还是 LM 统计量,均未能通过显著性检验,即未检出异方差。下面继续用其他方法进行检验。

③格莱泽检验法。

如图 7-19 所示,在"Test type"选项框中,选中"Glejser",即代表格莱泽检验。

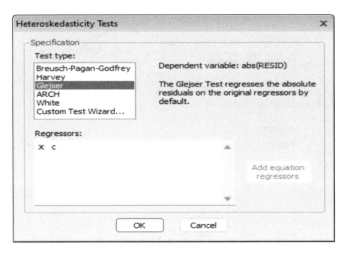

图 7-19 异方差检验

根据格莱泽检验的四种模型形式,在图 7-19 左下方的框内分别输入"c x""c $1/x$""c $x2$""c $x\hat{\ }0.5$",点击"OK"按钮,输出结果分别如图 7-20 至图 7-23 所示。不难发现,除了图 7-21,其余三张图中自变量都是显著的,这说明方差确实随着自变量 x 的变化而变化。图 7-20 至图 7-23 的异方差总体检验结果显示,不论是 F 统计量,还是 LM 统计量,均显示拒绝等方差原假设,即存在异方差。

| View | Proc | Object | | Print | Name | Freeze | | Estimate | Forecast | Stats | Resids |

Heteroskedasticity Test: Glejser

F-statistic	45.19862	Prob. F(1,64)	0.0000
Obs*R-squared	27.31819	Prob. Chi-Square(1)	0.0000
Scaled explained SS	40.21895	Prob. Chi-Square(1)	0.0000

Test Equation:
Dependent Variable: ARESID
Method: Least Squares
Date: 08/23/24   Time: 10:34
Sample: 1 66
Included observations: 66

Variable	Coefficient	Std. Error	t-Statistic	Prob.
C	7.832678	3.421054	2.289551	0.0254
X	0.019003	0.002827	6.722992	0.0000

R-squared	0.413912	Mean dependent var	23.54003
Adjusted R-squared	0.404754	S.D. dependent var	26.31423
S.E. of regression	20.30199	Akaike info criterion	8.889150
Sum squared resid	26378.94	Schwarz criterion	8.955503
Log likelihood	-291.3419	Hannan-Quinn criter.	8.915369
F-statistic	45.19862	Durbin-Watson stat	1.550895
Prob(F-statistic)	0.000000		

图 7-20 格莱泽检验模型一回归结果

Heteroskedasticity Test: Glejser

F-statistic	0.974347	Prob. F(1,64)	0.3273
Obs*R-squared	0.989727	Prob. Chi-Square(1)	0.3198
Scaled explained SS	1.457117	Prob. Chi-Square(1)	0.2274

Test Equation:
Dependent Variable: ARESID
Method: Least Squares
Date: 08/23/24   Time: 11:18
Sample: 1 66
Included observations: 66

Variable	Coefficient	Std. Error	t-Statistic	Prob.
C	26.60987	4.490844	5.925362	0.0000
1/X	-1020.167	1033.509	-0.987090	0.3273

R-squared	0.014996	Mean dependent var	23.54003
Adjusted R-squared	-0.000395	S.D. dependent var	26.31423
S.E. of regression	26.31942	Akaike info criterion	9.408326
Sum squared resid	44333.56	Schwarz criterion	9.474679
Log likelihood	-308.4747	Hannan-Quinn criter.	9.434545
F-statistic	0.974347	Durbin-Watson stat	1.782286
Prob(F-statistic)	0.327316		

图 7-21　格莱泽检验模型二回归结果

Heteroskedasticity Test: Glejser

F-statistic	51.60778	Prob. F(1,64)	0.0000
Obs*R-squared	29.46267	Prob. Chi-Square(1)	0.0000
Scaled explained SS	43.37613	Prob. Chi-Square(1)	0.0000

Test Equation:
Dependent Variable: ARESID
Method: Least Squares
Date: 08/23/24   Time: 11:23
Sample: 1 66
Included observations: 66

Variable	Coefficient	Std. Error	t-Statistic	Prob.
C	16.16751	2.636667	6.131800	0.0000
X^2	5.03E-06	7.01E-07	7.183856	0.0000

R-squared	0.446404	Mean dependent var	23.54003
Adjusted R-squared	0.437754	S.D. dependent var	26.31423
S.E. of regression	19.73121	Akaike info criterion	8.832115
Sum squared resid	24916.52	Schwarz criterion	8.898468
Log likelihood	-289.4598	Hannan-Quinn criter.	8.858334
F-statistic	51.60778	Durbin-Watson stat	1.529817
Prob(F-statistic)	0.000000		

图 7-22　格莱泽检验模型三回归结果

Heteroskedasticity Test: Glejser

F-statistic	29.69378	Prob. F(1,64)	0.0000
Obs*R-squared	20.91696	Prob. Chi-Square(1)	0.0000
Scaled explained SS	30.79480	Prob. Chi-Square(1)	0.0000

Test Equation:
Dependent Variable: ARESID
Method: Least Squares
Date: 08/23/24   Time: 11:26
Sample: 1 66
Included observations: 66

Variable	Coefficient	Std. Error	t-Statistic	Prob.
C	-5.672470	6.001457	-0.945182	0.3481
X^0.5	1.137499	0.208746	5.449200	0.0000

R-squared	0.316924	Mean dependent var	23.54003
Adjusted R-squared	0.306251	S.D. dependent var	26.31423
S.E. of regression	21.91754	Akaike info criterion	9.042286
Sum squared resid	30744.24	Schwarz criterion	9.108640
Log likelihood	-296.3954	Hannan-Quinn criter.	9.068506
F-statistic	29.69378	Durbin-Watson stat	1.643191
Prob(F-statistic)	0.000001		

图 7-23　格莱泽检验模型四回归结果

④怀特检验法。

如图 7-24 所示,在"Test type"选项框中选中"White",即代表怀特检验。点击"OK"按钮,输出结果如图 7-25 所示。由图 7-25 可知,$LM=34.13$,对应的 P 值为 0.000,因此拒绝等方差假设,即认为模型存在异方差。

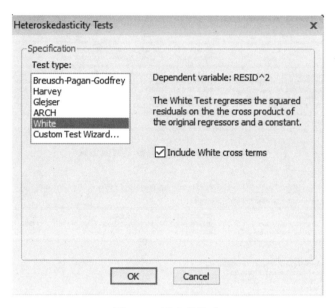

图 7-24 异方差检验

| View | Proc | Object | | Print | Name | Freeze | | Estimate | Forecast | Stats | Resids | | |

Heteroskedasticity Test: White

F-statistic		33.74359	Prob. F(2,63)	0.0000
Obs*R-squared		34.13480	Prob. Chi-Square(2)	0.0000
Scaled explained SS		184.6353	Prob. Chi-Square(2)	0.0000

Test Equation:
Dependent Variable: RESID^2
Method: Least Squares
Date: 08/23/24   Time: 11:45
Sample: 1 66
Included observations: 66

Variable	Coefficient	Std. Error	t-Statistic	Prob.
C	878.9114	680.7564	1.291081	0.2014
X	-1.866241	1.154836	-1.616022	0.1111
X^2	0.001297	0.000295	4.403456	0.0000

R-squared	0.517194	Mean dependent var	1236.080
Adjusted R-squared	0.501867	S.D. dependent var	4224.736
S.E. of regression	2981.757	Akaike info criterion	18.88280
Sum squared resid	5.60E+08	Schwarz criterion	18.98233
Log likelihood	-620.1325	Hannan-Quinn criter.	18.92213
F-statistic	33.74359	Durbin-Watson stat	1.539740
Prob(F-statistic)	0.000000		

图 7-25 怀特检验结果

综上所述,模型存在异方差。下面做消除异方差的处理。

（4）消除异方差

接下来给出基于菜单选项的加权最小二乘法的快捷操作。

在用最小二乘法对模型(7-8)进行回归估计后,在命令窗口中输入命令"genr r1＝abs(resid)",得到以 $r1$ 命名的残差序列绝对值(变量)。

单击主窗口中的菜单按钮"Quick→Estimate Equation",进入如图 7-26 所示的对话窗口。在模型设置(Specification)内输入"y c x",并单击"OK"按钮,进入如图 7-27 所示的对话框。在图 7-27 对话框中进行权重设置选择。

图 7-26　Equation Estimation

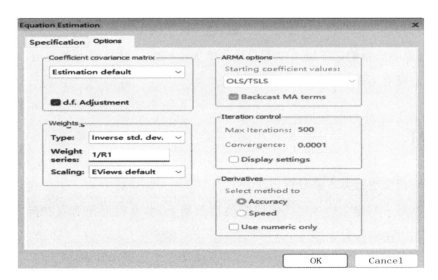

图 7-27　权重设置

在"Weight series"中填写用作权重的序列（变量），可以用不同的方法消除异方差。本例按照加权最小二乘法的常见思路，在"Type"中选择"Inverse variance"选项（表示对权重序列取倒数，作为最后的权重），并在"Weight series"中填入序列 $1/r1$，输出结果如图 7-28 所示。

```
View  Proc  Object  |  Print  Name  Freeze  |  Estimate  Forecast  Stats  Resids
Dependent Variable: Y
Method: Least Squares
Date: 08/23/24   Time: 13:14
Sample: 1 66
Included observations: 66
Weighting series: 1/R1
Weight type: Inverse standard deviation (EViews default scaling)
```

Variable	Coefficient	Std. Error	t-Statistic	Prob.
X	0.136819	0.000129	1061.087	0.0000
C	-33.92635	0.097491	-347.9959	0.0000

Weighted Statistics			
R-squared	0.999943	Mean dependent var	60.42926
Adjusted R-squared	0.999942	S.D. dependent var	442.1646
S.E. of regression	0.548070	Akaike info criterion	1.665007
Sum squared resid	19.22437	Schwarz criterion	1.731361
Log likelihood	-52.94524	Hannan-Quinn criter.	1.691227
F-statistic	1125905.	Durbin-Watson stat	2.235162
Prob(F-statistic)	0.000000	Weighted mean dep.	68.90245

Unweighted Statistics			
R-squared	0.922256	Mean dependent var	79.16102
Adjusted R-squared	0.921041	S.D. dependent var	127.0597
S.E. of regression	35.70329	Sum squared resid	81582.42
Durbin-Watson stat	2.130253		

图 7-28　加权最小二乘法回归结果

因此，得到消除异方差后的模型为：

$$\hat{y} = -33.9264 + 0.1368x$$

$$P \qquad (0.0000) \qquad (0.0000)$$

$$R^2 = 0.9999, F = 1125905$$

图 7-28 的回归结果显示，模型拟合优度 R^2 达到 0.9999，相比未经异方差处理的原模型有显著提高；$F = 1125905$，远大于 F 临界值，说明模型整体显著；t 检验显示自变量对因变量有显著的影响。各城市生产总值每增加 10 亿元，财政收入平均增加 1.368 亿元，与原模型略有不同。

课后练习

目标：对模型进行异方差分析。

要求：在第 4 章建立的多元线性回归模型基础上，考察模型是否存在异方差；若存在，则用恰当方法消除异方差。

第8章
序列相关

8.1 知识回顾

8.1.1 序列相关的内涵

（1）定义

经典假设要求随机扰动项之间不存在相关性，即 $\mathrm{Cov}\,(\mu_i,\mu_j)=0$，其中，$i$、$j\in(1,$ $n)$，且 $i\neq j$。

所谓序列相关，是指出现了 $\mathrm{Cov}(\mu_i,\mu_j)\neq0$ 的情况。序列相关现象多出现于时间序列数据建模中。如果仅存在 $\mathrm{Cov}(\mu_i,\mu_{i-1})\neq0$，则称 μ_i 是一阶序列相关，又称自相关。

本章接下来主要讨论一阶序列相关，而且一般假设随机扰动项之间是线性相关的，可以被表示为：

$$\mu_i=\rho\mu_{i-1}+\upsilon_i \tag{8-1}$$

式中：$-1\leqslant\rho\leqslant1$，$\rho$ 称为自相关系数，υ_i 是满足所有经典假设的随机扰动项。

（2）后果

存在序列相关问题的模型，如果使用 OLS 回归，虽然仍然可以获得线性、无偏的估计量，但是会导致与估计方差相关的一系列问题：

首先，参数估计值的方差会被放大，导致方差有效性被破坏；

其次，由于不具备有效性，自变量的显著性检验失效；

最后，由于不具备有效性，模型的预测失效。

（3）原因

序列相关主要产生于时间序列数据之中，因为这些数据的变化往往呈现出一种持续的趋势，通常被称为惯性。惯性问题在以下两种情况下将会导致序列相关：

一是在模型中没有被设为自变量的重要因素所产生的影响。例如,在模型等号右边遗漏了被解释变量的滞后项,滞后项的信息只能包含在随机误差项中,就很容易导致随机误差项之间的相关。

二是未能对蛛网现象进行合理建模。蛛网现象一般是指存在"供给—价格—需求—价格—供给"依次循环影响、循环变化的现象,这种循环决定的关系也极易引发序列相关。

当然,还有其他一些原因,比如根据已有的数据生成某些缺省值,新生成值很容易和已有值之间存在序列相关性等。

8.1.2 序列相关的检验

(1)残差图法

在对某一线性回归方程进行 OLS 估计并获得相应的残差之后,通过观察残差的变化进而检验序列相关的方法被称为残差图法。在以残差为坐标纵轴的情况下,根据横轴变量选择的不同,有两种具体的残差图。

第一种是以残差 ε_t 为纵轴,以时间 t 为横轴。如果沿着时间轴,残差 ε_t 的正负号在一定时间内保持不变,则认为存在正自相关。反之,如果沿着时间轴,残差 ε_t 的正负号不断发生变化,则认为存在负自相关。

第二种是以残差 ε_t 为纵轴,以残差的滞后项 ε_{t-1} 为横轴,作散点图。如果散点基本落在第一、第三象限,则认为存在正自相关。如果散点基本落在第二、第四象限,则认为存在负自相关。

当然,残差图法只能初步判断是否存在序列相关,检验序列相关还需要借助其他方法进一步予以明确。

(2)杜宾—沃森(Durbin-Waston)检验

杜宾—沃森检验是专门针对一阶自相关的检验方法。该检验定义了一个如下形式的 DW(简写为 d)统计量:

$$d = \frac{\sum_{i=2}^{n}(\varepsilon_i - \varepsilon_{i-2})^2}{\sum_{i=1}^{n}\varepsilon_i^{2}}$$

可以证明,在大样本情况下,

$$d \approx 2 \times (1 - \hat{\rho})$$

其中，$\hat{\rho}$ 为一阶序列相关模型 $\mu_i = \rho\mu_{i-1} + \upsilon_i$ 的参数估计值。DW 检验的判定规则如表 8-1 所示。

表 8-1　DW 检验的判定规则

d 值	结论
$0 \leqslant d < d_L$	正自相关
$d_U < d < 4 - d_U$	无自相关
$4 - d_L < d \leqslant 4$	负自相关
$d_L \leqslant d \leqslant d_U$ 或 $4 - d_U \leqslant d \leqslant 4 - d_L$	无法确定

（3）拉格朗日乘数检验

拉格朗日乘数检验直接用残差 ε_t 对所有自变量及残差滞后一期 ε_{t-1} 进行 OLS 回归。如果要检验高阶序列相关，则可以引入滞后更多期的残差项进行回归，并通过检验模型的整体显著性来确定序列相关是否存在。

需要注意的是，拉格朗日乘数检验适用于大样本，一般要求样本容量不低于 30。

8.1.3　序列相关的消除

广义差分法是处理序列相关的最基本方法。假设式(8-2)所示的线性回归模型存在自相关：

$$y_i = \beta_0 + \beta_1 x_i + \mu_i \tag{8-2}$$

即 $\mu_i = \rho\mu_{i-1} + \varepsilon_i$。其中，$\rho \neq 0$，$\varepsilon_i$ 满足全部的经典假设。

所谓广义差分法，就是对式(8-2)进行如下变换：

$$y_i - \rho y_{i-1} = \beta_0(1 - \rho) + \beta_1(x_i - \rho x_{i-1}) + (\mu_i - \rho\mu_{i-1}) \tag{8-3}$$

此时，随机误差项为 ε_i，已经满足所有经典假设，因此可以用 OLS 对式(8-3)进行估计。

显然，对广义差分法来说，最为关键的一步工作是获取 ρ 的估计值，所以接下来介绍几种获取 ρ 估计值的方法。

（1）ρ 的估计方法一：从 DW 值推导

已知，大样本下 DW(简写为 d)统计量与自相关系数之间存在如下关系：

$$d \approx 2 \times (1 - \hat{\rho})$$

由此可得：

$$\hat{\rho} \approx 1 - \frac{d}{2}$$

如果样本容量偏小，则可以使用泰尔-纳加公式进行估计：

$$\hat{\rho} \approx \frac{n^2(1-d/2)+k^2}{n^2-k^2}$$

（2）ρ 的估计方法二：通过回归方程的参数估计

将式（8-2）移项，转化为如下广义差分模型：

$$y_i = \beta_0(1-\rho) + \beta_1 x_i - \beta_1 \rho x_{i-1} + \rho y_{i-1} + \varepsilon_i$$

由于 ε_i 满足所有的经典假设，可以直接进行 OLS 回归估计。自变量 y_{i-1} 对应的参数估计值 $\hat{\rho}$，即为 ρ 的无偏有效估计值。

通过此种方法获得 $\hat{\rho}$，再据此用广义差分法消除序列相关，求得模型参数的方法，被称为杜宾两步法。

（3）ρ 的估计方法三：Cochrane-Orcutt 迭代

不论使用上述何种方法获得的 $\hat{\rho}$，与实际值 ρ 之间都会存在一定的偏差。如果两者之间的偏差较大，将 $\hat{\rho}$ 用于广义差分法，则会导致消除自相关的效果不佳。为此，可以通过反复迭代操作以提升 $\hat{\rho}$ 的精度，并不断将新获得的 $\hat{\rho}$ 用于广义差分法，检查广义差分法的有效性。这样一种通过反复迭代提升 $\hat{\rho}$ 精度的方法被称为柯克兰-奥克特（Cochrane-Orcutt）迭代法。

8.2 实验设计与操作

实验 8-1 农村居民消费影响因素研究（使用数据文件表 8-1）

（1）实验介绍与模型构建

本实验研究农村居民人均可支配收入（Y）、农村居民消费价格指数（P）是否会对农村居民人均消费支出（CE）产生显著影响、产生何种影响以及影响的幅度有多大。拟构建的模型如下：

$$CE_i = \beta_0 + \beta_1 Y_i + \beta_2 P_i + \mu_i \tag{8-4}$$

变量 Y 和 CE 的单位均为元，数据频率为年度，数据起止时间为 1985—2009 年，共包含 25 年数据。由于时间序列数据通常有较强的惯性，往往在一个较长的时期内维持着符号相同的增长比率，因此，预期本实验所使用的数据和模型将产生序列相关问题。

根据一般经济学常识，在其他变量不变的情况下，人均可支配收入应该对人均消费支出产生显著的正向影响(即 $\beta_1 > 0$);而消费价格指数对人均消费支出可能产生两方面的影响,价格指数上涨一方面减少了人均商品消费量,另一方面有可能增加名义消费支出,因此 β_2 的显著性和正负号不明,有待实证研究。

（2）模型初步估计

首先,新建"Workfile"。在"Workfile Create"对话框的"Workfile structure type"一栏中选择"Dated-regular frequency"选项(表示选择的数据类型为时间序列数据),在"Date specification"一栏的"Frequency"下选择"Annual"选项(表示选择的数据频率为年度),在"Start date"处输入"1985",在"End date"处输入"2009"。在主窗口的命令窗口中,输入"series+变量名"式的命令建立新变量,依次建立变量 CE、Y、P ,得到如图 8-1 所示的主窗口,并继续完成对变量的数据赋值。

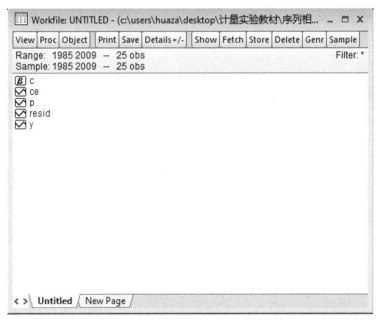

图 8-1 文件窗口

其次,估计模型。在命令窗口中键入命令"ls CE C Y P",对模型(8-3)进行 OLS 回归估计,结果如图 8-2 所示。

这一回归结果总体符合经济理论的预期:人均可支配收入 Y 对消费支出 CE 产生了显著且正向的影响,且参数估计值小于1;消费价格指数则对消费支出产生了负向且显著的影响。

对时间序列数据建立的模型,有必要进行序列相关性检验。

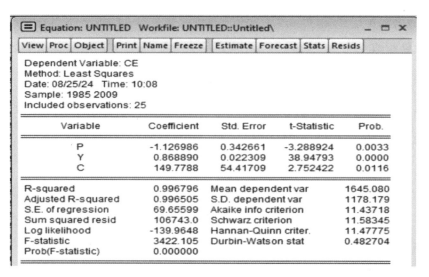

图 8-2　回归结果

(3)序列相关性检验

①残差图法。

首先,在命令窗口输入命令"genr r1＝resid",创建以 *r*1 命名的残差数据序列,并继续输入命令"line r1",得到以时间为横轴的残差图,如图 8-3 所示。图 8-3 显示残差随着时间的变化有一定的连续性:在某些时间段内,残差的符号连续为正;而在另一些时间段内,残差的符号连续为负。因此,初步推测模型可能存在正自相关。

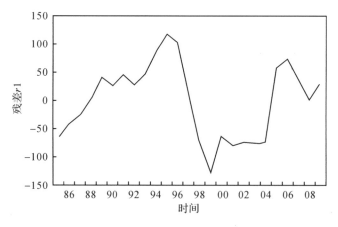

图 8-3　残差图 1

其次,在命令窗口输入"scat r1 r1(−1)",这里的 *r*1(−1)为 *r*1 的滞后一期序列,得到图 8-4。图 8-4 显示散点大都落在第一、第二象限,初步推测该模型可能存在正自相关。

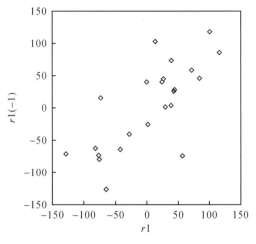

图 8-4　残差图 2

②DW 检验。

由图 8-2 显示的回归结果可知，DW 值为 0.4827，在 0.05 的显著性水平下，查表得：$d_L(3,25) = 1.21, d_U(3,25) = 1.55$。依据表 8-1 的判定规则，DW 值处于 $(0, d_L)$ 区间，所以判定该模型存在正自相关，与残差图法所得的判断结果一致。

③拉格朗日乘数检验。

在图 8-2 窗口，点击"View→Residual Diagnostics→Serial Correlation LM Test"，如图 8-5 所示。在跳出的"Lags to include"框内输入"1"（表示仅检验一阶序列相关），点击"OK"按钮，得到结果如图 8-6 所示。

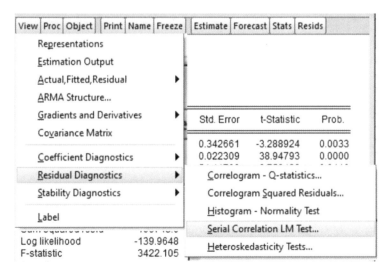

图 8-5　LM 检验操作

```
Breusch-Godfrey Serial Correlation LM Test:
```

F-statistic	25.52042	Prob. F(1,21)	0.0001
Obs*R-squared	13.71463	Prob. Chi-Square(1)	0.0002

```
Test Equation:
Dependent Variable: RESID
Method: Least Squares
Date: 08/25/24   Time: 10:41
Sample: 1985 2009
Included observations: 25
Presample missing value lagged residuals set to zero.
```

Variable	Coefficient	Std. Error	t-Statistic	Prob.
P	-0.114185	0.236724	-0.482354	0.6345
Y	0.006637	0.015398	0.431061	0.6708
C	17.24326	37.57715	0.458876	0.6510
RESID(-1)	0.747521	0.147972	5.051774	0.0001

R-squared	0.548585	Mean dependent var	-3.48E-13
Adjusted R-squared	0.484098	S.D. dependent var	66.69053
S.E. of regression	47.90137	Akaike info criterion	10.72181

图 8-6　LM 检验结果

图 8-6 显示，$LM=13.7146$，对应的 P 值为 $0.0002(<0.05)$，因此拒绝自相关系数为零的原假设，说明存在一阶序列相关即自相关。同时，$r1(-1)$ 的系数为 $0.7475(>0)$，说明存在正自相关。这个结果与前几种检验的结果一致。

（4）自相关系数 ρ 的估计

处理序列相关问题通常使用广义差分法，而要使用广义差分法首先需要知道自相关系数 ρ。因此，我们运用不同的方法对 ρ 进行估计，为使用广义差分法做准备。

①基于 DW 值的推导。

一般公式：

$$\hat{\rho} \approx 1 - \frac{d}{2} = 1 - 0.4827 \div 2 = 0.759$$

考虑到本例是小样本（$n=25$），我们用泰尔-纳加公式对 ρ 进行估计，得

$$\hat{\rho} \approx \frac{n^2(1-d/2)+k^2}{n^2-k^2} = \frac{37^2(1-0.516/2)+2^2}{37^2-2^2} = 0.743$$

两个计算结果略有差异。我们取 $\hat{\rho}=0.743$。

②基于回归方程的参数估计。

已知原模型为：$CE_i = \beta_0 + \beta_1 Y_i + \beta_2 P_i + \mu_i$。其广义差分模型为：

$$CE_i - \rho CE_{i-1} = \beta_0(1-\rho) + \beta_1(Y_i - \rho Y_{i-1}) + \beta_2(P_i - \rho P_{i-1}) + (\mu_i - \rho\mu_{i-1})$$

移项后得：

$$CE_i = \beta_0^* + \beta_1 Y_i - \beta_1\rho Y_{i-1} + \beta_2 P_i - \beta_2\rho P_{i-1} + \rho CE_{i-1} + v_i$$

其中：$\beta_0^* = \beta_0(1-\rho)$；$v_i = \mu_i - \rho\mu_{i-1}$ 满足所有经典假设。

在命令窗口输入：LS　CE　C　Y　Y(−1)　P　P(−1)　CE(−1)。点击回车键，所得结果如图 8-7 所示，于是得到 $\hat{\rho}=0.562$。

```
Dependent Variable: CE
Method: Least Squares
Date: 08/25/24   Time: 11:16
Sample (adjusted): 1986 2009
Included observations: 24 after adjustments
```

Variable	Coefficient	Std. Error	t-Statistic	Prob.
C	88.72852	43.24105	2.051951	0.0550
Y	0.893479	0.179991	4.964028	0.0001
Y(-1)	-0.496970	0.179486	-2.768854	0.0127
P	0.421921	1.430999	0.294843	0.7715
P(-1)	-1.203461	1.474253	-0.816319	0.4250
CE(-1)	0.562018	0.175275	3.206489	0.0049

R-squared	0.999039	Mean dependent var		1700.417
Adjusted R-squared	0.998772	S.D. dependent var		1169.862
S.E. of regression	40.99613	Akaike info criterion		10.47715
Sum squared resid	30252.28	Schwarz criterion		10.77166
Log likelihood	-119.7258	Hannan-Quinn criter.		10.55528
F-statistic	3742.172	Durbin-Watson stat		1.910555
Prob(F-statistic)	0.000000			

图 8-7　回归结果

③基于 Cochrane-Orcutt 迭代。

在命令窗口中输入命令"ls CE P Y C AR(1)"，此处 AR(1) 代表自相关系数，点击回车键，输出结果如图 8-8 所示。图 8-8 显示，$\hat{\rho}=0.7591$，这是经过 24 次迭代后得到的值。而且这个模型的整体输出结果，就是把 $\hat{\rho}=0.7591$ 代入广义差分模型后，消除了序列相关的模型结果。

```
Dependent Variable: CE
Method: Least Squares
Date: 08/25/24   Time: 11:22
Sample (adjusted): 1986 2009
Included observations: 24 after adjustments
Convergence achieved after 24 iterations
```

Variable	Coefficient	Std. Error	t-Statistic	Prob.
P	-0.947435	0.766471	-1.236100	0.2307
Y	0.860027	0.037277	23.07141	0.0000
C	134.7392	167.9898	0.802068	0.4319
AR(1)	0.759132	0.148124	5.124985	0.0001

R-squared	0.998603	Mean dependent var		1700.417
Adjusted R-squared	0.998394	S.D. dependent var		1169.862
S.E. of regression	46.88429	Akaike info criterion		10.68425
Sum squared resid	43962.73	Schwarz criterion		10.88060
Log likelihood	-124.2110	Hannan-Quinn criter.		10.73634
F-statistic	4766.659	Durbin-Watson stat		1.369043
Prob(F-statistic)	0.000000			

图 8-8　Cochrane-Orcutt 迭代结果

（5）消除自相关

①广义差分法（取 $\hat{\rho}=0.743$）。

第一步，在命令窗口中，依次输入如下命令："genr ce1=ce−0.743 * ce(−1)""genr y1=y−0.743 * y(−1)""genr p1=p−0.743 * p(−1)"。由此构建了三个新的变量。在命令窗口输入"ls ce1 c y1 p1"，按回车键，输出的回归结果如图 8-9 所示。此时 $DW=1.3526$，查表得对应的临界值：$d_{L,0.05}(3,24)=1.19,d_{U,0.05}(3,24)=1.55$。$DW$ 值虽然落在无法确定区域，但较原始模型的 $DW=0.4827$，看得出自相关性有了明显减弱。

```
Dependent Variable: CE1
Method: Least Squares
Date: 08/25/24   Time: 11:55
Sample (adjusted): 1986 2009
Included observations: 24 after adjustments
```

Variable	Coefficient	Std. Error	t-Statistic	Prob.
C	36.78955	38.33051	0.959798	0.3481
Y1	0.861756	0.035214	24.47218	0.0000
P1	-0.993796	0.705082	-1.409477	0.1733

R-squared	0.988271	Mean dependent var	565.3913
Adjusted R-squared	0.987154	S.D. dependent var	403.7712
S.E. of regression	45.76401	Akaike info criterion	10.60134
Sum squared resid	43981.24	Schwarz criterion	10.74860
Log likelihood	-124.2161	Hannan-Quinn criter.	10.64041
F-statistic	884.7003	Durbin-Watson stat	1.352614
Prob(F-statistic)	0.000000		

图 8-9　广义差分模型

因此，消除自相关后的模型为：

$$\hat{CE} = \frac{36.7896}{1-0.743} + 0.8617Y - 0.9938P$$

即：

$$\hat{CE} = 143.15 + 0.8617Y - 0.9938P$$

②杜宾两步法。

第一步，图 8-7 显示，已经求出 $\hat{\rho}=0.562$。

第二步，在命令窗口中，依次输入"genr ce2=ce−0.562 * ce(−1)""genr y2=y−0.562 * y(−1)""genr p2=p−0.562 * p(−1)"，构建了三个新的变量。在命令窗口输入"ls ce2 c y2 p2"，对应的回归结果如图 8-10 所示。此时 $DW=1.12$，查表得对应的临界值：$d_{L,0.05}(3,24)=1.19,d_{U,0.05}(3,24)=1.55$。$DW$ 值虽然较原始模型的 $DW(0.4827)$ 有所增加，但依然落在正自相关区域。因此该结果不可取，原因可能是 $\hat{\rho}$ 的估计有偏差。

```
Dependent Variable: CE2
Method: Least Squares
Date: 08/25/24   Time: 12:21
Sample (adjusted): 1986 2009
Included observations: 24 after adjustments
```

Variable	Coefficient	Std. Error	t-Statistic	Prob.
C	80.17737	42.07545	1.905562	0.0705
Y2	0.872817	0.028475	30.65225	0.0000
P2	-1.249021	0.516985	-2.415969	0.0249

R-squared	0.994055	Mean dependent var	841.8914
Adjusted R-squared	0.993489	S.D. dependent var	588.1996
S.E. of regression	47.46238	Akaike info criterion	10.67422
Sum squared resid	47306.22	Schwarz criterion	10.82148
Log likelihood	-125.0906	Hannan-Quinn criter.	10.71329
F-statistic	1755.734	Durbin-Watson stat	1.119733
Prob(F-statistic)	0.000000		

图 8-10　杜宾两步法结果

③Cochrane-Orcutt 迭代直接输出。

图 8-8 显示,Cochrane-Orcutt 迭代法不仅迭代出了 $\hat{\rho} = 0.7591$,而且直接给出了消除自相关后的模型。此时 $DW = 1.3690, d_{L,0.05}(3,24) = 1.19, d_{U,0.05}(3,24) = 1.55, DW$ 值虽然落在无法确定区域 (d_L, d_U),但较原始模型的 $DW(0.4827)$ 自相关性明显减弱。

据图 8-8,可以写出消除自相关后的模型:

$$\hat{CE} = 134.7392 + 0.8600Y - 0.9474P, AR(1) = 0.7591$$
$$P \qquad (0.4319) \quad (0.0000) \quad (0.2307)$$
$$R^2 = 0.9986, F = 4766.66, DW = 1.3690$$

该模型中,$R^2 = 0.9986$,说明模型拟合程度非常高;$F = 4766.66$,说明模型整体线性关系成立;自变量 Y 的符号与预期相符且影响显著;自变量 P 的符号为负,但并不显著,这可能与前文指出的消费价格指数 P 对人均消费支出 CE 可能产生两方面的影响有关。

实验 8-2　工业增加值与固定资产投资关系研究(使用数据文件表 8-2)

(1)实验介绍与模型构建

根据经济理论,工业产出(用工业增加值来表示,记为 GY)一般由资本品存量和劳动力存量决定,而资本品存量与固定资产投资(记为 TZ)之间应该存在相关关系。在本实验中,我们尝试研究工业增加值与固定资产投资之间的关系。拟构建的模型如下:

$$GY_i = \beta_0 + \beta_1 TZ_i + \mu_i \tag{8-5}$$

自变量和因变量的单位均为亿元,数据频率为年度,数据起止时间为 1981—2023 年,共包含 43 年的数据。根据经济学常识,如果固定资产投资量大于资本折旧量,则资本存量也将增加。在不考虑其他因素(均被包含在随机扰动项中)的情况下,固定资产投资应该对工业增加值产生显著的正向影响(即 $\beta_1 > 0$)。

(2)模型的初步估计

在"Workfile Create"对话框的"Workfile structure type"一栏中选择"Dated-regular frequency"选项,在"Date specification"一栏的"Frequency"下选择"Annual"选项,在"Start date"处输入"1981",在"End date"处输入"2023"。在主窗口的命令窗口中,键入"series+变量名"建立新变量,依次建立变量 GY、TZ,最终得到如图 8-11 所示的工作文件主窗口,并继续完成对变量的数据赋值。

在命令窗口中键入命令"ls GY C TZ",对模型(8-5)进行 OLS 回归估计,回归结果如图 8-12 所示。

图 8-11　文件窗口

Equation: UNTITLED　Workfile: 1980-2013全社会固定资产投资与...

View | Proc | Object | Print | Name | Freeze | Estimate | Forecast | Stats | Resids

Dependent Variable: GY
Method: Least Squares
Date: 07/29/24　Time: 15:44
Sample: 1981 2023
Included observations: 43

Variable	Coefficient	Std. Error	t-Statistic	Prob.
C	13903.47	3186.206	4.363643	0.0001
TZ	0.734272	0.014704	49.93669	0.0000

R-squared	0.983824	Mean dependent var	114657.3
Adjusted R-squared	0.983430	S.D. dependent var	125620.5
S.E. of regression	16170.53	Akaike info criterion	22.26516
Sum squared resid	1.07E+10	Schwarz criterion	22.34708
Log likelihood	-476.7010	Hannan-Quinn criter.	22.29537
F-statistic	2493.673	Durbin-Watson stat	0.435263
Prob(F-statistic)	0.000000		

图 8-12　回归结果

这一回归的拟合优度很高，达到 0.984，自变量的参数估计值非常显著且为正，这反映固定资产投资对工业增加值的变化具有充分的解释力，符合一般经济学理论的预期。固定资产投资对应的参数估计值仅为 0.734，表明固定资产投资的投资乘数比较低，这说明依靠投资拉动经济的效率偏低。

由于是时间序列建模，所以有必要检验序列相关性问题。

(3)序列相关性检验

①残差图法。

首先，在命令窗口输入命令“genr *R*1＝resid”，创建以 *R*1 命名的残差数据序列，并继续输入命令“line *R*1”，得到以时间为横轴的残差图，如图 8-13 所示。显然，残差的变化趋势在相当长时间内得以保持，或连续为正，或连续为负。这表明序列可能存在正自相关。

其次，在命令窗口输入“scat　*R*1(－1)　*R*1”，得到如图 8-14 所示的以残差一阶滞后项为横轴、残差项为纵轴的残差图。图 8-14 显示，散点基本分布在第一、第三象限，表明模型极有可能存在正自相关。

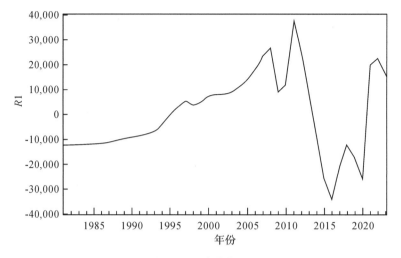

图 8-13 残差图 1

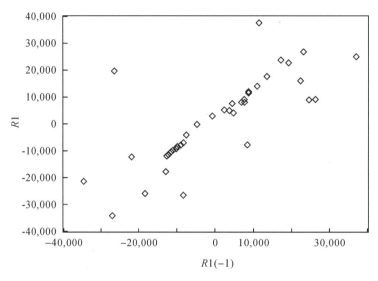

图 8-14 残差图 2

②DW 检验。

在图 8-12 的回归结果中,DW 值为 0.435,在 0.05 的显著性水平下,查表得:$d_L(2, 43) \approx 1.48$,$d_U(2, 43) \approx 1.57$。由于 DW 处于 $(0, d_L)$ 区间之内,证明模型存在正自相关,与残差图法所得的判断结果一致。

③拉格朗日乘数检验。

在图 8-12 窗口,点击"View→Residual Diagnostics→Serial Correlation LM Test",在跳出的"Lags to include"框内输入"1"(表示仅检验一阶序列相关),点击"OK"按钮得到的结果如图 8-15 所示。

由图 8-15 可知,$LM = 25.70$,对应的 P 值 $= 0.000 (< 0.05)$,因此拒绝自相关系数

Breusch-Godfrey Serial Correlation LM Test:

F-statistic	59.43649	Prob. F(1,40)	0.0000
Obs*R-squared	25.70253	Prob. Chi-Square(1)	0.0000

Test Equation:
Dependent Variable: RESID
Method: Least Squares
Date: 08/25/24　Time: 15:02
Sample: 1981 2023
Included observations: 43
Presample missing value lagged residuals set to zero.

Variable	Coefficient	Std. Error	t-Statistic	Prob.
TZ	0.001944	0.009445	0.205860	0.8379
C	21.46737	2045.942	0.010493	0.9917
RESID(-1)	0.782831	0.101541	7.709506	0.0000

图 8-15　LM 检验结果

为零的原假设,说明模型存在一阶序列相关即自相关。同时,RESID(-1)的系数为 0.7828,说明存在正自相关。

(4)自相关系数 ρ 的估计

①基于 DW 值的推导。

由于本实验的样本容量足够大($n=43$),所以可以用以下公式推导 $\hat{\rho}$ 的值:

$$\hat{\rho} \approx 1 - \frac{d}{2} = 1 - 0.435 \div 2 = 0.782$$

②通过残差序列与自身滞后一期序列的回归估计。

在文件窗口输入 LS R1 R1(-1),得到图 8-16。其中,R1(-1)的系数即为 ρ 的估计值,$\hat{\rho} = 0.783$。

View	Proc	Object		Print	Name	Freeze		Estimate	Forecast	Stats	Resids

Dependent Variable: R1
Method: Least Squares
Date: 08/25/24　Time: 15:24
Sample (adjusted): 1982 2023
Included observations: 42 after adjustments

Variable	Coefficient	Std. Error	t-Statistic	Prob.
R1(-1)	0.782729	0.099615	7.857551	0.0000
C	589.3292	1572.813	0.374698	0.7099

R-squared	0.606845	Mean dependent var	294.2359
Adjusted R-squared	0.597016	S.D. dependent var	16052.19
S.E. of regression	10190.09	Akaike info criterion	21.34267
Sum squared resid	4.15E+09	Schwarz criterion	21.42541
Log likelihood	-446.1960	Hannan-Quinn criter.	21.37300
F-statistic	61.74111	Durbin-Watson stat	1.647027
Prob(F-statistic)	0.000000		

图 8-16　回归结果

③通过杜宾两步法估计。

对广义差分模型移项后，所得的模型为：

$$GY_i = \beta_0(1-\rho) + \beta_1 TZ_i - \beta_1 \rho TZ_{i-1} + \rho GY_{i-1} + v_i$$

在命令窗口输入：ls GY C TZ TZ(−1) GY(−1)。点击回车键，所得结果如图 8-17 所示，其中 GY(−1) 的系数即为所求，$\hat{\rho} = 0.902$。

Dependent Variable: GY
Method: Least Squares
Date: 08/25/24   Time: 15:18
Sample (adjusted): 1982 2023
Included observations: 42 after adjustments

Variable	Coefficient	Std. Error	t-Statistic	Prob.
C	3726.350	2426.977	1.535387	0.1330
TZ	0.356614	0.201567	1.769207	0.0849
TZ(-1)	-0.263358	0.180736	-1.457143	0.1533
GY(-1)	0.902468	0.116705	7.732870	0.0000

R-squared	0.994151	Mean dependent var	117338.0
Adjusted R-squared	0.993690	S.D. dependent var	125892.3
S.E. of regression	10000.66	Akaike info criterion	21.34908
Sum squared resid	3.80E+09	Schwarz criterion	21.51457
Log likelihood	-444.3307	Hannan-Quinn criter.	21.40974
F-statistic	2153.062	Durbin-Watson stat	1.832018
Prob(F-statistic)	0.000000		

图 8-17   广义差分估计 ρ

(5)消除自相关

①广义差分法（取 $\hat{\rho} = 0.783$）。

在命令窗口中，依次键入"genr GY1＝GY−0.783 * GY(−1)""genr TZ1＝TZ−0.783 * TZ(−1)"，构建了两个新的变量。在命令窗口键入"ls GY1 c TZ1"，按回车键，得到回归结果如图 8-18 所示。此时 $DW=1.645$，在 0.05 的显著性水平下，查表得对应的临界值：$d_L(2,42)=1.45, d_U(2,42)=1.55$。显然 DW 值落在 $(d_U, 4-d_U)$ 之间，说明已经消除了自相关性。

因此，消除自相关后的模型为：

$$\hat{GY} = \frac{3872.399}{1-0.783} + 0.7276TZ$$

即：

$$\hat{GY} = 17845.16 + 0.7276TZ$$

②杜宾两步法。

第一步，据图 8-17，已经求出了 $\hat{\rho} = 0.902$。

第二步，在命令窗口中，依次键入"genr GY2＝GY−0.902 * GY(−1)""genr TZ2

| View | Proc | Object | Print | Name | Freeze | Estimate | Forecast | Stats | Resids |

Dependent Variable: GY1
Method: Least Squares
Date: 08/25/24　Time: 15:42
Sample (adjusted): 1982 2023
Included observations: 42 after adjustments

Variable	Coefficient	Std. Error	t-Statistic	Prob.
C	3872.399	2121.622	1.825207	0.0754
TZ1	0.727599	0.035767	20.34276	0.0000

R-squared	0.911861	Mean dependent var	32864.22
Adjusted R-squared	0.909657	S.D. dependent var	33887.75
S.E. of regression	10185.66	Akaike info criterion	21.34180
Sum squared resid	4.15E+09	Schwarz criterion	21.42454
Log likelihood	-446.1777	Hannan-Quinn criter.	21.37213
F-statistic	413.8278	Durbin-Watson stat	1.644974
Prob(F-statistic)	0.000000		

图 8-18　广义差分法消除自相关

$=TZ-0.902*TZ(-1)$",由此构建了两个新的变量。在命令窗口键入"ls GY2 c TZ2",输出回归结果如图 8-19 所示。此时 $DW=1.78$,在 0.05 的显著性水平下查表得临界值为:$d_L(2,42)=1.45$,$d_U(2,42)=1.55$。显然 DW 值落在 $(d_U,4-d_U)$ 之间,说明已经消除了自相关性。

Dependent Variable: GY2
Method: Least Squares
Date: 08/25/24　Time: 15:57
Sample (adjusted): 1982 2023
Included observations: 42 after adjustments

Variable	Coefficient	Std. Error	t-Statistic	Prob.
C	2883.416	2206.137	1.306998	0.1987
TZ2	0.698164	0.062134	11.23636	0.0000

R-squared	0.759407	Mean dependent var	20025.93
Adjusted R-squared	0.753392	S.D. dependent var	20796.73
S.E. of regression	10327.58	Akaike info criterion	21.36947
Sum squared resid	4.27E+09	Schwarz criterion	21.45222
Log likelihood	-446.7589	Hannan-Quinn criter.	21.39980
F-statistic	126.2558	Durbin-Watson stat	1.775587
Prob(F-statistic)	0.000000		

图 8-19　杜宾两步法消除自相关

因此,消除自相关后的模型为:

$$\hat{GY}=\frac{2883.416}{1-0.902}+0.6982TZ$$

即:

$$\hat{GY}=29422.61+0.6982TZ$$

③Cochrane-Orcutt 迭代法。

虽然使用 Cochrane-Orcutt 迭代法是为了得到 ρ 的估计值,但在 EViews 操作中,使用该方法会一并输出模型消除序列相关后的结果,因此我们将其放在此处进行操作。

在命令窗口键入"ls GY C TZ AR(1)",此处 AR(1)代表自相关系数,输出结果如图 8-20 所示。图 8-20 显示,$\hat{\rho}=0.7861$,这是经过 5 次迭代后得到的值。而且这个模型的整体输出结果,就是把 $\hat{\rho}=0.7861$ 代入广义差分模型,消除了序列相关后的结果。

```
Dependent Variable: GY
Method: Least Squares
Date: 08/25/24   Time: 16:07
Sample (adjusted): 1982 2023
Included observations: 42 after adjustments
Convergence achieved after 5 iterations
```

Variable	Coefficient	Std. Error	t-Statistic	Prob.
C	17947.16	10371.23	1.730476	0.0915
TZ	0.727322	0.036937	19.69074	0.0000
AR(1)	0.786148	0.101829	7.720289	0.0000

R-squared	0.993614	Mean dependent var	117338.0
Adjusted R-squared	0.993286	S.D. dependent var	125892.3
S.E. of regression	10315.30	Akaike info criterion	21.38939
Sum squared resid	4.15E+09	Schwarz criterion	21.51351
Log likelihood	-446.1772	Hannan-Quinn criter.	21.43489
F-statistic	3033.936	Durbin-Watson stat	1.649708
Prob(F-statistic)	0.000000		

Inverted AR Roots	.79

图 8-20　Cochrane-Orcutt 迭代结果

据此写出消除自相关后的模型:

$$\hat{GY} = 17947.16 + 0.7273TZ, AR(1) = 0.7861$$

$$P \qquad (0.0915) \qquad (0.000)$$

$$R^2 = 0.9936, F = 3033.94, DW = 1.6497$$

该模型中,$R^2 = 0.9936$,说明模型拟合程度非常高;$F = 3033.94$,说明模型整体线性关系成立;自变量 TZ 的符号为正,与预期相符且影响显著,即固定资产投资每增加 1 亿元,工业产值增加 0.7273 亿元;$DW = 1.65$,说明模型已经不存在自相关性。

课后练习

目标:对模型进行序列相关性分析。

要求:在第 4 章建立的多元线性回归模型基础上,考察模型是否存在一阶序列相关性;若是,则用恰当方法消除序列相关。

第9章
虚拟变量模型

9.1 知识回顾

在之前的回归分析中,我们所遇到的变量均可度量,即为定量变量,如年龄、收入、企业销售额等。在实际建模过程中,经济变量的行为不但受定量变量影响,有时也会受到定性变量的影响,且一些定性变量具有不可忽视的重要影响,如:研究某个企业的销售水平,则企业所有制性质、地理位置、管理者素质等都是值得考虑的重要影响因素。因此,在建立计量经济模型时,如何"量化"这些定性因素并将其引入模型进行分析,正是本章要探讨的问题。

9.1.1 虚拟变量的内涵

(1)相关概念

定性变量通常是指反映某种属性或特征是否存在的非数值型变量,如一个人是男或女、一个企业是私营还是国有等。要将其直接纳入模型进行回归显然很困难,因为缺少数值。为此,人们采取了一种人工构造的变量——虚拟变量,对定性变量进行量化,从而使其能像定量变量一样可以在回归模型中得以应用。

构造虚拟变量的具体方法是:当某种属性存在时,人工变量取值为 1;当某种属性不存在时,人工变量取值为 0。例如,考查男、女同学成绩是否存在差异时,构造性别人工变量,如果是男同学,则人工变量取 1,如果是女同学,则人工变量取 0;考察沿海与内地省份经济增长速度差异时,构造区域人工变量,如果是沿海省份,则人工变量取 1,如果是内地省份则取 0,反之亦可。虚拟变量通常用字母 D 表示,例如:

$$D = \begin{cases} 1 & \text{男} \\ 0 & \text{女} \end{cases}, D = \begin{cases} 1 & \text{大学及以上学历} \\ 0 & \text{大学以下学历} \end{cases}, D = \begin{cases} 1 & \text{受灾年份} \\ 0 & \text{正常年份} \end{cases}$$

虚拟变量可以作被解释变量,也可以作解释变量。本章主要讨论虚拟变量为解释变量的情形。

（2）设置规则

定性变量的属性既可能为两种状态,也可能为多种状态。例如,季节(四种状态)、地理位置(东、中、西部三种状态)、行业归属、所有制、收入分组等都有多种类别。

虚拟变量设置规则是:在有截距项的回归模型中,如果一个定性变量有 m 个类别,则模型中只能引入 $m-1$ 个虚拟变量;在无截距项的回归模型中,如果一个定性变量有 m 个类别(或属性),则模型中应引入 m 个虚拟变量。否则会陷入虚拟变量陷阱。当然,一般模型是包含截距项的。

例如:考察在校大学生每月消费支出,需引入性别这个虚拟变量。根据规则,应引入 1 个虚拟变量 D:

$$D = \begin{cases} 1 & 男 \\ 0 & 女 \end{cases}$$

又如:影响家庭教育费用开支的一个重要因素就是子女的年龄结构。如果家庭中有求学阶段子女,教育费用支出就多。因此,需引入虚拟变量来反映"子女年龄结构"这一定性因素的影响。将"子女年龄结构"分为在求学阶段和非求学阶段,因此拟引入 1 个虚拟变量 D:

$$D = \begin{cases} 1 & 有求学阶段子女 \\ 0 & 无求学阶段子女 \end{cases}$$

再如:考察工资收入的影响因素时,学历是重要因素之一。学历为定性变量,具体分为高中及以下、大专、本科、研究生及以上四种类别。根据规则,需引入 3 个虚拟变量,分别为:

$$D_1 = \begin{cases} 1 & 大专 \\ 0 & 其他 \end{cases} \quad D_2 = \begin{cases} 1 & 本科 \\ 0 & 其他 \end{cases} \quad D_3 = \begin{cases} 1 & 研究生及以上 \\ 0 & 其他 \end{cases}$$

（3）运用场景

虚拟变量主要有以下几种运用场景:

①可以作为属性因素的代表,如学历、性别、人种、受教育程度、管理者素质等。

②可以作为某些偶然因素或战争因素的代表,如地震、战争、政治事件等。

③可以作为时间序列分析中的季节(月份)影响代表。

④可以实现分段回归,研究斜率、截距的分段差异。

（4）引入方式

虚拟变量作为解释变量被引入模型有两种方式,即加法方式和乘法方式。

①加法方式。

对在校大学生每月消费支出的研究,采用加法方式引入性别虚拟变量,即模型中将虚拟变量以相加的形式引入。得到模型如下:

$$y = \alpha + \beta_1 x + \beta_2 D + \mu$$

②乘法方式。

以加法方式引入虚拟变量可以考察截距的不同,但在很多情况下,经济环境变化对模型的影响不是表现在截距上,而是表现在斜率上。此时,可通过乘法方式引入虚拟变量来测度斜率的变化。

例如,考察收入对居民消费支出的影响时,由于城镇居民与农村居民边际消费倾向不同,因此可通过在收入系数中引入虚拟变量来考察。此时,设虚拟变量为:

$$D = \begin{cases} 1 & \text{城镇居民} \\ 0 & \text{农村居民} \end{cases}$$

以乘法方式引入虚拟变量的结果为:

$$y = \alpha + \beta_1 x + \beta_2 D x + \mu$$

其中:y、x 分别表示居民家庭人均年消费支出、家庭可支配收入;居民身份作为虚拟变量 D 是以与 x 相乘的方式被引入模型的。

假定 $E(u) = 0$,则上述模型可化为:

城市居民家庭人均年消费支出 $E(y \mid x, D = 1) = \alpha + (\beta_1 + \beta_2)x$

农村居民家庭人均年消费支出 $E(y \mid x, D = 0) = \alpha + \beta_1 x$

我们可以通过 t 检验,对 β_2 的统计显著性进行判断,以明确城市居民和农村居民之间的边际消费水平是否存在显著差异。

9.1.2　虚拟变量的模型

(1)含两分定性变量的模型

模型中仅含有一个两种分类的定性变量。例如,忽略收入等其他一些变量影响,仅考虑性别差异如何影响大学生消费行为(y)。这时研究的模型为:

$$y = \alpha + \beta D + \mu$$

其中:

$$D = \begin{cases} 1 & \text{男} \\ 0 & \text{女} \end{cases}$$

这就是一个两分定性变量模型。假设误差项满足模型要求的所有假设,我们可以求得 y 的条件期望值,并获得如下不同类别的方程:

女大学生月消费支出期望值：$E(y \mid D = 0) = \alpha$

男大学生月消费支出期望值：$E(y \mid D = 1) = \alpha + \beta$

由上述结果可以看出,回归方法等价于把样本自动分为男、女两组,再分别计算他们的月平均消费支出。

（2）含多分定性变量模型

很多定性变量如教育、季节、种族等都具备两个以上属性。在模型中使用这些定性变量时,就需要引入多分虚拟变量。例如,在考察员工受教育程度对工作薪水的影响时,受教育水平分为高中及以下、大专、本科、研究生及以上四种类别。这种情况下,研究模型变为：

$$y = \alpha + \beta_1 D_{11} + \beta_2 D_{12} + \beta_3 D_{13} + u$$

$$D_{11} = \begin{cases} 1 & \text{大专} \\ 0 & \text{其他} \end{cases}, D_{12} = \begin{cases} 1 & \text{本科} \\ 0 & \text{其他} \end{cases}, D_{13} = \begin{cases} 1 & \text{研究生及以上} \\ 0 & \text{其他} \end{cases}$$

这就是一个含多分定性变量的模型。假设误差项满足模型要求的所有假设,我们可以求得 y 的条件期望值并获得如下不同类别的方程：

学历为高中及以下的员工平均薪水（基础类别）：

$$E(y \mid D_{11} = 0, D_{12} = 0, D_{13} = 0) = \alpha$$

学历为大专的员工平均薪水（被比较类别）：

$$E(y \mid D_{11} = 1, D_{12} = 0, D_{13} = 0) = \alpha + \beta_1$$

学历为本科的员工平均薪水（被比较类别）：

$$E(y \mid D_{11} = 0, D_{12} = 1, D_{13} = 0) = \alpha + \beta_2$$

学历为研究生及以上的员工平均薪水（被比较类别）：

$$E(y \mid D_{11} = 0, D_{12} = 0, D_{13} = 1) = \alpha + \beta_3$$

α 反映了基础类别即高中及以下这个群体的平均工资收入；β_1 反映了学历为大专的员工与基础类别员工的平均工资收入差异；β_2 反映了学历为本科的员工与基础类别员工的平均工资收入差异；β_3 反映了研究生及以上学历的员工与基础类别员工的平均工资收入差异。通过检验 β_1、β_2、β_3 的显著性,可以判断不同学历类别与基础类别的差异是否显著,也即员工受教育程度对工资收入是否存在显著影响。

（3）含多个定性变量的模型

这里将分析拓展到模型中包含若干个（两个及以上）定性变量的情形,且其中某些定性变量可以有不止两个属性或类别,具体处理方法与前相同。例如,考察教授的薪水

(y)水平,可以同时列出很多影响因素。假定性别、肤色是我们感兴趣的两个因素,于是建立如下模型:

$$y = \alpha + \beta_1 D_1 + \beta_2 D_2 + u$$

其中

$$D_1 = \begin{cases} 1 & 男性 \\ 0 & 女性 \end{cases}, D_2 = \begin{cases} 1 & 白人 \\ 0 & 非白人 \end{cases}$$

这就是一个包含多个定性变量的模型。可以发现,除两个虚拟变量 D_1、D_2 的含义不同外,整个模型的结构与多分定性变量模型的结构完全相同。同样可以求出不同类别教授群体的平均薪水:

非白人女教授的平均薪水:$E(y \mid D_1 = 0, D_2 = 0) = \alpha$

非白人男教授的平均薪水:$E(y \mid D_1 = 1, D_2 = 0) = \alpha + \beta_1$

白人女教授的平均薪水:$E(y \mid D_1 = 0, D_2 = 1) = \alpha + \beta_2$

白人男教授的平均薪水:$E(y \mid D_1 = 1, D_2 = 1) = \alpha + \beta_1 + \beta_2$

β_1 表示在肤色不变的情况下,男性教授与女性教授的薪水差异;β_2 表示在性别不变的情况下,白人教授与非白人教授的薪水差异。通过对 β_1、β_2 的显著性检验,可以判断在工资薪酬方面是否存在性别歧视与种族歧视。

(4)同时含有定性和定量变量的模型

在实际操作中,模型一般会同时引入定量变量和定性变量。如,建立某地区啤酒销售水平模型。我们知道,有很多因素会影响到一个地区的啤酒销售量。考虑到居民收入水平与季节因素的重要性,可设定模型为:

$$y = \alpha + \beta_1 x + \gamma_1 D_{11} + \gamma_2 D_{12} + \gamma_3 D_{13} + u$$

其中:y 为啤酒销售量,x 为居民收入水平,季节虚拟变量 D_{11}、D_{12}、D_{13} 的设置如下:

$$D_{11} = \begin{cases} 1 & 春季 \\ 0 & 非春季 \end{cases} \quad D_{12} = \begin{cases} 1 & 秋季 \\ 0 & 非秋季 \end{cases} \quad D_{13} = \begin{cases} 1 & 冬季 \\ 0 & 非冬季 \end{cases}$$

这就是同时含有定性变量和定量变量的模型。假设误差项 u 满足模型要求的所有假设,我们可以求得 y 的条件期望值并获得如下不同类别的方程:

夏季啤酒平均销售量(基础类别):

$$E(y \mid D_{11} = 0, D_{12} = 0, D_{13} = 0) = \alpha + \beta_1 x$$

春季啤酒平均销售量(被比较类别):

$$E(y \mid D_{11} = 1, D_{12} = 0, D_{13} = 0) = (\alpha + \gamma_1) + \beta_1 x$$

秋季啤酒平均销售量(被比较类别):

$$E(y \mid D_{11} = 0, D_{12} = 1, D_{13} = 0) = (\alpha + \gamma_2) + \beta_1 x$$

冬季啤酒平均销售量（被比较类别）：

$$E(y \mid D_{11} = 0, D_{12} = 0, D_{13} = 1) = (\alpha + \gamma_3) + \beta_1 x$$

通过检验 γ_1、γ_2、γ_3 的显著性，可以判断啤酒的销量是否存在季节效应。

9.2 实验设计与操作

实验 9-1 大学生生活费支出影响因素研究（使用数据文件表 9-1）

（1）实验介绍与模型设计

中国在校大学生数量逐年增长。数据显示，2020 年中国高等教育在学总规模超过 4000 万人。同时，随着生活水平的逐渐提高，大学生群体的月均生活费也随之增加。那么，在校大学生的平均月生活开支会受哪些因素影响呢？对此，针对不同的专业和年级，回收了 100 份有效调查问卷。

从直观的经验判断，男、女生的消费习惯不同，所以大学生平均月生活开支可能与样本的性别相关；不同年级段的生活学习状态存在差异，低年级可能更专注课堂学习，而到了高年级则可能会参加实习或者其他校外培训，同学之间的社交状态有所不同，所以年龄也可能是影响因素之一；此外，是否来自独生子女家庭，以及来自农村还是城市，都有可能影响个体的消费习惯，从而影响到学生的生活费用开支；最后，父母的家庭收入也会起到重要的作用。我们暂时不考虑父母的受教育程度、学校所在地的生活水平等其他因素，也不认为农村家庭与独生子女和父母家庭收入这两个变量之间存在共线性的问题。

调查问卷所获变量中，性别、是否为独生子女、家庭是否来自农村这 3 个变量都可以被视为虚拟变量。这是一个含有多个两分定性变量的模型。同时，年龄和家庭月收入是定量变量。因此，整个模型是一个含有多个定性变量以及定量变量的模型。

我们引入 3 个虚拟变量 D_1、D_2、D_3 分别代表性别、是否独生子女以及来自农村还是城市。其中：

$$D_1 = \begin{cases} 1 & 男生 \\ 0 & 女生 \end{cases}, D_2 = \begin{cases} 1 & 独生子女 \\ 0 & 非独生子女 \end{cases}, D_3 = \begin{cases} 1 & 农村 \\ 0 & 城市 \end{cases}$$

构建如下模型：

$$y = \alpha + \beta_1 D_1 + \beta_2 D_2 + \beta_3 D_3 + \beta_4 age + \beta_5 inc + \mu$$

其中：age 表示年龄；inc 表示家庭月收入。

（2）**实验步骤**

【**预备工作**】在用 EViews 软件处理之前，我们先要对样本原始数据（储存在 Execl 中）做一些整理。首先，我们需要将性别、是否独生子女以及是否来自农村这些变量的文字替换成数字 0、1，并且将第一行的变量名从中文改为英文，点击"保存"。然后，开始在 EViews 上操作。

【**第一步**】建立工作文档。打开 EViews 软件，选择新建一个工作列表。点击"File→New→Workfile"，弹出一个对话框如图 9-1 所示。

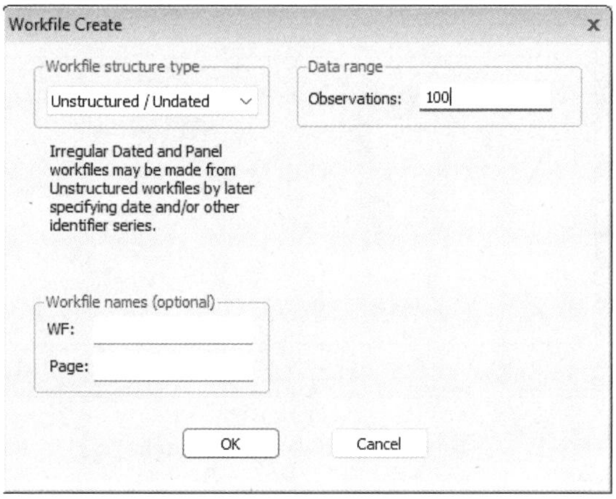

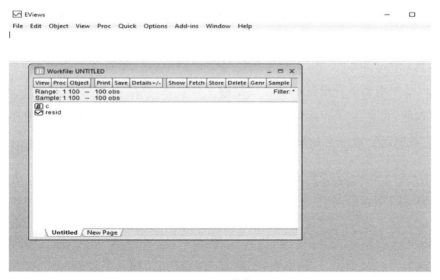

图 9-1 建立工作文档

本例采集的是截面数据，因此在"Workfile structure type"一栏中选择"Unstructured/Undated"项，右边出现了"Data range"（样本大小），在"Observations"中输入"100"，点击"OK"按钮，出现新的工作窗口，如图 9-2 所示。

图 9-2 文件窗口

【第二步】建立变量并赋值。接下来导入数据。点击"File→Import→Import from file"，找到保存数据的 Excel 文档（注意文件的路径中不出现中文），打开界面如图 9-3 所示。

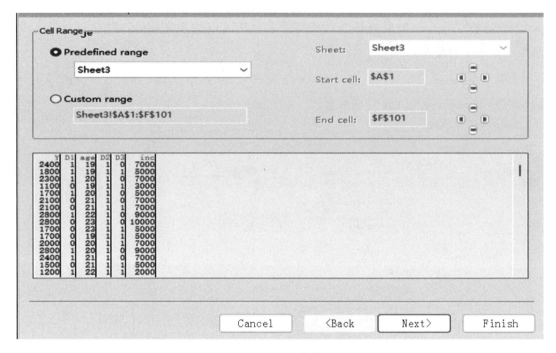

图 9-3　导入数据

"Predefined range"是根据软件的预设,选择某张工作表中的全部样本作为数据,而"Custom range"则可以根据自己的需求,选择定制化数据的读取范围。此时,我们不仅需要告诉软件读取哪张工作表,还要告诉它数据读取的起始单元格和截止单元格。一般情况下,我们选择默认的"Predefined range"。从图 9-3 的预览中检查读取的数据内容,确认无误后点击"Next"按钮。

在图 9-4 中,"Header lines"栏中选择"1",说明第一行是各变量的名字,不是数据。推荐在 Excel 中将第一行设置成各个变量的字母名称,然后在此处默认选"1"即可。点击"Next"按钮,再点击"Finish"。此时工作文档窗口就出现了新导入的变量序列,如图 9-5 所示。此时已完成变量的赋值。

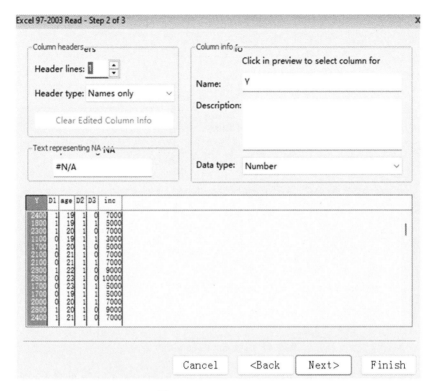

图 9-4　Import from file

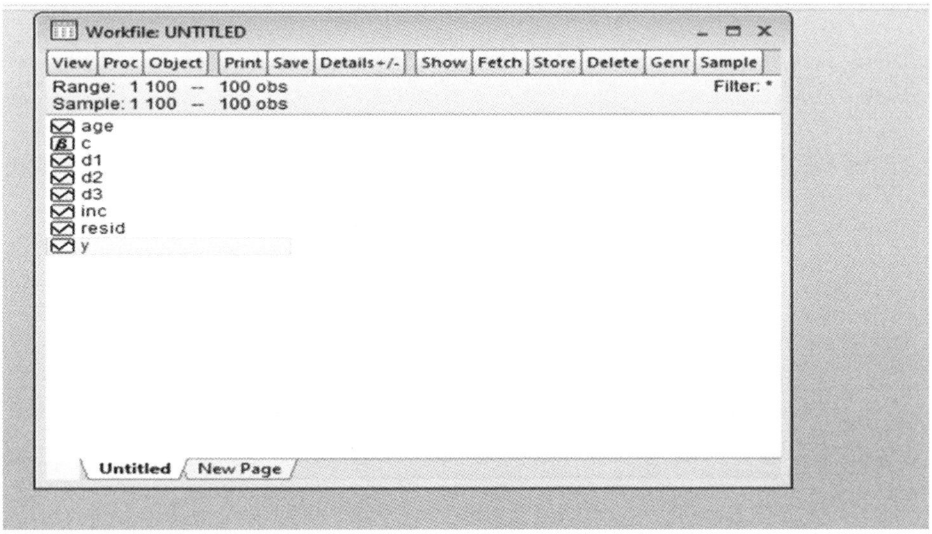

图 9-5　文件窗口

【第三步】估计参数。接下来,用 OLS 对模型进行参数估计,点击"Quick→Estimate Equation",如图 9-6 所示。

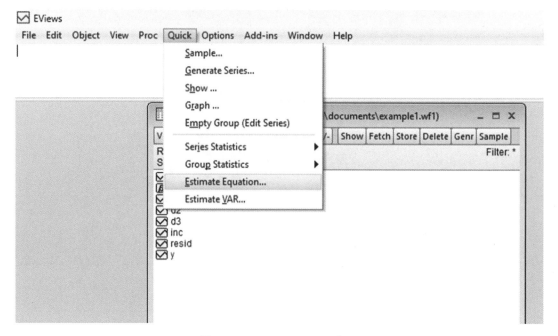

图 9-6   Estimate Equation 窗口

在弹出的对话框中依次输入因变量(y)、截距项(c)、各个自变量名称,中间用空格隔开。下边的"Method"是选择模型的估计方法,选择默认的"LS—Least Squares (NLS and ARMA)"即可(见图 9-7),回归结果如图 9-8 所示。

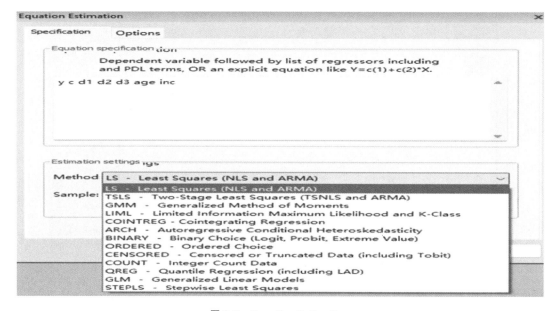

图 9-7   Equation Estimation

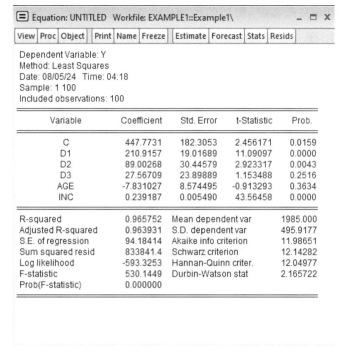

图 9-8　回归结果

（3）实验结果及检验

图 9-8 是估计结果的输出界面。"Variable"显示的是自变量的名称,其中 C 是截距项。"Coefficient"则是模型参数的估计值。"Std. Error"显示的是标准误差,"t-Statistic"是 t 统计量,"Prob"是 P 值。一般情况下,我们只需要关注"Coefficient"和"Prob"这两项即可。

图 9-8 显示,模型的整体拟合优度达到 0.9658,说明模型整体拟合很好;F 统计量是 530.1449,对应的 P 值为 0.0000,小于显著性水平 0.05,因此模型整体显著。

再看各个具体变量。虚拟变量 $D3$ 和 age 这两个变量对应的 P 值分别为 0.2516 和 0.3634,均大于显著性水平 0.05,因此这两个变量的系数不显著,其余变量的系数则都通过了显著性检验。

模型的初次回归结果中存在系数不显著的变量是常有的事情。面对这种情况,存在两种不同的应对思路。有些学者认为,系数不显著并不妨碍把这个变量保留在回归模型中,因为在真正的实际操作中,变量的系数不显著是非常正常的现象。如果把它作为控制变量保留在模型中,一方面尽可能充分地利用了信息,另一方面显示出模型的设定者充分考虑到了这一变量的可能影响。另有学者认为,当出现变量系数不显著时,应当对模型进行修正,因为修正前后模型的系数会有所改变,去掉不显著的变量,回归模型的整体显著性应该有所提高,模型的预测性也会更准确。

在实际操作中,研究者可以根据自身的研究目的做取舍,如果回归的目的是因果推断,那么尽可能保留变量,不显著变量可以作为控制变量来增强结论的稳健性。如果回归的目的是拟合出一个可以用于预测的方程,并不在意变量之间的经济学关系,那么去掉不显著的变量可以使模型变得简洁,使预测可靠性变得更高。

(4)模型修正

为了完整地展示 EViews 软件的操作,我们选择继续修正模型。因为 $D3$ 和 age 这两个变量不显著,那么去掉这两个变量重新估计。注意,此时我们无须重复操作,只需要在结果的输出窗口,点击"Estimate"就可以回到图 9-7 的界面,然后删掉不想要的变量,再次点击"OK",就可以得到新的回归结果,如图 9-9 所示。

□ Equation: UNTITLED Workfile: EXAMPLE1::Example1\ _ □ X
View Proc Object Print Name Freeze Estimate Forecast Stats Resids

Dependent Variable: Y
Method: Least Squares
Date: 08/05/24   Time: 04:20
Sample: 1 100
Included observations: 100

Variable	Coefficient	Std. Error	t-Statistic	Prob.
C	321.2503	44.04616	7.293491	0.0000
D1	212.5664	18.98997	11.19361	0.0000
D2	88.53427	30.25875	2.925906	0.0043
INC	0.235011	0.004607	51.01477	0.0000

R-squared	0.964936	Mean dependent var	1985.000
Adjusted R-squared	0.963840	S.D. dependent var	495.9177
S.E. of regression	94.30272	Akaike info criterion	11.97008
Sum squared resid	853728.3	Schwarz criterion	12.07428
Log likelihood	-594.5038	Hannan-Quinn criter.	12.01225
F-statistic	880.6089	Durbin-Watson stat	2.079149
Prob(F-statistic)	0.000000		

图 9-9   修正后的回归结果

修正后的模型为:

$$\hat{y} = 321.2503 + 212.5664D_1 + 88.5343D_2 + 0.2350inc$$

$$P \quad (0.000) \quad (0.000) \quad (0.0043) \quad (0.000)$$

$$R^2 = 0.9649, F = 880.6089, DW = 2.0791$$

回归结果显示:各个自变量的系数均显著;模型整体通过了显著性检验;拟合优度达到 0.9649,拟合程度很高。从结果来看,性别和是否为独生子女确实会对大学生的每月消费支出产生影响,其影响的方式为改变截距项。

当一名大学生为男性且独生子女时,他的月生活费估计值为:

$$\hat{y} = 321.2503 + 212.5664 + 88.5343 + 0.2350inc = 622.3510 + 0.2350inc$$

当一名大学生为男性且非独生子女时,他的月生活费估计值为:

$$\hat{y} = 321.2503 + 212.5664 + 0.2350inc = 533.8167 + 0.2350inc$$

当一名大学生为女性且独生子女时,她的月生活费估计值为:

$$\hat{y} = 321.2503 + 88.5343 + 0.2350inc = 409.7846 + 0.2350inc$$

当一名大学生为女性且非独生子女时,她的月生活费估计值为:

$$\hat{y} = 321.2503 + 0.2350inc$$

实验 9-2　居民消费函数估计(使用数据文件表 9-2)

(1)实验介绍与模型设计

根据我国 1952—2005 年城镇居民人均可支配收入、人均消费性支出数据,构建我国城镇居民的消费函数。初步设计模型如下:

$$AC_i = \alpha + \beta \times AI_i + \mu_i$$

其中:AC 表示城镇居民人均消费性支出;AI 表示城镇居民人均可支配收入。

(2)实验步骤

【第一步】导入数据。在这个实验中,介绍另一种导入数据的方法。打开 EViews 软件,先不建立新的工作文档,而是直接将数据导入为新工作文档。点击"File→Open→Foreign Data as Workfile",如图 9-10 所示。

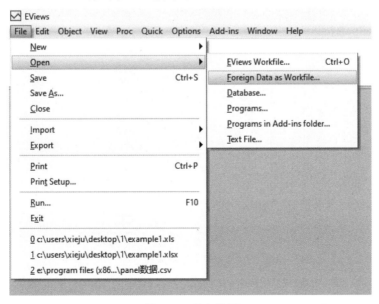

图 9-10　导入数据

之后与上一个例题中的导入数据类似，选中对应的 Excel 文件，路径中不要有中文，如图 9-11 所示，点击"Next"，得到如图 9-12 所示的界面。

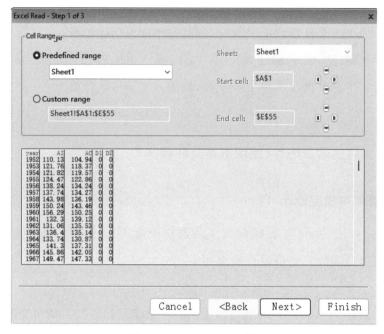

图 9-11　导入 Excel 文件

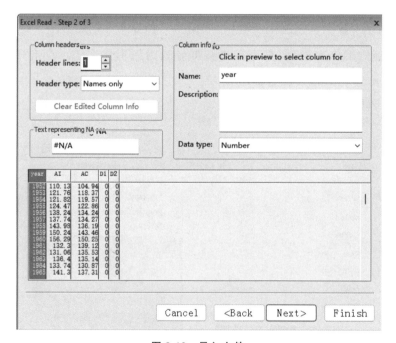

图 9-12　导入文件

点击"Next"，进入创建工作文档的界面，如图 9-13 所示。这里的"Basic structure"是软件向我们确认数据结构，因为本实验采用的数据是以年为单位的时间序列数据，因此我们选择"Dated-regular frequency"，在右边的"Frequency"选择"Annual"，在"Start date"输入"1952"，点击"Finish"。

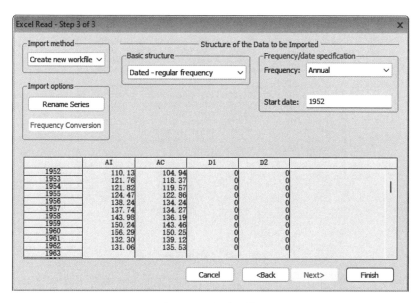

图 9-13　创建文档

之后直接出现已经完成数据导入的工作文档，如图 9-14 所示。这意味着可以开始进行回归估计了。

【第二步】估计模型。在图 9-14 界面窗口，依次点击"Object→New Object"，在弹出的界面中，在"Type of object"中选择默认的"Equation"，点击"OK"按钮就进到了输入回归方程的界面，再依次输入"ac c ai"，变量名称之间用空格间隔，点击"OK"按钮，就能得到回归估计的结果，如图 9-15 所示。

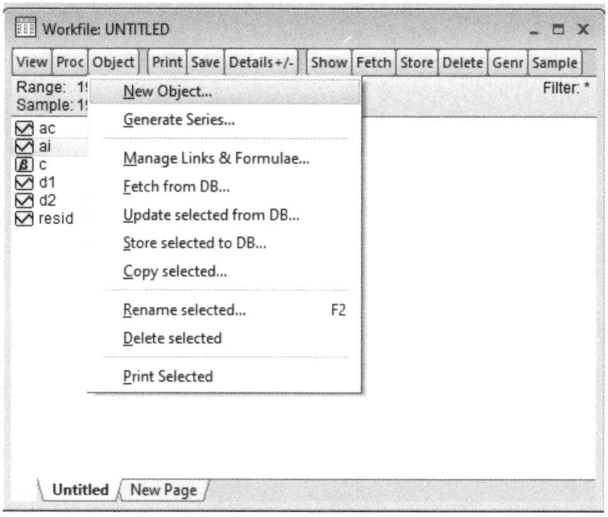

图 9-14　文件窗口

图 9-15　回归结果

　　注意,我们这次的操作步骤与前一个实验有所不同,当然两种方法都能输出如图 9-15 的回归结果,在这里只是作为一种操作新路径的展示。

　　回归结果显示方程拟合度非常好,R^2 值高达 0.999,F 统计量值也非常大,这表示模型的整体显著性没有问题;自变量的 P 值为 0.000,说明在 0.01 的显著性水平下,自变量显著。

　　【第三步】引入虚拟变量。我们对收入和消费进行画图。依次点击"Quick→Graph",在弹出界面中输入"ai ac",如图 9-16 所示。点击"OK"按钮,选择默认的"Line&Symbol(线形图)",再点击"OK"按钮,得到如图 9-17 所示的图形。

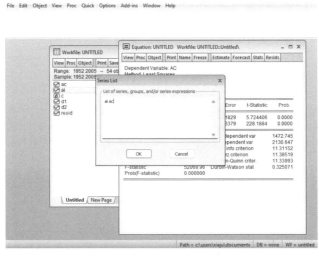

图 9-16　绘图窗口

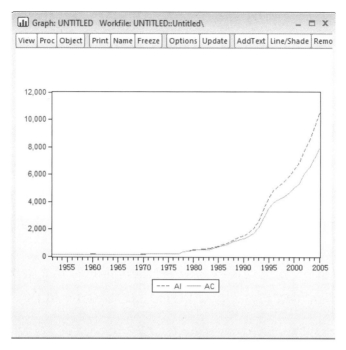

图 9-17　线形图

由图 9-17 可知，在 1980 年之前，AI 和 AC 这两条线几乎是重叠的，1980 年之后开始逐渐分开，但起初并不明显，越往后分叉越大。从增长的斜率来看，也存在明显的阶段性，1978 年之前，数据近似呈现水平的直线状态，几乎没有增长，1978 年之后开始有所抬高；1992 年之后，进一步急速增长，1995 年开始有所放缓；2000 年之后又急速增长。

回顾我国经济发展的历史，1978 年进入改革开放阶段；1992 年邓小平同志南方谈话，进一步明确了改革的信心和方向，激发了市场经济活力；2000 年中国加入世贸组织是一个重要的时间节点，从线性图上也能看出增长趋势的进一步增强。那么，经济发展水平的阶段性变化，会不会带来消费倾向的同步变化呢？我们拟通过虚拟变量方法进行研究。

针对上述阶段性特征，拟选取 1992 年邓小平同志南方谈话、2000 年加入世贸组织这两个重要的时间节点，将整个时间段分为 1992 年之前、1992—1999 年、2000 年及以后三个阶段，探讨收入－消费模型在这三个阶段是否有显著不同。为此，拟引入两个虚拟变量 D1 和 D2，定义如下：

$$D1 = \begin{cases} 1 & 2000 \text{ 年及以后} \\ 0 & \text{其他年份} \end{cases}, \quad D2 = \begin{cases} 1 & 1992\text{—}1999 \text{ 年} \\ 0 & \text{其他年份} \end{cases}$$

在虚拟变量模型中，我们既要研究消费倾向是否发生变化，又要研究初始消费也就是截距项在不同阶段是否存在显著差异。因此，拟对虚拟变量同时做加法引入和乘法引入。构建的新模型表达式如下：

$$AC_i = b_0 + b_1 AI_i + b_2 D1_i + b_3 D2_i + b_4(D1_i \times AI_i) + b_5(D2_i \times AI_i) + u_i$$

针对上述模型,当随机误差项满足经典假设时,有以下推断:

1992 年之前,居民人均消费性支出的期望值为:

$$E(\hat{AC}/D1 = 0, D2 = 0) = b_0 + b_1 AI$$

1992—1999 年,居民人均消费性支出的期望值为:

$$E(\hat{AC}/D1 = 0, D2 = 1) = (b_0 + b_3) + (b_1 + b_5)AI$$

2020 年及以后,居民人均消费性支出的期望值为:

$$E(\hat{AC}/D1 = 1, D2 = 0) = (b_0 + b_2) + (b_1 + b_4)AI$$

【第四步】估计虚拟变量模型

用 OLS 回归估计,依次点击"Object → New Object",在之后弹出界面中选择"Equation",然后点击"OK"按钮。输入"AC C AI D1 D2 D1 * AI D2 * AI",得到回归结果如图 9-18 所示。

| View | Proc | Object | Print | Name | Freeze | Estimate | Forecast | Stats | Resids |

Dependent Variable: AC
Method: Least Squares
Date: 09/04/24 Time: 09:12
Sample: 1952 2005
Included observations: 54

Variable	Coefficient	Std. Error	t-Statistic	Prob.
C	18.74192	5.672987	3.303713	0.0018
AI	0.859416	0.009871	87.06058	0.0000
D1*AI	-0.153367	0.012309	-12.45925	0.0000
D2*AI	-0.078481	0.012166	-6.450756	0.0000
D1	517.0396	61.52865	8.403233	0.0000
D2	98.33766	31.81751	3.090678	0.0033

R-squared	0.999865	Mean dependent var	1472.745
Adjusted R-squared	0.999850	S.D. dependent var	2130.647
S.E. of regression	26.05573	Akaike info criterion	9.462792
Sum squared resid	32587.26	Schwarz criterion	9.683790
Log likelihood	-249.4954	Hannan-Quinn criter.	9.548022
F-statistic	70870.15	Durbin-Watson stat	2.103917
Prob(F-statistic)	0.000000		

图 9-18　回归结果

(3)实验结果及检验

据图 9-18 得到模型估计结果如下:

$$\hat{AC} = 18.74 + 0.86AI + 517.04D1 + 98.34D2 - 0.15D1 \times AI - 0.08D2 \times AI$$

$$P \quad (0.0018)\ (0.0000)\ (0.0000) \quad (0.0033) \quad (0.0000) \quad (0.0000)$$

$$R^2 = 0.9999, F = 70870$$

从回归结果来看,我们发现 AI、$D1$、$D2$、$D1 \times AI$、$D2 \times AI$ 的系数各自都显著;拟合优度 R^2 为 0.9999,说明拟合程度很高;F 统计量值为 70870 且远大于 F 临界值,说明模型整体线性关系成立。因此,模型的统计检验全部通过。

(4)经济意义分析

本研究引入虚拟变量反映经济发展的不同阶段,用于研究中国居民收入与消费的关系,结果显示:

首先,1992 年之前,居民人均消费性支出的期望值如式(9-1),这说明居民的个人可支配收入中有 86% 要用于消费;即使收入为 0,也要产生 18.74 元的消费。

$$E(\hat{AC}) = 18.74 + 0.86AI \tag{9-1}$$

其次,1992—1999 年,居民人均消费性支出的期望值如式(9-2),说明居民的个人可支配收入中有 78% 要用于消费,相较之前的比例(86%)有明显下降;即使收入为 0,也要产生 117.08 元的消费,较之前阶段的 18.74 元明显上升。

$$E(\hat{AC}) = (18.74 + 98.34) + (0.86 - 0.08)AI = 117.08 + 0.78AI \tag{9-2}$$

最后,2020 年及以后,居民人均消费性支出的期望值如式(9-3),说明居民的个人可支配收入中仅有 71% 要用于消费,较之前两个阶段继续下降;即使收入为 0,也要产生 535.78 元的消费,较之前两个阶段均有明显上升。

$$E(\hat{AC}) = (18.74 + 517.04) + (0.86 - 0.15)AI = 535.78 + 0.71AI \tag{9-3}$$

由宏观经济学基本理论可知,个人可支配收入会转化为消费和储蓄两大部分。随着收入的增加,消费占比会逐渐降低,而储蓄占比会逐渐增加。在本案例的三个不同时间段,收入－消费转化率呈现逐级下降趋势,而初始消费呈现逐级上升趋势。这样的结果相比未引入虚拟变量的模型结果,能更好地反映中国经济发展的实际,反映了改革开放后居民的经济状况大为改善,以及中国加入世贸组织后,人们的生活变得越来越富足。本案例分析也为经济学关于收入－消费关系的经典理论提供了中国案例和证据。

课后练习

目标:建立含虚拟变量的多元线性回归模型。

要求:在第 4 章建立的多元线性回归模型基础上,设计并引入恰当的虚拟变量,对所研究的问题展开更加精准的分析。

第 10 章
时间序列模型

10.1　知识回顾

迄今为止,我们对时间序列数据的分析是通过建立以因果关系为基础的结构模型进行的。结构模型分析有一个隐含的假设,即这些数据是平稳的。否则,t 检验、F 检验等假设检验不可信,这将导致时间序列数据的虚假回归(Spurious Regression)(或称伪回归),即如果有两列时间序列数据表现出一致的变化趋势(非平稳的),即使它们没有任何因果关系,但对它们进行回归也可表现出较高的拟合优度。

在现实经济生活中,时间序列数据往往是非平稳的,而且主要的宏观经济变量如消费、收入、价格通常表现为一致的上升或下降趋势,若仍然通过前面的因果关系模型进行分析,就容易产生伪回归的问题。因此,专门针对时间序列的分析方法应运而生,它是通过揭示时间序列自身的变化规律而发展起来的全新计量经济学方法论。

10.1.1　数据平稳性及其检验

(1)平稳性概念

假定时间序列 $\{X_t\}(t = 1, 2, \cdots)$ 的每一个数值都是从一个概率分布中随机得到,如果 X_t 满足下列条件:

①均值 $E(X_t) = \mu$,μ 是与时间 t 无关的常数;

②方差 $V(X_t) = \sigma^2$,σ^2 是与时间 t 无关的常数;

③协方差 $\mathrm{Cov}(X_t, X_{t+k}) = \gamma_k$,$\gamma_k$ 只与时期间隔 k 有关,而与时间 t 无关。

则称该时间序列是平稳的(Stationary),记为 I(0)。

如果 X_t 非平稳的,但对 X_t 取一阶差分得到的 ΔX_t 是平稳序列,则称 X_t 为一阶单整序列,记为 I(1)。

最简单的时间序列是白噪声(White Noise)$\{u_t\}$,其中,$u_t \sim N(0, \sigma^2)$,且协方差为零,显然白噪声序列是平稳的。

（2）平稳性检验

①图示判断法。

一个平稳的时间序列在图形上往往表现出一种围绕其均值上下波动的过程;而非平稳序列往往表现出在一定时间段内的趋势性,如持续上升或持续下降。

②DF 检验法。

运用假设检验方法计算 DF 值,如果拒绝原假设,则不存在单位根,即表示时间序列是平稳的。

③ADF 检验法。

与 DF 检验类似,运用假设检验计算 ADF 值,如果拒绝原假设,则不存在单位根,即表示时间序列是平稳的。

10.1.2　时间序列建模

（1）**时间序列模型的概念**

时间序列模型是指仅用它的过去值与随机扰动项建立起来的模型。其一般形式为:

$$X_t = F(X_{t-1}, X_{t-2}, \cdots, u_t)$$

一般的 p 阶自回归过程 AR(p)是:

$$X_t = \varphi_1 X_{t-1} + \varphi_2 X_{t-2} + \cdots + \varphi_p X_{t-p} + u_t \tag{10-1}$$

这里随机扰动项 u_t 是一个白噪声,则称式(10-1)为 AR(p)过程。常数 p 称为阶数,$\{\varphi_k, k=1, 2 \cdots, p\}$ 称为自回归系数。

如果 u_t 不是一个白噪声,通常认为它是一个 q 阶的移动平均过程 MA(q):

$$u_t = \varepsilon_t + \theta_1 \varepsilon_{t-1} + \theta_2 \varepsilon_{t-2} + \cdots + \theta_q \varepsilon_{t-q} \tag{10-2}$$

这里 ε_t 为白噪声,常数 q 称为阶数,$\{\theta_k, k=1, 2 \cdots, q\}$ 称为移动平均系数。

将 AR(p)与 MA(q)结合,得到一个一般的自回归移动平均(Auto-Regressive Moving Average)过程,称为 ARMA(p, q):

$$X_t = \varphi_1 X_{t-1} + \varphi_2 X_{t-2} + \cdots + \varphi_p X_{t-p} + \varepsilon_t + \theta_1 \varepsilon_{t-1} + \theta_2 \varepsilon_{t-2} + \cdots + \theta_q \varepsilon_{t-q}$$

（2）**时间序列模型的平稳性条件**

① AR(p)模型的平稳性条件。

对于 p 阶自回归过程 AR(p):

$$X_t = \varphi_1 X_{t-1} + \varphi_2 X_{t-2} + \cdots + \varphi_p X_{t-p} + u_t$$

此处随机扰动项 u_t 是一个白噪声。引入延迟算子 B：

$$BX_t = X_{t-1} \qquad\qquad \text{B：一步延迟算子}$$

$$B^2 X_t = B(BX_t) = BX_{t-1} = X_{t-2}$$

$$B^k X_t = X_{t-k} \qquad\qquad B^k：k \text{ 步延迟算子}$$

将 AR(p) 模型引入延迟算子，得到：

$$\varphi(B)X_t = u_t$$

其中，$\varphi(B) = 1 - \varphi_1 B - \cdots - \varphi_p B^p$。

通常，称多项式方程 $\varphi(z) = 1 - \varphi_1 z - \cdots - \varphi_p z^p = 0$，为 AR(p) 的特征方程。可以证明当 $\varphi(z) = 0$ 的根全在单位圆外（即所有根的模大于 1），则 AR(p) 是平稳的。我们称此条件为 AR(p) 模型的平稳性条件。

例如：

一阶自回归过程 AR(1)：$X_t = \rho X_{t-1} + u_t$，特征方程为 $\varphi(z) = 1 - \rho z = 0$，其根为 $z = 1/\rho$。所以当 $|\rho| < 1$，根的模大于 1 时，AR(1) 平稳。

对于高阶 AR(p) 模型，当满足以下条件时，可以认为 AR(p) 是平稳的。

$$|\varphi_1| + |\varphi_2| + \cdots + |\varphi_p| < 1$$

②MA(q) 模型的平稳性条件。

对于 q 阶移动平均过程 MA(q)：

$$u_t = \varepsilon_t + \theta_1 \varepsilon_{t-1} + \theta_2 \varepsilon_{t-2} + \cdots + \theta_q \varepsilon_{t-q}$$

这里随机扰动项 ε_t 是一个白噪声，且 $\varepsilon_t \sim N(0, \sigma^2)$。于是有：

$$E(u_t) = E(\varepsilon_t) + \theta_1 E(\varepsilon_{t-1}) + \theta_2 E(\varepsilon_{t-2}) + \cdots + \theta_q E(\varepsilon_{t-q}) = 0$$

$$D(u_t) = D(\varepsilon_t) + \theta_1{}^2 D(\varepsilon_{t-1}) + \cdots + \theta_q{}^2 D(\varepsilon_{t-q}) = (1 + \theta_1^2 + \cdots + \theta_q^2)\sigma^2$$

而且协方差 $\text{Cov}(u_t, u_{t-k}) = \gamma_k$，$\gamma_k$ 只与时期间隔 k 有关，与时间 t 无关。

综合以上讨论，移动平均过程 MA(q) 总是平稳的。

③ARMA(p,q) 模型的平稳性条件。

ARMA(p,q) 模型是 AR(p) 与 MA(q) 的结合：

$$X_t = \varphi_1 X_{t-1} + \varphi_2 X_{t-2} + \cdots + \varphi_p X_{t-p} + \varepsilon_t + \theta_1 \varepsilon_{t-1} + \theta_2 \varepsilon_{t-2} + \cdots + \theta_q \varepsilon_{t-q}$$

由于其中 MA(q) 部分总是平稳的，所以 ARMA(p,q) 的平稳性由其中 AR(p) 部分的平稳性决定。

（3）时间序列模型的识别

针对一个平稳时间序列，我们一般假定为 ARMA(p,q) 模型，利用样本数据确定其滞后阶数(p,q)的取值,就是所谓的时间序列模型识别。所用的工具为自相关函数(ACF)与偏自相关函数(PACF)。

10.1.3　协整与误差修正模型

在处理时间序列数据时,我们需要考虑序列的平稳性。如果一个时间序列的均值或协方差函数随时间而改变,那么该序列就是非平稳的。对非平稳的数据,采用传统的估计方法,可能会导致错误的推断,即存在伪回归。

(1)协整的概念

协整是指两个或多个非平稳时间序列变量之间存在一种长期稳定的线性关系,即使每个变量本身是非平稳的,但它们的某种线性组合可能是平稳的,这种关系被称为协整关系。存在协整关系的前提为:各序列是同阶单整序列。

(2)协整关系检验

这里我们介绍 EG 两步法来进行协整关系检验。

对于向量序列 $Y_t = (y_{1t}, y_{2t}, \cdots, y_{kt})'$,任意选取其中的一个分量(不妨设为 y_{1t})作为因变量,把剩余的分量作为自变量,建立线性回归模型如下:

$$y_{1t} = \alpha + \beta_2 y_{2t} + \cdots + \beta_k y_{kt} + u_t$$

若采用 DF 检验或者 ADF 检验,发现回归的残差序列是平稳的,则可以判断 u_t 也为平稳序列。根据协整的定义,向量序列 $Y_t = (y_{1t}, y_{2t}, \cdots, y_{kt})'$ 的分量间存在协整关系,协整向量为:

$$\tau = (1, -\beta_2, \cdots, -\beta_k)'$$

对于具有协整关系的序列,我们算出误差修正项,并将误差修正项的滞后一期看作一个解释变量,连同其他反映短期波动关系的变量一起建立误差修正模型。

(3)误差修正模型(Error Correction Model,ECM)

具有协整关系的非平稳变量可以被用来建立误差修正模型。误差修正模型由于把长期关系和短期动态特征结合在一个模型中,因此既可以解决传统计量经济模型忽视伪回归的问题,又可以克服建立差分模型忽视水平变量信息的弱点。

建立误差修正模型一般包括两步,即分别建立区分数据长期特征和短期特征的计量经济学模型:

第一步,建立长期关系模型,即通过水平变量和 OLS 法估计出时间序列变量间的关系。若估计结果形成平稳的残差序列,那么这些变量间就存在相互协整的关系,长期关系模型的变量选择是合理的,回归系数具有经济意义。

第二步,建立短期动态关系,即误差修正方程。将长期关系模型中各变量以一阶差分形式重新加以构造,并将长期关系模型所产生的残差序列作为解释变量引入,在一个从一般到特殊的检验过程中,对短期动态关系进行逐项检验,不显著的项逐渐被剔除,直到找到最适当的表示方法为止。

10.2　实验设计与操作

实验 10-1　居民消费支出与收入关系研究(使用数据文件表 10-1)

(1)实验介绍

改革开放以来,我国经济取得了很大的发展,居民的收入与消费支出也随着经济的发展而不断增加。本例采集了改革开放以来到 2006 年的数据,其中 X 代表居民收入,Y 代表居民消费支出。

请判断这两组数据是否平稳,以及它们之间是否存在协整关系。如果存在协整关系,请根据所学知识建立误差修正模型。

(2)实验步骤

【第一步】建立 EViews 文件。要求建立文件,设置变量并赋值。这部分操作步骤在前面实验中已多次练习,故此处不再赘述。结果如图 10-1 所示。

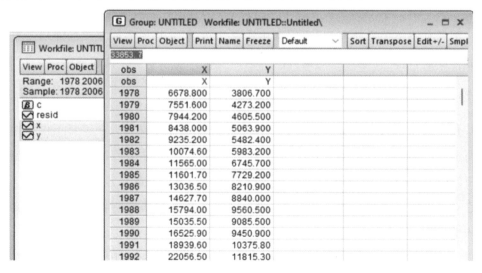

图 10-1　建立文件

【第二步】平稳性检验

①图示法。

查看两组数据本身的平稳性。这里以数据 X 为例，双击打开数据序列，在窗口处依次点击"View→Graph"，如图 10-2 所示。

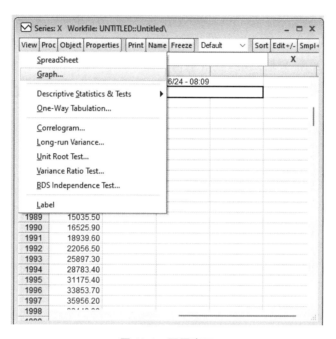

图 10-2　画图窗口

在弹出的窗口中，选择"Line & Symbol"，点击"OK"按钮，输出结果如图 10-3 所示。图 10-3 显示序列 X 有明显的上升趋势，这违背了平稳序列关于均值 $E(X_t)=\mu$ 且 μ 与时间 t 无关的要求，所以数据并不平稳。同样，序列 Y 也并非平稳序列，如图 10-4 所示。

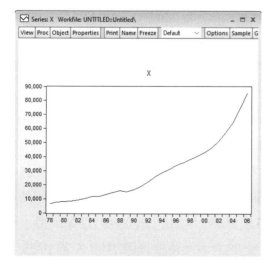

图 10-3　X 线图

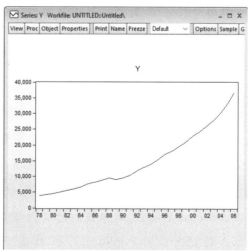

图 10-4　Y 线图

②ADF 检验法。

检验之前,补充一个经验性的技巧。时间序列数据本身往往带有明显的随时间变化的趋势,尤其是宏观经济数据。对未经处理的数据进行检验,往往是不平稳的,而且即便取完一阶差分之后,依旧很难满足平稳性,如果再取二阶差分,那么数据就失去了经济学意义。所以通常的做法是对数据先取对数,这不仅有利于实现平稳或一阶单整,而且取完对数之后做差分代表的是增长率,其本身具有经济学意义。

首先,对数据 X 和 Y 取对数,点击主窗口的"Gene"按钮,在弹出窗口处输入数据变换公式: $\ln x = \log(x)$。如图 10-5 所示,单击"OK"按钮,完成创建。使用同样的操作,创建 $\ln y$。

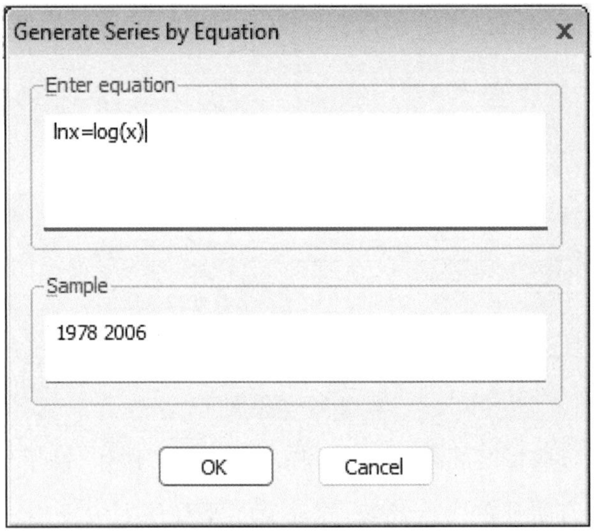

图 10-5　生成对数

其次,做单位根检验。双击变量 $\ln x$,打开数据,点击"View→Unit Root Test",如图 10-6 所示。

在弹出的界面(见图 10-7)中,用户可以在"Test type"处选择不同的测试方法,默认的是 ADF 检验,也可以手动选择 DF 检验。"Test for unit root in"下的"Level"代表原始数列,"1st difference"代表一阶差分,"2nd difference"代表二阶差分。"Include in test equation"这一栏,依次代表检测中包含常数项、包含趋势项和常数项、不包含趋势项和常数项,一般先选择包含趋势项和常数项,如果结果中的趋势项不显著,那么重新选择只包含常数项,如果常数项也不显著,则重新选择都不包含。右边的"Lag Length"是检测中选择的滞后阶数,这里我们可以调整为 AIC 准则。点击"OK"按钮,结果如图 10-8 所示。图 10-8 显示 P 值为 0.1299,接受原假设,即存在单位根,说明序列 X 不平稳。

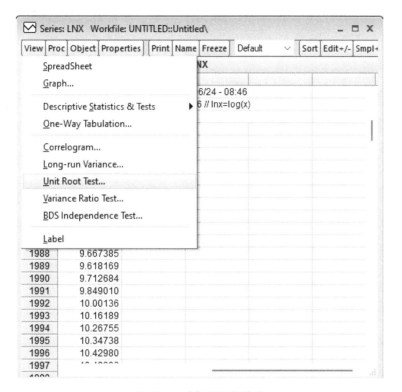

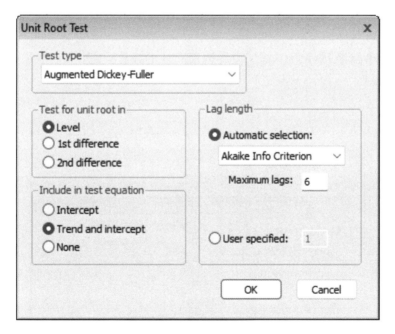

图 10-6 选择单位根检验

图 10-7 单位根检验

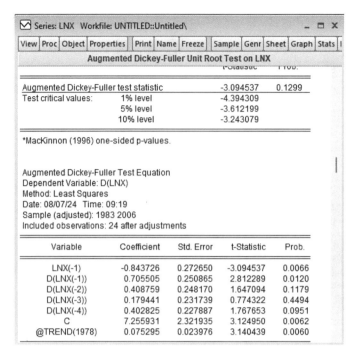

图 10-8　ADF 检验

　　进一步,检验数据是否一阶单整。在"Test for unit root in"下,选择"1st difference",如图 10-9 所示,即为对原数据进行一阶差分的单位根检验。检验结果如图 10-10 所示,此时 P 值为 0.0166,通过了平稳性检验。这说明序列 $\ln x$ 在进行一阶差分之后是平稳的,即 $\ln x$ 是一阶单整序列,记为 $\ln x I(1)$。运用同样的操作,可知 $\ln y$ 也是一阶单整的序列,记为 $\ln y I(1)$。

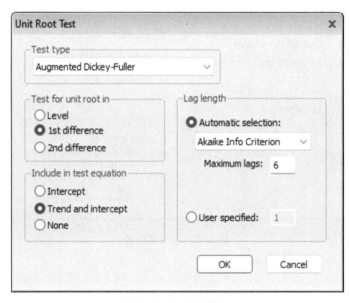

图 10-9　单位根检验

	t-Statistic	Prob.*
Augmented Dickey-Fuller test statistic	-4.110956	0.0166
Test critical values: 1% level	-4.339330	
5% level	-3.587527	
10% level	-3.229230	

*MacKinnon (1996) one-sided p-values.

Augmented Dickey-Fuller Test Equation
Dependent Variable: D(LNX,2)
Method: Least Squares
Date: 08/27/24   Time: 21:25
Sample (adjusted): 1980 2006
Included observations: 27 after adjustments

图 10-10   ADF 检验

【第三步】协整检验。对 $\ln y$ 与 $\ln x$ 做回归,得到结果如图 10-11 所示。

Dependent Variable: LNY
Method: Least Squares
Date: 08/27/24   Time: 21:31
Sample: 1978 2006
Included observations: 29

Variable	Coefficient	Std. Error	t-Statistic	Prob.
LNX	0.880017	0.014219	61.89235	0.0000
C	0.587306	0.142797	4.112865	0.0003

R-squared	0.993001	Mean dependent var	9.401236
Adjusted R-squared	0.992742	S.D. dependent var	0.666577
S.E. of regression	0.056789	Akaike info criterion	-2.832463
Sum squared resid	0.087076	Schwarz criterion	-2.738167
Log likelihood	43.07072	Hannan-Quinn criter.	-2.802931
F-statistic	3830.664	Durbin-Watson stat	0.415281
Prob(F-statistic)	0.000000		

图 10-11   回归结果

此时,要检测回归的残差项是否平稳。点击"Quick→Generate Series",在窗口处输入"$r1=\text{resid}$",工作文档中新出现一个名为 $r1$ 的数列,双击打开 $r1$,点击"View→Unit Root Test",得到结果如图 10-12 所示。此时,ADF 检验的 P 统计量的值为 0.0000,拒绝原假设,说明序列 $r1$ 平稳,即残差项是平稳数列。

因为 $\ln y$ 与 $\ln x$ 本身都是一阶单整的数列,它们之间回归的残差是平稳的序列,所以根据定义,$\ln y$ 与 $\ln x$ 之间存在协整关系,即这两个变量之间存在长期的稳定均衡关系。

【第四步】建立误差修正模型。根据定义,误差修正模型可以写成:

$$\Delta \ln Y_t = \beta_0 + \beta_1 \Delta \ln X_t - \lambda(\ln Y_{t-1} - \alpha_1^* - \alpha_2^* \ln X_{t-1}) + v_t$$

		t-Statistic	Prob.*
Augmented Dickey-Fuller test statistic		-7.820895	0.0000
Test critical values:	1% level	-4.440739	
	5% level	-3.632896	
	10% level	-3.254671	

Null Hypothesis: R1 has a unit root
Exogenous: Constant, Linear Trend
Lag Length: 6 (Automatic - based on SIC, maxlag=6)

*MacKinnon (1996) one-sided p-values.

图 10-12　协整检验

其中 $\Delta\ln Y_t$ 就是 $\ln Y_t$ 的一阶差分，$\Delta\ln X_t$ 则是 $\ln X_t$ 的一阶差分，$\ln Y_{t-1} - \alpha_1^* - \alpha_2^* \ln X_{t-1}$ 就是所谓的误差修正项，它是残差项的滞后一阶。在 EViews 命令窗口输入"ls d(lny) c d(lnx) r1(−1)"，命令中 d 代表一阶差分。输出结果如图 10-13 所示。

Dependent Variable: D(LNY)
Method: Least Squares
Date: 08/27/24　Time: 21:55
Sample (adjusted): 1979 2006
Included observations: 28 after adjustments

Variable	Coefficient	Std. Error	t-Statistic	Prob.
C	0.048062	0.011089	4.334198	0.0002
D(LNX)	0.369298	0.109120	3.384334	0.0024
R1(-1)	-0.273115	0.090217	-3.027300	0.0057

R-squared	0.469368	Mean dependent var	0.081037
Adjusted R-squared	0.426917	S.D. dependent var	0.034086
S.E. of regression	0.025804	Akaike info criterion	-4.375652
Sum squared resid	0.016646	Schwarz criterion	-4.232916
Log likelihood	64.25913	Hannan-Quinn criter.	-4.332016
F-statistic	11.05681	Durbin-Watson stat	1.589099
Prob(F-statistic)	0.000363		

图 10-13　误差修正模型

根据图 10-13，得到误差修正模型：

$$\Delta\ln\hat{Y}_t = 0.0481 + 0.3693\Delta\ln X_t - 0.2731\varepsilon_{t-1}$$

至此，我们得到了一阶的误差修正模型，是否需要进一步拓展成二阶的关键在于误差修正模型本身的残差项是否存在序列相关。如果不存在序列相关，那么就无须再做拓展。

【第五步】序列相关性检验。在误差修正模型的输出界面（见图 10-13）中，依次点击"View→Residual Diagnostics→Serial Correlation LM Test"（序列自相关 LM 检验），弹出一个界面,需输入滞后阶数,一般我们先尝试系统默认的二阶滞后即可。点击"OK"按钮,输出结果如图 10-14 所示。由图 10-14 可知,检验的整体 P 值为 $0.3985(>0.05)$,所以接受相关系数都为零的原假设,说明不存在序列相关性,那么就无须对模型进行二阶拓展。

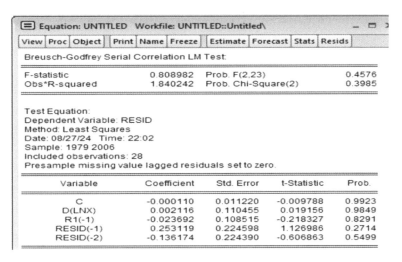

图 10-14　序列自相关 LM 检验

（3）实验结论

根据单位根检验的结果,我们发现原始的宏观数据——居民收入(X)、居民消费支出(Y)都存在明显的时间趋势,数据本身并不平稳,因此,直接做回归会导致伪回归。

对 X、Y 分别取对数之后再做差分,ADF 检验显示一阶差分都是平稳的,即 $\ln X$ 和 $\ln Y$ 序列均为一阶单整序列。这说明,这两个宏观数据本身虽然不平稳,但其增长率都是平稳序列。对 $\ln X$ 和 $\ln Y$ 回归之后检验残差的平稳性,发现残差平稳,这说明 $\ln X$ 和 $\ln Y$ 存在协整关系,故可以作误差修正模型。

误差修正模型的结果为:

$$\Delta \ln \hat{Y}_t = 0.0481 + 0.3693 \Delta \ln X_t - 0.2731 \varepsilon_{t-1}$$

该模型表明,$\Delta \ln(Y_t)$ 取决于 $\Delta \ln(X_t)$ 和均衡误差项 ε_{t-1},若均衡误差项不为 0,则该模型就偏离了均衡。ε_{t-1} 前面的系数为 $-0.2731(<0)$,说明若上一期存在偏差,这一期就会通过方程中的 ε_{t-1} 项施加一个反向的影响,使长期均衡关系得到一定的恢复。

我们将误差修正模型与未作修正的模型进行对比,如果不考虑误差修正,只对 $\Delta \ln Y$ 和 $\Delta \ln X$ 做回归,输出的结果如图 10-15 所示。对比图 10-13 误差修正模型的结果,我们发现变量的系数并未发生很大的变化,但是变量系数的显著性以及整个回归的拟合优度都得到了较大的提升。

Dependent Variable: D(LNY)
Method: Least Squares
Date: 08/27/24   Time: 22:14
Sample (adjusted): 1979 2006
Included observations: 28 after adjustments

Variable	Coefficient	Std. Error	t-Statistic	Prob.
C	0.045345	0.012670	3.579036	0.0014
D(LNX)	0.391757	0.124795	3.139196	0.0042

R-squared	0.274848	Mean dependent var	0.081037
Adjusted R-squared	0.246957	S.D. dependent var	0.034086
S.E. of regression	0.029579	Akaike info criterion	-4.134768
Sum squared resid	0.022748	Schwarz criterion	-4.039610
Log likelihood	59.88675	Hannan-Quinn criter.	-4.105677
F-statistic	9.854549	Durbin-Watson stat	1.633166
Prob(F-statistic)	0.004187		

图 10-15　未作误差修正的模型

实验 10-2　社会投资总量自回归移动平均模型(使用数据文件表 10-2)

(1)实验介绍与模型设计

社会投资总量(I)是一个重要的宏观经济指标,它与国内生产总值、失业率等息息相关。根据我国自 1980 年以来的社会投资总量数据,尝试构建自回归移动平均(ARMA)模型,以满足经济预测的需要。

(2)实验步骤

【第一步】建立 EViews 文件。要求建立文件,设置变量并赋值。这些步骤在前面实验中已多次练习,此处不再赘述,结果如图 10-16 所示。

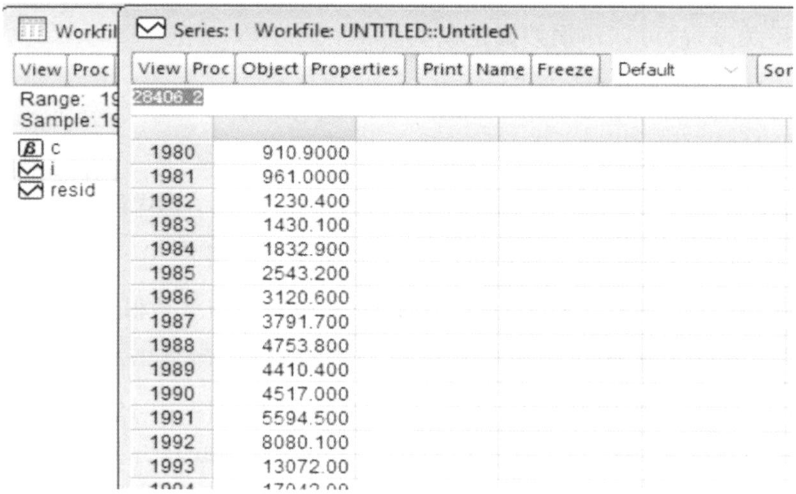

图 10-16　工作文件

【第二步】数据平稳性检验。根据定义,构建 ARMA 模型必须是平稳数据。因此我们对社会投资总量(I)进行单位根检验。这里需要注意的是,在 ARMA 模型中,DF 检验不再适用,需要用 ADF 检验。因为社会投资本身是宏观经济数据,带有很强的时间趋势,因此并没有通过单位根检验。根据以往的经验,宏观数据本身往往不会平稳,于是在取对数和差分之后,我们再进行单位根检验。

在这里,我们可以使用之前的办法,对 I 取对数之后生成一个新的数列 $\ln I$。但是作为展示,我们介绍一个新的方法:在主窗口点击"Quick→Show",弹出如图 10-17 所示的界面,在上面直接输入"log(i)",生成一个新的数列"log(i)"如图 10-18 所示,但并不会在工作文档中生成这个数列。这样有助于我们检测判断,同时避免生成太多的临时数列使工作文档中的变量过于冗杂。

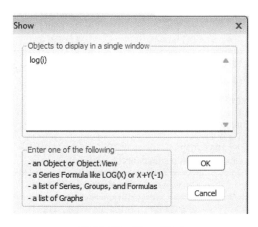

图 10-17　Show 窗口

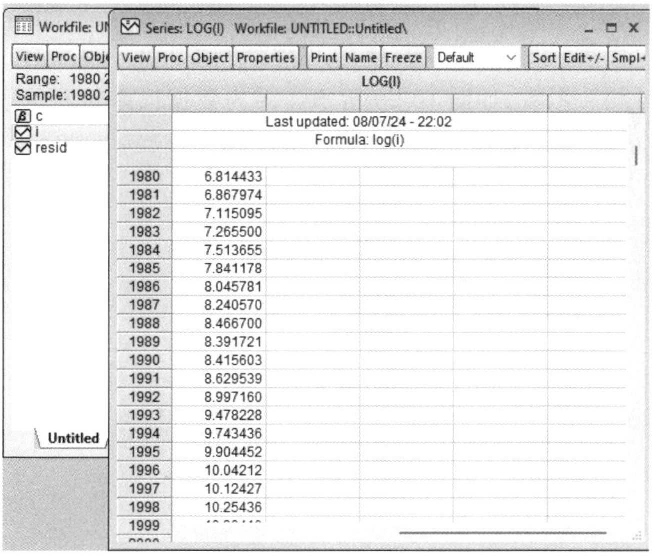

图 10-18　$\ln I$ 序列展示

对新生成的数列 ln I 进行单位根检验，由于要对增长率做单位根检验，所以在检验过程中直接选择一阶差分项。图 10-19 的结果显示，P 值为 $0.0246(<0.05)$，这表明在 0.05 的显著性水平下，拒绝原假设，即数据通过了平稳性检验。因此，可以对一阶差分序列 $\Delta \ln I$ 建立 ARMA 模型。

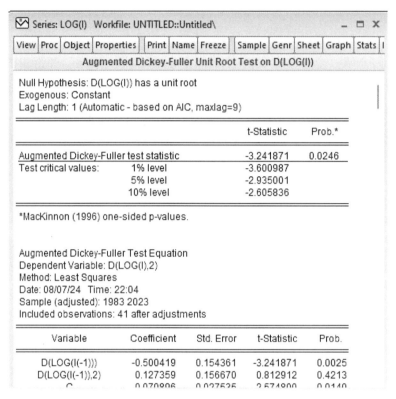

图 10-19   ADF 检验

【第三步】模型识别。点击"Sheet"按钮回到数据窗口，点击"View→Correlogram"查看自相关和偏自相关系数，如图 10-20 所示。因为数据尚未进行一阶差分，因此选择"1st difference"，点击"OK"按钮。结果如图 10-21 所示。

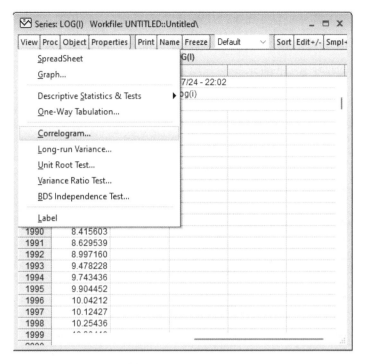

图 10-20　Correlogram

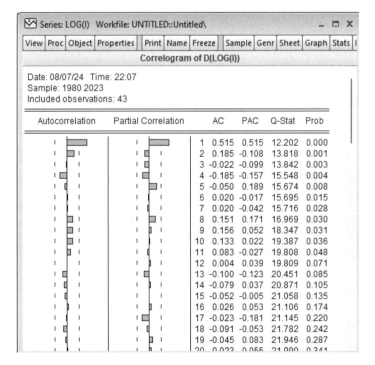

图 10-21　相关系数

由图 10-21 可知,PAC(偏自相关函数)在一阶处有一个峰值,之后截尾,而 AC(自相关函数)在一阶处有峰值,之后呈现出一个正弦指数衰减的趋势。所以,模型整体符合 AR(1)的过程,应构建一阶自回归方程。

【第四步】模型估计。在 EViews 的命令输入框里,输入"ls dlog(i) C AR(1)"命令,点击回车键,得到如图 10-22 所示的回归结果。

| View | Proc | Object | Print | Name | Freeze | Estimate | Forecast | Stats | Resids |

Dependent Variable: DLOG(I)
Method: Least Squares
Date: 09/04/24 Time: 15:14
Sample (adjusted): 1982 2023
Included observations: 42 after adjustments
Convergence achieved after 3 iterations

Variable	Coefficient	Std. Error	t-Statistic	Prob.
C	0.148668	0.030599	4.858590	0.0000
AR(1)	0.529981	0.135201	3.919952	0.0003

R-squared	0.277535	Mean dependent var		0.149372
Adjusted R-squared	0.259474	S.D. dependent var		0.108304
S.E. of regression	0.093200	Akaike info criterion		-1.861700
Sum squared resid	0.347446	Schwarz criterion		-1.778954
Log likelihood	41.09571	Hannan-Quinn criter.		-1.831371
F-statistic	15.36602	Durbin-Watson stat		1.730039
Prob(F-statistic)	0.000338			

图 10-22 AR(1)回归结果

由图 10-22 可知,AR(1)的系数显著。点击"View→Residual Diagnostics→Correlogram"→"Q-statistics"对残差进行自相关检验,在弹出的滞后阶数的窗口处,选择系统自动给出的阶数,无须调整,点击"OK"按钮,得到如图 10-23 所示的结果。在图 10-23中,虚线之间的区域是自相关中正负 2 倍于估计标准差所夹成的,如果自相关值在这个区域内,则在显著性水平为 5%的情形下与 0 没有显著区别。本例中显然残差的自相关值都为0,说明不存在自相关。图 10-23 最右侧列是 Q 统计量的 P 值。P 值都大于 0.05,也说明残差项中不存在显著的自相关性。因此,MA 的阶数为 0。

根据以上分析,我国投资增长率的 ARMA 模型可以拟合为 ARMA(1,0)模型。据图 10-22,该模型可以表示为:

$$\Delta \ln I_t = 0.1487 + 0.53 \Delta \ln I_{t-1}$$

(3)实验结论

从回归结果来看,虽然 AR(1)项系数显著,但模型整体的拟合优度并不高,可见如果仅用自身的滞后项,模型的解释力度和预测能力都不强。影响当期投资增长率的应该还有其他因素。

建立 ARMA(p,q)模型,很多时候序列的自相关系数和偏自相关系数都很难分辨出明显的截尾或拖尾,因此确定滞后阶数就成了一大难题,给模型的应用造成了不便。

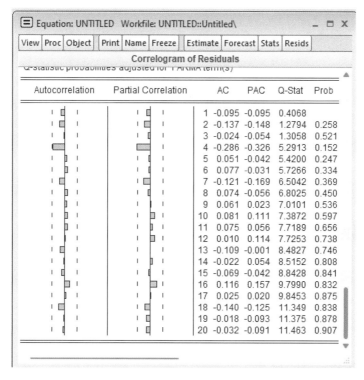

图 10-23　相关系数

而且一旦滞后阶数过多,对数据的样本容量要求也随之提高,因此在一般情况下滞后阶数很少大于 2 阶。

综合来看,如果仅用变量自身的以往数据来解释当下数值是有点牵强的,因此 ARMA 模型在经济学的解释力度上不及含有其他自变量的普通回归模型。而且在具体应用的过程中,ARMA 模型要求序列自身平稳的条件并不一定能够得到满足,尤其是对于宏观经济数据而言。相比之下,满足一阶单整然后寻找到相互具有协整关系的变量再做误差修正模型,要更为容易,也更加实用。

课后练习

目标:建立某省居民消费总额(Y)的误差修正模型(使用数据文件表 10-3)。

要求:

1. 对数据 $\ln Y$ 与 $\ln X$ 进行单整检验。

2. 检验 $\ln Y$ 与 $\ln X$ 的协整性。

3. 建立误差修正模型。

4. 预测 2022 年的居民消费数据(已知当年生产总值为 41400 亿元)。

第 11 章
面板数据模型

11.1 知识回顾

我们已知的数据类型有截面数据、时间序列数据与面板数据。前文已经介绍了截面数据与时间序列数据的计量分析方法,本章将介绍面板数据的计量分析方法及其优点。

11.1.1 面板数据模型的意义

面板数据模型主要是用来解决线性回归模型中的内生性问题。不失一般性,我们以一元线性回归的内生性为例进行分析。一元线性回归模型的构造如下:

$$Y = \alpha + \beta \times X + u \tag{11-1}$$

其中:X 和 Y 是可观测的;u 为随机扰动变量,包含了所有除去 X 以外影响 Y 的变量,但这些变量是不可观测或研究者没有考虑到的。我们要研究的是 X 对 Y 的影响,即 α、β 的真实值,进而要利用 X、Y 的观测样本 $\{x_i, y_i\}$ 来构造统计量,对 α、β 进行估计。

我们通常给出外生性假设[①]即 $\mathrm{Cov}(X, u) = 0$,来确保变量 X 对 Y 产生因果作用。可以这样理解,要使 X 对 Y 产生因果作用,除了 X 与 Y 的取值要相互关联以外,还必须保证不存在同时影响 X 和 Y 的 Z 因素(称为混杂因素,Confounder)。比如某人使用打火机的次数 X 与其肺活量 Y 相关,但两者并不构成因果关系,因为此人的抽烟数量 Z 为混杂因素,Z 既影响 X 又影响 Y,即此人肺活量低的原因并不是多次使用打火机。

按照上面例子来分析模型(11-1),方程的右边只列出了与 Y 相关的变量 X,而 Z 变量未列出,故 Z 必定被包含在扰动项 u 中,那么就会导致 u 和 X 相关,即 $\mathrm{Cov}(X, u) \neq$

[①] 为了方便理论推导,有时也给出较强的外生性假设:直观上反映把 u 按 X 的取值分组,每组的平均值将保持恒定,和 X 的取值无关。故此条件也反映了 X 与 u 不相关。

0。外生性假定不满足,无法确保变量 X 对 Y 产生因果作用。

例如,收集到 34 个人 2019 年的收入($income$,单位为万元)和幸福感指数($happy$)截面数据(详见数据文件表 11-1)。对于该数据,使用一元线性回归模型进行分析:

$$happy = \alpha + \beta \times income + u \tag{11-2}$$

得到如图 11-1 所示的回归结果。

图 11-1　回归结果

由图 11-1 可知,变量 $income$ 的系数通过了显著性检验。模型整体也通过了 F 检验。可以发现:个体的收入每上升 1 万元,将导致其幸福感指数平均下降 4.44。高收入将导致低幸福感,这个结论显然有悖常理。

我们来看看是否存在收入与幸福指数的混杂因素。个体的身体健康既影响其收入,也影响其幸福指数,作为混杂因素没有出现在式(11-2)的右侧,必然包含在扰动项 u 中,这就导致 u 对收入有影响,即 $\text{Cov}(income, u) \neq 0$,即有内生性问题。所以,回归模型(11-2)的系数虽然显著,但并不能正确反映收入与幸福指数之间的因果关系。

个体的身体健康程度通常不可观测,但又是个人幸福指数的重要影响因素,故合理的回归方程的自变量应该包含身体健康变量,但模型(11-2)并没有包含。我们把身体健康变量称为遗漏变量,由遗漏变量引起的回归方程内生性问题是比较常见的。

如何检验一个回归方程是否满足外生性假设 $\text{Cov}(X, u) = 0$ 呢？由于扰动项 u 不可观测，所以无法采用计算相应样本协方差的方法来分析。通常我们只能根据回归方程的实际背景来分析是否存在明显的混杂因素。当这些混杂因素作为遗漏变量没有出现在方程的右边时，必然会导致回归方程的内生性问题。

按照这个思路，回归方程要避免内生性问题，必须把所有混杂因素作为自变量加入方程，如此才能保证回归方程结果的因果性。显然，这是一个不可能完成的任务。这时，我们就需要用面板数据模型来克服一般线性回归方程的内生性问题。

11.1.2 面板数据模型的形式

(1)面板数据

时间序列数据或截面数据都是一维数据，而面板数据是同时在时间和截面空间上取得的二维数据。比如，1996—2002 年中国 15 个省级地区的人均收入与人均消费数据。该数据的观测时间有 7 年，每一年有 15 个数据，共包含 105 组观测值。

因为同时包含个体、时间两个维度的信息，所以人均收入(x)和人均消费(y)就是面板数据。用双下标变量表示为：

$$x_{it}、y_{it}, i = 1, 2, \cdots, N, t = 1, 2, \cdots, T$$

其中：N 表示面板数据中含有 N 个个体，本例中 N 为 15；T 表示观测时间的长度，本例中 T 为 7。

(2)混合模型

对于面板数据，最简单的分析方法就是将每个个体的各时期数据堆积在一起，即忽略样本的个体信息与时间信息，直接利用熟悉的 OLS 来估计参数。这样估计得到的模型被称为混合模型(Pooled Model)。

$$y_{it} = \alpha + \beta x_{it} + v_{it}, i = 1, 2, \cdots, N, t = 1, 2, \cdots, T \tag{11-3}$$

如果不同样本之间不存在较强的个体异质性，即解释变量对被解释变量的影响与个体无关，那么采用混合模型也是可行的，且增加了样本容量。不过当个体之间存在较强差异时，这种个体异质性容易成为混杂因素，导致混合模型(11-3)存在内生性而不可用。

(3)固定效应模型

使用面板数据最大的好处在于，研究者能在模型中允许个体异质性的存在，即把可能的混杂因素放入方程中。比如，每个个体特有的身体健康程度就是一种个体异质性,但由于身体健康程度不可观测,所以在做线性回归方程时,无法考虑将其作为方程的自变量,进而导致内生性问题。固定效应模型可以把每个个体的异质性变量在方程中列出,同时通过对数据采取适当变换,去掉异质性变量,获得模型参数的一致估计量。

在混合模型(11-3)中,把个体异质性 α_i 从扰动项 v_{it} 中提取出来,就构成了固定效应模型:

$$y_{it} = \alpha + \beta x_{it} + \alpha_i + u_{it}, i = 1, 2, \cdots, N, t = 1, 2, \cdots, T \tag{11-4}$$

其中, α_i 代表个体 i 的异质性,不可观测,且不同个体 i 取值不同,没有时间下标 t 是因为我们假定 α_i 不随时间改变。假设个体健康、抽烟习惯等这类个体特性不随观测时间 t 而变化,通常是合理的。从形式上看,既然 α_i 出现在方程(11-4)的右边,就表示它会影响因变量 y 的取值,同时固定效应模型允许 α_i 与自变量 x_i 相关联,那么 α_i 就有可能成为混杂因素,导致混合回归存在内生性问题。

要合理使用固定效应模型,绝对外生与变量时变是先决条件。

①绝对外生条件与变量时变条件。

由于个体异质性 α_i 可能会形成混杂因素,即 α_i 与自变量 x_i 相关联,固定效应模型必须要通过适当的变形,去掉模型中的个体异质性。为了保证变形后的模型不存在内生性,通常给出以下条件。

绝对外生条件:对每个时期 t,在给定个体异质性和解释变量的条件下扰动项的期望值为 0,即:

$$E(u_{it} \mid X_i, \alpha_i) = 0$$

其中, $X_i = (X_{i1}, X_{i2}, \cdots, X_{iT})$ 为第 i 个个体各期的自变量观测值。绝对外生条件意味着各个时期 s 的自变量取值 X_{is} 与各个时期 t 的扰动项 u_{it} 均无关系,注意这里允许时间下标 $s \neq t$。

变量时变条件:对于每个个体,其变量的取值必须在时间上有所变化,即对个体 i, $X_{i1}, X_{i2}, \cdots, X_{iT}$ 不能完全相同, $Y_{i1}, Y_{i2}, \cdots, Y_{iT}$ 不能完全相同。

②固定效应变换法。

为说明此方法的原理,先考虑最简单的情况——仅有一个解释变量的模型。在固定效应模型中,每个时期 t 的个体 i,都有下式成立,共有 $N \times T$ 个式子。

$$y_{it} = \alpha + \beta x_{it} + \alpha_i + u_{it}, i = 1, 2, \cdots, N, t = 1, 2, \cdots, T \tag{11-5}$$

对每个个体 i,把上式分别在其 T 个时间上求均值,得到以下 N 个式子:

$$\bar{y}_i = \alpha + \beta \bar{x}_i + \alpha_i + \bar{u}_i, i = 1, 2, \cdots, N \tag{11-6}$$

其中:

$$\bar{y}_i = \frac{1}{T}\sum_{t=1}^{T} y_{it} \qquad \bar{x}_i = \frac{1}{T}\sum_{t=1}^{T} x_{it} \qquad \bar{u}_i = \frac{1}{T}\sum_{t=1}^{T} u_{it}$$

由于 α_i 在不同时间 t 取值保持不变,故其时间上的均值就是其本身。

为了在固定效应模型中剔除观测不到的个体异质性 α_i,把 $N \times T$ 个式(11-5),分别选取个体对应的式(11-6),相减后得到下面 $N \times T$ 个式子:

$$y_{it} - \bar{y}_i = (x_{it} - \bar{x}_i)\beta + u_{it} - \bar{u}_i, i = 1,2,\cdots,N, t = 1,2,\cdots,T$$

可记为:
$$\ddot{y}_{it} = \ddot{x}_{it}\beta + \ddot{u}_{it} \tag{11-7}$$

这里,$\ddot{y}_{it} = y_{it} - \bar{y}_i$,是因变量 y 的除时间均值数据(time-demeaned data),对 $\ddot{x}_{it} = x_{it} - \bar{x}_i$ 和 $\ddot{u}_{it} = u_{it} - \bar{u}_i$ 的解释也是类似。

在方程(11-7)中,个体异质性 α_i 已消失,又由于严格外生性条件,$\ddot{x}_{it}$ 与 $\ddot{u}_{it}$ 不相关,故方程(11-7)不存在内生性问题,这就是严格外生性定义方式的目的所在。

这时对 $N \times T$ 个方程(11-7)进行混合 OLS 回归,由于方程(11-7)不存在内生性问题,故可以得到系数向量 β 的一致估计量。我们先对观测样本除去时间均值处理,然后进行混合 OLS 回归。此时得到的估计量,被称为固定效应估计量(fixed effects estimator)。

(4)随机效应模型

固定效应模型可以较好地处理回归模型的内生性问题,但是它没有顾及扰动项异方差与自相关问题。显然,固定效应模型在估计量的有效性方面是有欠缺的。

随机效应模型的主要优点是能够处理面板数据模型中的异方差与序列相关问题,增强估计量的有效性。随机效应模型可简单看成一个系统性的广义最小二乘估计方法,可以一次性处理异方差与序列相关问题。其具体的处理方法,类似针对线性回归方程中处理异方差的加权最小二乘法,以及处理序列相关问题的广义最小二乘法。具体过程细节就不再赘述。

(5)Hausman 检验

到底采用固定效应模型还是随机效应模型,关键看条件"$\mathrm{Cov}(\alpha_i, x_{it}) = 0$"是否成立。假设 $\hat{\beta}_{FE}$ 和 $\hat{\beta}_{RE}$ 分别为固定效应模型和随机效应模型的估计量。

原假设 $H_0 : \mathrm{Cov}(\alpha_i, x_{it}) = 0$

当原假设成立时,固定效应模型与随机效应模型都能保证估计量的一致性,虽然 $\hat{\beta}_{RE}$ 更精确一点,但这两个估计量应该差别不大。

构造 Hausman 检验统计量为:

$$H = (\hat{\beta}_{FE} - \hat{\beta}_{RE})'[D(\hat{\beta}_{FE}) + D(\hat{\beta}_{RE})]^{-1}(\hat{\beta}_{FE} - \hat{\beta}_{RE})$$

这是一个二次型的向量间距离形式,我们可以把该检验统计量 H 看成 $\hat{\beta}_{FE}$、$\hat{\beta}_{RE}$ 这两个估计向量之间的距离。当原假设成立时,H 的取值不应该很大。因此,如果 H 的取值较大,就出现了小概率事件,故拒绝原假设。这时随机效应模型无效,只能使用固定效应模型。

直观地看,一致性是指估计量随着样本容量的增加会趋向真实值;而有效性是指估计量针对不同样本的波动较小。显然,计量模型的有效性没有比内生性、估计量具备一致性更重要。只有在保证没有内生性问题的前提下,谈估计量的有效性才是有意义的。因此,不少研究者在选取面板模型时,直接使用固定效应模型,而不考虑随机效应模型与 Hausman 检验,这也是比较常见的做法。

11.2　实验设计与操作

实验 11-1　城镇居民消费的面板模型研究(使用数据文件表 11-2)

(1)实验介绍

使用我国东部 15 个省级地区 1996—2002 年的城镇居民家庭人均收入(income)与人均消费(consume)数据,根据 Keynes 的绝对收入假说建立合适的面板模型,对各省市的居民消费结构进行对比分析。

(2)实验步骤

面板数据有两种输入方式:一是用时间序列数据的方式输入,再扩展到面板数据。该方式的优点是可以输出变系数,包括截距项的变系数和斜率的变系数;缺点是可以选择的估计方法很少。二是用面板数据的方式输入。该方式的优点是有很多种估计方法供选择,缺点是无法给出变系数的值。本例中,我们采用第一种方式即时间序列方式输入数据。

【第一步】创建文档。打开 EViews 软件,按照时间序列数据的操作方法(见图 11-2),建立一个新的工作文档,点击"OK"按钮即可。

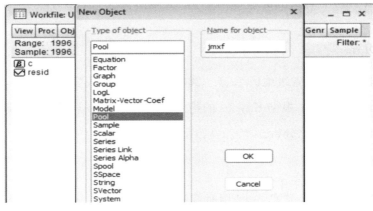

图 11-2　创建文档

【第二步】设置变量并赋值。在完成文档创建后,依次点击"Object→New object→Pool"(Pool 意为合并数据库),在"Name for object"输入"Pool"的名称如"jmxf",如图 11-3 所示,点击"OK"按钮。打开 Pool 数据库窗口,在此输入 15 个地区的标识,如图 11-4 所示。

图 11-3　设置数据库

| View | Proc | Object | Print | Name | Freeze | Estimate | Define | PoolGenr | Sheet |

Cross Section Identifiers:　(Enter identifiers below this line)

AH
BJ
FJ
HB
HLJ
JL
JS
JX
LN
NMG
SD
SH
SX
TJ
ZJ

图 11-4　设置截面标识

在该界面点击"Sheet"按钮,在窗口输入变量"consume? income? ",变量中间以空格隔开,如图 11-5 所示。

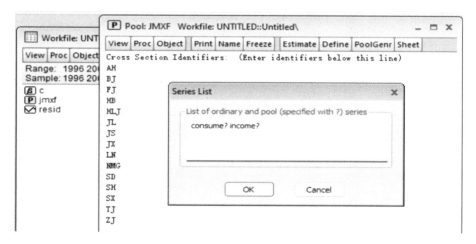

图 11-5　设置变量

单击"OK"按钮,得到空白数据表格,点击"Edit＋"按钮,即可自行完成输入、粘贴或编辑数据,如图 11-6 所示。

obs	CONSUME?	INCOME?			
obs	CONSUME?	INCOME?			
AH-1996	3282.466	4106.251			
AH-1997	3646.150	4540.247			
AH-1998	3777.410	4770.470			
AH-1999	3989.581	5178.528			
AH-2000	4203.555	5256.753			
AH-2001	4495.174	5640.597			
AH-2002	4784.364	6093.333			
BJ-1996	5133.978	6569.901			
BJ-1997	6203.048	7419.905			
BJ-1998	6807.451	8273.418			
BJ-1999	7453.757	9127.992			
BJ-2000	8206.271	9999.700			
BJ-2001	8654.433	11229.66			

图 11-6　数据框

【第三步】建立面板模型。首先,检验模型中是否存在个体变截距以及时点变截距的固定效应。这个检验需要先做一个试探性的固定效应回归。单击 Pool 工具栏的"Estimate"按钮,打开如图 11-7 所示的对话框,在弹出的界面处填写因变量"consume?";在面板选项中,"Cross-section"为个体变截距,"Period"为时点变截距,两者都先选择"Fixed";在"Common coefficients"栏填入"income?",表示"income?"的系数不变而截距项可变。点击"OK"按钮。

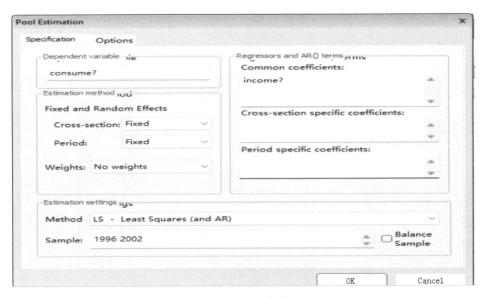

图 11-7　面板估计

在输出结果窗口依次点击"View→Fixed/Random Effects Testing→Redundant Fixed Effects-Likelihood Ratio"。检验结果如图 11-8 所示。检验结果显示,"Cross-section"的变截距是显著的,而"Period"的变截距是不显著的,即模型含有个体变截距的固定效应,不含时点变截距的固定效应。这时我们需要对之前的估计进行修正。

Equation: UNTITLED　Workfile: UNTITLED::Untitled\

View | Proc | Object | Print | Name | Freeze | Estimate | Forecast | Stats | Resids

Redundant Fixed Effects Tests
Equation: Untitled
Test cross-section and period fixed effects

Effects Test	Statistic	d.f.	Prob.
Cross-section F	5.747428	(14,83)	0.0000
Cross-section Chi-square	71.163977	14	0.0000
Period F	1.519585	(6,83)	0.1819
Period Chi-square	10.943565	6	0.0901
Cross-Section/Period F	5.637502	(20,83)	0.0000
Cross-Section/Period Chi-square	90.089785	20	0.0000

Cross-section fixed effects test equation:
Dependent Variable: COSUME
Method: Panel Least Squares
Date: 08/08/24　Time: 07:45
Sample: 1996 2002
Periods included: 7
Cross-sections included: 15
Total panel (balanced) observations: 105

Variable	Coefficient	Std. Error	t-Statistic	Prob.
C	2.576515	68.80555	0.037446	0.9702
INCOME	0.778860	0.010438	74.61904	0.0000

图 11-8　冗余固定效应检验

　　直接点击结果输出窗口处的"Estimate"按钮,重新进入模型设定界面,保持其他不变,在"Panel Estimation"中,维持个体效应为"Fixed",将时点设置成"None",点击"OK"按钮重新得到估计结果,如图 11-9 所示。

```
View Proc Object  Print Name Freeze  Estimate Define PoolGenr Sheet

Dependent Variable: CONSUME?
Method: Pooled Least Squares
Date: 08/28/24  Time: 21:03
Sample: 1996 2002
Included observations: 7
Cross-sections included: 15
Total pool (balanced) observations: 105

       Variable       Coefficient   Std. Error   t-Statistic    Prob.

          C            515.6133      81.59680     6.319038     0.0000
      INCOME?          0.697561      0.012692     54.96020     0.0000
  Fixed Effects (Cross)
        AH--C          -36.30568
        BJ--C          537.5663
        FJ--C          -47.64545
        HB--C          -154.2368
       HLJ--C          -169.7013
        JL--C          24.50419
        JS--C          -35.19584
        JX--C          -319.6957
        LN--C          106.4273
```

图 11-9　变截距模型

　　其次,进行 Hausman 检验。需要注意的是,前面的检验结果虽然显示出模型具有个体的变截距固定效应,但这只是针对原始面板数据的回归。要判断模型是否存在个体的变截距以及该个体的变截距是固定效应还是随机效应,则需要通过 Hausman 检验来确定。

　　做 Hausman 检验同样需要先按照随机效应对模型进行试探性回归。点击"Estimate"按钮,在"Panel Estimation"中将个体变截距项改为"Random",重新估计模型后,再次点击"View→Fixed/Random Effects Testing→Correlated Random Effects-Hausman Test",结果如图 11-10 所示。如图 11-10 可知,P 值为 0.0001(小于 0.05),所以拒绝原假设(原假设是存在随机效应),因此认为模型存在固定效应。

```
View Proc Object  Print Name Freeze  Estimate Define PoolGenr Sheet

Correlated Random Effects - Hausman Test
Pool: JMXF
Test cross-section random effects

Test Summary                Chi-Sq. Statistic  Chi-Sq. d.f.   Prob.

Cross-section random            14.787516           1         0.0001


Cross-section random effects test comparisons:

    Variable        Fixed      Random     Var(Diff.)    Prob.

    INCOME?        0.697561   0.724569    0.000049     0.0001
```

图 11-10　Hausman 检验

最后，根据检验结论，应建立个体变截距固定效应模型。由于图 11-9 就是符合该要求的模型输出结果，因此按照图 11-9 确定模型估计结果。

（3）实验结论

如图 11-9 所示，面板模型回归结果为：

$$\widehat{Consume}_{it} = 515.6133 + \alpha_i + 0.6976 income_{it}$$

该模型说明：各个地区人均消费的初始值（指人均收入为 0 时的人均消费）围绕"C＝515.6133"元波动。例如，安徽的初始消费为"C－36.3057"元，北京的为"C＋537.5663"元，其他地区同理可得。收入对消费的影响程度在地区间都一致，即人均收入每增加 1元，人均消费支出就会增加 0.6976 元。

实验 11-2　个人收入与幸福度相关性研究（使用数据文件表 11-3）

（1）实验介绍与模型设计

在本章的理论部分，我们用 OLS 回归去估计个人收入与幸福度之间的关系（数据类型为截面数据），其结果并不符合我们的预期。通过背景分析，我们意识到模型本身可能存在内生性问题。为了减少内生性的影响，现增加 2018 年个体收入与幸福指数的数据，形成面板数据，并采用面板模型再次进行回归分析。

（2）实验步骤

本例中，我们采用第二种方式即面板数据的方式输入数据。

打开 EViews 软件，建立一个新的工作文档。在数据结构处，选择"Balanced Panel"。由于面板数据以年为单位，因此在时间频率上依旧选择"Annual"，起始日期以及截止日期根据样本输入，"Number of cross sections"即为截面个体的数量，这里输入"34"，点击"OK"按钮完成工作文档的创建。

在完成文档的创建后，需要导入数据。我们可以在 Excel 中整理好数据并依次点击"File→Import→Import from file"导入数据。

导入数据之后，要开始构建面板模型。在这个案例中，只存在前后 2 期数据，所以不存在随时点变动的截距项，即使本身可能存在也不可能被估计出来。因此，直接按照个体变截距模型进行估计。点击"Quick→Estimate Equation"，在弹出的界面处输入因变量 $happy$、截距项 c 以及自变量 $income$。进入"Panel Option"选项卡，在"Cross-section"栏选择"Fixed"，在"Period"栏选择"None"，点击"OK"按钮进行回归。在输出结果窗口依次点击"View→Fixed/Random Effects Testing→Redundant Fixed Effects-Likelihood Ratio"，检验结果如图 11-11 所示。

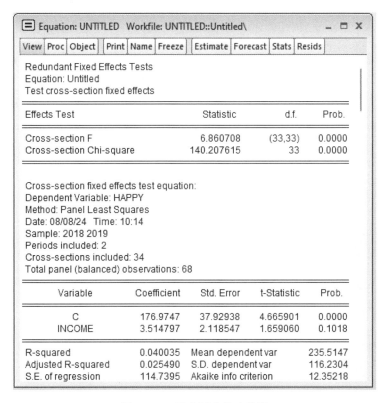

图 11-11　冗余固定效应检验

　　检验结果显示,"Cross-section"的变截距是显著的,即模型确实含有个体变截距的固定效应,这也论证了之前直接做截面数据回归确实有不妥之处。再对回归做Hausman 检验来确定模型是固定效应还是随机效应。

　　直接点击结果输出窗口处的"Estimate"按钮,重新进入模型设定界面,保持其他不变,在"Panel Option"中,将个体效应选择"Random",将时点效应保持为"None",点击"确定"重新得到估计结果。再点击"View"→"Fixed/Random Effects Testing"→"Correlated Random Effects-Hausman Test",结果如图 11-12 所示。此时,P 值小于 0.05,拒绝原假设,因此我们认为模型是固定效应模型。

（3）实验结论

　　经过一系列的检验,我们确定模型整体为含有个体变截距的固定效应模型。具体结果如图 11-13 所示。根据固定效应模型得到的回归结果为：

$$Ha\hat{p}py_{it} = 40.5267 + 11.7073 \times income_{it} + \alpha_i + u_{it}$$

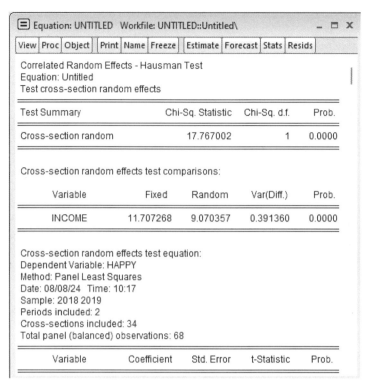

图 11-12　Hausman 检验

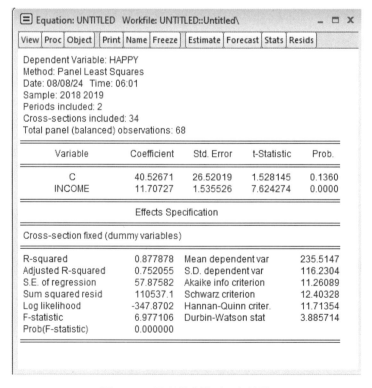

图 11-13　固定效应模型回归结果

说明个人每增加 1 万元的收入,会使幸福感指数平均提升 11.7 个单位,这就与实际情况相符了。说明采用固定效应模型确实在一定程度上解决了原先模型的内生性问题。

(4)其他

此处我们采用方法一即时间序列数据的形式输入文件,再次进行模型估计,所得最终结果如图 11-22。对照(3)采用方法二的估计结果(图 11-13),不难发现两种方法所得系数完全一致,只是图 11-22 增加了不同个体截距项的具体差异值。

【第一步】创建文档。打开 EViews 软件,按照普通时间序列数据的操作方法,建立如图 11-14 的新工作文档,点击"OK"按钮即可。

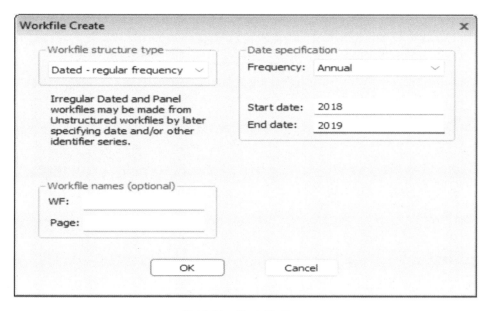

图 11-14　Workfile Create

【第二步】设置变量并赋值。在完成文档创建后,依次点击"Object"→"New object"→"Pool"(Pool 意为合并数据库),在"Name for object"填写 Pool 的名称如"xfg",如图 11-15 所示,点击"OK"按钮。打开 Pool 数据库窗口,在此输入 1—34 作为个体标识,如图 11-16 界面。

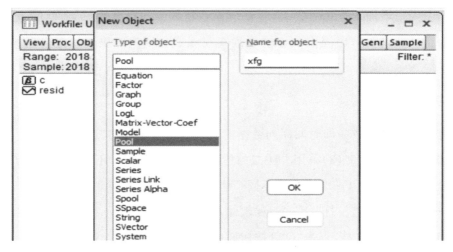

图 11-15　设置数据库

图 11-16　设置截面标识

点击"Sheet"按钮,在窗口输入变量"income? happy?",变量中间以空格隔开,如图 11-17 所示。

图 11-17　设置变量

单击“OK”按钮，得到数据空白表格，点击“Edit+”按钮，即可自行完成输入、粘贴或编辑数据，如图 11-18 所示。

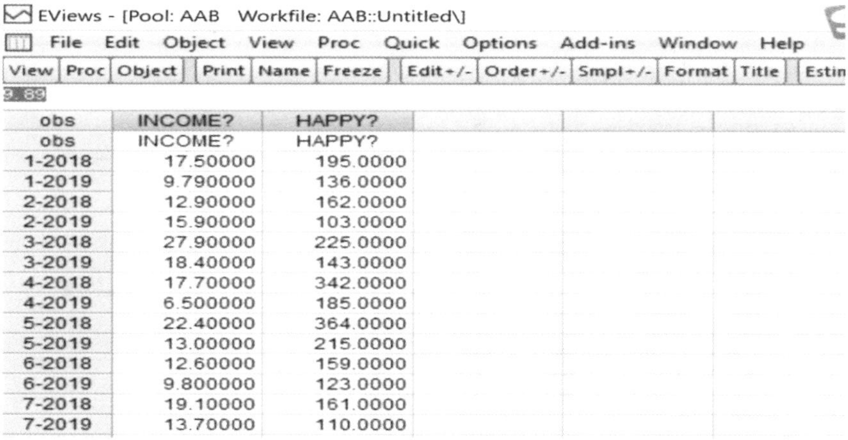

obs	INCOME?	HAPPY?
obs	INCOME?	HAPPY?
1-2018	17.50000	195.0000
1-2019	9.790000	136.0000
2-2018	12.90000	162.0000
2-2019	15.90000	103.0000
3-2018	27.90000	225.0000
3-2019	18.40000	143.0000
4-2018	17.70000	342.0000
4-2019	6.500000	185.0000
5-2018	22.40000	364.0000
5-2019	13.00000	215.0000
6-2018	12.60000	159.0000
6-2019	9.800000	123.0000
7-2018	19.10000	161.0000
7-2019	13.70000	110.0000

图 11-18　数据框

【第三步】建立面板模型。在这个案例中，只存在前后 2 期数据，所以不存在随时点变动的截距项，即使本身可能存在也不可能被估计出来。所以，我们直接按照个体变截距模型进行估计。

首先，初步估计个体变截距模型。在“Pool”窗口点击“Estimate”按钮，进入模型设定界面，在弹出的界面处填写因变量“happy?”。在面板选项中，“Cross-section”为个体变截距，选择“Fixed”，“Period”为时点变截距，选择“None”。在“Common coefficients”填入“income?”，表示“income?”的系数不变，而截距项可变，点击“OK”按钮得到估计结果，如图 11-19 所示。

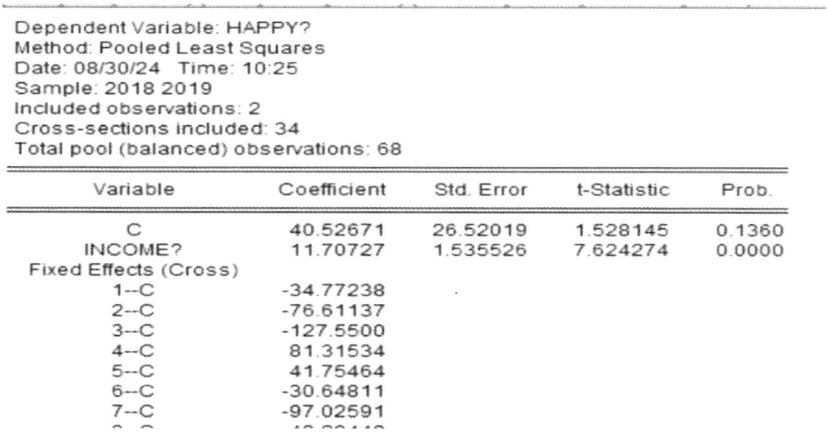
Dependent Variable: HAPPY?
Method: Pooled Least Squares
Date: 08/30/24　Time: 10:25
Sample: 2018 2019
Included observations: 2
Cross-sections included: 34
Total pool (balanced) observations: 68

Variable	Coefficient	Std. Error	t-Statistic	Prob.
C	40.52671	26.52019	1.528145	0.1360
INCOME?	11.70727	1.535526	7.624274	0.0000
Fixed Effects (Cross)				
1--C	-34.77238			
2--C	-76.61137			
3--C	-127.5500			
4--C	81.31534			
5--C	41.75464			
6--C	-30.64811			
7--C	-97.02591			

图 11-19　个体变截距模型估计结果

其次，检验模型变截距的显著性。在上述结果窗口依次点击“View”→“Fixed/Random Effects Testing”→“Redundant Fixed Effects-Likelihood Ratio”，结果如图 11-20

所示。检验结果显示,"Cross-section"的变截距是显著的,即模型确实含有个体变截距的固定效应。

图 11-20　冗余固定效应检验

再次,做 Hausman 检验,确定模型是固定效应还是随机效应。Hausman 检验需要先按照随机效应对模型进行试探性回归。在"Pool"窗口点击"Estimate",在"Panel Estimation"中,因变量窗口填入"happy?"。将个体变截距项"Cross-section"改为"Random",时点变截距"Period"选择"None"。在 "Common coefficients"窗口填入"income?",点击"确定"估计模型后,再次点击"View"→"Fixed/Random Effects Testing"→"Correlated Random Effects-Hausman Test",结果如图 11-21 所示。P 值为 0.0000(小于 0.05),所以拒绝原假设(原假设是随机效应),因此认为模型是固定效应模型。

图 11-21　Hausman 检验

最后,根据检验结论,建立个体变截距固定效应模型。在"Pool"窗口点击"Estimate",在"Panel Estimation"中,因变量窗口填入"happy?",在个体变截距项"Cross-section"选择"Fixed",在时点变截距项"Period"选择"None"。在 "Common coefficients"窗口填入"income? ",点击"OK"按钮得到如图 11-22 的结果。显然,该结果与图 11-19 完全一致。

| View | Proc | Object | | Print | Name | Freeze | | Estimate | Define | PoolGenr | Sheet | |

Dependent Variable: HAPPY?
Method: Pooled Least Squares
Date: 08/30/24 Time: 10:55
Sample: 2018 2019
Included observations: 2
Cross-sections included: 34
Total pool (balanced) observations: 68

Variable	Coefficient	Std. Error	t-Statistic	Prob.
C	40.52671	26.52019	1.528145	0.1360
INCOME?	11.70727	1.535526	7.624274	0.0000
Fixed Effects (Cross)				
1--C	-34.77238			
2--C	-76.61137			
3--C	-127.5500			
4--C	81.31534			
5--C	41.75464			
6--C	-30.64811			
7--C	-97.02591			
8--C	-48.29448			

图 11-22　个体变截距固定效应模型

【第四步】结论分析。根据图 11-22 得到的回归结果为:

$$Ha\hat{p}py_{it} = 40.5267 + 11.7073 income_{it} + \alpha_i$$

该模型说明:个人的初始幸福感(截距项,当收入为 0 时的幸福感)围绕 40.5267 上下波动,如个体 1 号的初始幸福感为 $40.5267 - 34.7724 = 5.7543$;个体 5 号的初始幸福感为 $40.5267 + 41.7546 = 82.2813$,个体间存在较大差异。个体每增加 1 万元收入,会使幸福感指数平均提升 11.7073 个单位,从符号上看与实际情况符合。

课后练习

目标:建立面板数据分析模型。

要求:搜集上市公司的面板数据,运用经济理论分析上市公司绩效的影响因素。

第 12 章
联立方程模型

12.1 知识回顾

迄今为止我们讨论的都是单一方程模型,也就是用单一方程来描述经济现象。在单一方程模型中,因变量被表示成另外几个变量(自变量)的函数。但现实中的经济现象是错综复杂的,有时它们之间的关系并非单一方程所描述的单向因果关系,而是相互依赖、相互交错的复杂因果关系,即互为因果关系。要充分反映这种关系,必须采用由若干个方程组成的模型,这样的模型称为联立方程模型。

例如:均衡市场中的商品价格 P 和需求量 Q,是由需求曲线和价格曲线的交点决定的。这里我们假定需求曲线和供给曲线是直线形式(需求量和供给量分别与价格线性相关),加上随机项 u_1、u_2,得到下面的供求均衡模型,这就是联立方程模型。

$$\begin{cases} Q_t^D = \alpha_0 + \alpha_1 P_t + \alpha_2 Y_t + u_{1t} & \text{需求函数} \\ Q_t^S = \beta_0 + \beta_1 P_t + \mu_{2t} & \text{供给函数} \\ Q_t^D = Q_t^S & \text{供求平衡式} \end{cases}$$

其中,Q_t^D 表示需求量,Q_t^S 表示供给量,P_t 表示价格,Y_t 表示收入。

12.1.1 概念界定

(1)内生变量

所谓内生变量,是指由模型决定的变量,也就是说它的取值是由模型系统内部决定的。例如在上述供求均衡模型中,商品的需求量 Q_t^D、供给量 Q_t^S 和均衡价格 P_t 都是由模型系统决定的,因此是模型的内生变量。每一个内生变量都是随机变量,它不仅受系统的影响,也有可能影响系统。它既可以出现在等号的左边,也可能出现在等号的右边。假设 Y_t 是内生变量,则有:$\mathrm{Cov}(Y_t, \mu_t) \neq 0$。

（2）外生变量

所谓外生变量,是指非模型系统决定的变量,也就是说它的取值是由系统外部决定的。例如,供求模型中消费者的收入 Y_t 便是外生变量,外生变量在模型中只能做解释变量,只能出现在等号的右边,它对系统产生影响但本身不受系统的影响。假设 X_t 是外生变量,则有:$\mathrm{Cov}(X_t, \mu_t) = 0$。

（3）前定变量（先决变量）

前定变量,又称为先决变量。它包含两部分内容:一是内生变量的滞后值;二是外生变量。在联立方程模型中,前定变量只能作为解释变量。

（4）结构式模型

所谓结构式模型,是指直接反映经济变量之间各种关系的模型。它是依据经济理论来设定模型所采取的形式。模型中一般包含两类方程:一类是包含随机项和参数的随机方程;另一类是不含随机项和参数的恒等式。

结构模型中的每一个方程都叫作结构方程,结构方程中的参数被称为结构参数。一般来说,结构参数是指边际倾向、弹性或经济理论的其他参数,此种结构参数衡量每个解释变量对内生变量的直接影响。例如上述供求模型中的 β_1 表示价格 P_t 对供给量 Q_t^S 的直接影响,即在其他变量保持不变的情况下,P_t 每变动一个单位引起 Q_t^S 的变动量。

如果模型中结构方程个数等于内生变量的个数,那么在数学上就是完备的,这种模型叫作完备模型。如果模型不完备,则模型因为不能求解而失去意义。

（5）简约式模型

所谓简约式模型,是指将结构模型中的每一个内生变量,都表示成前定变量和随机项的函数。例如,对上述供求模型,如果将结构模型中的内生变量 Q_t^D、Q_t^S、P_t 用前定变量 Y_t 和随机项表示出来,就得到相应的简约式模型:

$$\begin{cases} P_t = \Pi_{11} + \Pi_{12} Y_t + v_{1t} \\ Q_t = \Pi_{21} + \Pi_{22} Y_t + v_{2t} \end{cases}$$

其中简约式参数与结构式参数的关系如下:

$$\Pi_{11} = (\beta_0 - \alpha_0)/(\alpha_1 - \beta_1) \qquad \Pi_{21} = (\alpha_1 \beta_0 - \alpha_0 \beta_1)/(\alpha_1 - \beta_1)$$

$$\Pi_{12} = -\alpha_2/(\alpha_1 - \beta_1) \qquad\qquad \Pi_{22} = -\alpha_2 \beta_1/(\alpha_1 - \beta_1)$$

简约式参数也叫作影响乘数或长期乘数。它度量了前定变量的值每变化一个单位时对内生变量的影响程度。前定变量相应的结构参数只表示前定变量对内生变量的直接影响,而前定变量相应的简约式参数却表示它对内生变量的总影响,包括直接影响和间接影响两者之和。例如上述简约式模型中,外生变量 Y_t 的简约参数 Π_{22} 可表示为:

$$\Pi_{22} = -\alpha_2 \beta_1 / (\alpha_1 - \beta_1) = \alpha_2 - \alpha_1 \alpha_2 / (\alpha_1 - \beta_1)$$

其中,α_2 是结构方程中外生变量 Y_t 的系数,表示外生变量 Y_t 对内生变量 Q_t^D 的直接影响,而 $-\alpha_1 \alpha_2 / (\alpha_1 - \beta_1)$ 表示外生变量 Y_t 对内生变量 Q_t^D 的间接影响。

简约式方程是将内生变量表示成前定变量和随机项的函数,而前定变量又假定为非随机的,从而它与随机项是独立的,因而可以用 OLS 来估计简约方程组的参数。

(6)递归式模型

如果一个模型的结构方程是用下列方式排列,则称为递归式模型。

$$\begin{cases} Y_1 = \gamma_{11} X_1 + \gamma_{12} X_2 + \cdots + \gamma_{1k} X_k + \mu_1 \\ Y_2 = \gamma_{21} X_1 + \gamma_{22} X_2 + \cdots + \gamma_{2k} X_k + \beta_{21} Y_1 + \mu_2 \\ Y_3 = \gamma_{31} X_1 + \gamma_{32} X_2 + \cdots + \gamma_{3k} X_k + \beta_{31} Y_1 + \beta_{32} Y_2 + \mu_3 \\ \quad\quad\quad\quad\quad\quad\quad \vdots \\ Y_g = \gamma_{g1} X_1 + \gamma_{g2} X_2 + \cdots + \gamma_{gk} X_k + \beta_{g1} Y_1 + \beta_{g2} Y_2 + \cdots + \beta_{gg-1} Y_{g-1} + \mu_g \end{cases}$$

其特点是:第一个方程的右边仅包含前定变量 X_i;第二个方程右边仅包含前定变量 X_i 和第一个方程的内生变量 Y_1(即第一个方程中的被解释变量);第三个方程的右边只包含前定变量 X_i 和第一、二个方程中的内生变量 Y_1、Y_2。依此类推,这种模型叫作递归模型。为了方便起见,这里的 X、Y 都省略了样本序号下标。

其中,随机项满足条件:$Cov(\mu_i, \mu_j) = 0$,当 $i \neq j$ 时。即属于同一时期但属于不同方程的随机项彼此不相关。

由于第一个方程右边只包含前定变量,而前定变量与随机项无关,所以可用 OLS 进行参数估计。第二个方程右边仅包含前定变量和第一个方程的内生变量 Y_1,它虽然与 μ_1 相关,但由于 μ_1 与 μ_2 不相关,所以 Y_1 与 μ_2 不相关,因此这第二个方程也可以用 OLS 进行参数估计。依此类推,由于 $Cov(\mu_i, \mu_j) = 0$,所以可对递归式模型中的每一个方程用 OLS 进行参数估计。

12.1.2 联立方程模型的识别

(1)模型识别的含义

所谓模型识别,仅针对结构式模型,其实质是对某个特定模型,判断有无可能得出有意义的结构参数值。分几种情形:①如果模型中的某个方程能够唯一地估计出参数,那么就称该方程是恰好识别的;②如果某个方程的参数有多个估计值,就称该方程是过度识别的;③如果某个方程不能估计出参数,就称该方程是不可识别的。模型中只要有一个方程出现不可识别的情况,就称模型不可识别。否则,就称模型是可识别的。

例如,一个简单的供求模型如下:

$$\begin{cases} Q_t^D = \alpha_0 + \alpha_1 P_t + \mu_{1t} \\ Q_t^S = \beta_0 + \beta_1 P_t + \mu_{2t} \\ Q_t^D = Q_t^S = Q_t \end{cases} \tag{12-1}$$

这个模型中,数量 Q 和价格 P 都是内生变量,但没有外生变量。将结构模型化为简约式如下:

$$\begin{cases} P_t = \Pi_0 + v_{1t} \\ Q_t = \Pi_1 + v_{2t} \end{cases}$$

其中,

$$\Pi_0 = (\beta_0 - \alpha_0)/(\alpha_1 - \beta_1), \Pi_1 = (\alpha_1 \beta_0 - \alpha_0 \beta_1)/(\alpha_1 - \beta_1)$$

很明显,联系结构参数和简约参数的方程只有两个,而需要确定的结构参数有 α_1、α_0、β_1、β_0 四个,方程的数目不够,不可能求出四个结构参数,因此结构式模型中的两个方程皆不可识别,当然模型也就不可识别。

这里应该指出,识别问题只对那些需要利用样本数据估计其参数的方程而言的,对包含在模型中的定义方程、恒等式等并不存在识别问题。如式(12-1)模型中的最后一个方程就无须识别,因为是恒等式。

(2)模型识别的规则

模型识别的一般规则分两步。

第一步,识别的秩条件—充要条件。

为了叙述方便,我们引进符号如下:

G ——模型所含内生变量的个数;

G^* ——包含在模型中,但方程 * 中不包含的内生变量个数;

K ——模型所含前定变量的个数;

K^* ——包含在模型中,但方程 * 中不包含的前定变量个数。

识别的秩条件是指在由 G 个方程或者 G 个内生变量组成的结构模型中,某个方程可识别的充要条件是:该方程未包含但其他方程包含的那些变量(包括内生变量和前定变量)的系数矩阵的秩等于 $G-1$。即:

$$R(\Delta) = G - 1$$

其中:△ 代表未出现在被考察方程内,而出现在其他方程内的所有变量的系数矩阵;R 为矩阵求秩符号。

第二步,识别的阶条件—必要条件。

假设模型中共有 G 个结构方程或者 G 个内生变量,那么模型中任一方程可识别的必要条件是该方程所不包含的前定变量个数不小于它所包含的内生变量数减 1,即:

$$K^* \geqslant G - G^* - 1,\text{也等价于}:K^* + G^* \geqslant G - 1$$

上式中,等号成立意味着方程恰好识别,大于号成立意味着过度识别。

12.1.3 联立方程模型的估计

对可识别的联立方程,我们可以通过适当的方法对它们进行参数估计。联立方程模型的估计方法可分为两大类,即单方程估计方法与系统估计方法。

所谓单方程估计方法,指每次只估计模型系统中的一个方程,依次逐个估计。本书着重介绍 3 种估计法:间接最小二乘法(ILS)、工具变量法(IV)和两阶段最小二乘法(2SLS)。

所谓系统估计方法,是指同时对全部方程进行估计,并同时得到所有方程的参数估计值。本书着重介绍三阶段最小二乘法(3SLS)。

(1)间接最小二乘法(ILS)

适用范围:被估计的结构式方程是恰好识别的。

总体思路:对一个恰好识别的结构式方程,先将其转化为简约式方程,利用 OLS 估计简约式方程,再通过参数关系体系,由简约式参数的估计值推导出结构式参数的估计值。由于这种方法是通过简约式模型间接求得结构式模型的参数估计值,所以被称为间接最小二乘法(ILS)。

基本步骤:首先,将被估计的结构方程所包含的内生变量表示为模型中全部前定变量和随机项的函数,即转换为简约式方程;其次,对简约式方程直接用 OLS 进行估计,得到简约式模型的参数估计值;最后,将简约式参数估计值代入参数关系体系,推导出结构方程的参数估计值。

(2)工具变量法(IV)

适用范围:既适用于恰好识别的结构式方程,也适用于过度识别的结构式方程。

总体思路:在结构式方程中,由于内生解释变量与误差项相关,采用 OLS 估计会导致结构系数偏误。因此,可以考虑找到一个与该内生解释变量高度相关但与误差项不相关的工具变量,然后用这个工具变量作为替代变量来求解结构式参数,这种方法称为工具变量法。

基本步骤:第一步,选择合适的先决变量作为工具变量,用来替代结构方程右边出现的内生解释变量。工具变量的选择必须满足以下几个条件:与被替代的内生解释变量之间高度相关、与结构方程中的随机项不相关、与其他解释变量不相关、与其他工具变量也不相关。第二步,用选择的工具变量代替内生解释变量,作为该方程的前定变量。具体的估计过程是,先用待估计方程中的每一个前定变量,去乘该方程两边并求和,然后对这些求和得到的正规方程组进行求解,最后得到结构参数的估计值。

以下通过一个双方程模型例子对该方法进行说明:

$$\begin{cases} y_1 = \alpha_1 y_2 + \alpha_2 x_1 + u & \text{(12-3)} \\ y_2 = \beta_1 y_1 + \beta_2 x_2 + \nu & \text{(12-4)} \end{cases}$$

这里 y_1、y_2 是内生变量,x_1、x_2 是外生变量。

根据假设条件,满足 $\sum x_1 u = 0$。由于内生解释变量 y_2 的存在,不能直接用 OLS 方法估计方程(12-3)的参数,但是我们看到 $\mathrm{COV}(x_2, \mu) = 0$,因为 x_2 是外生的,且与 y_2 高度相关,则可以把 x_2 作为 y_2 的工具变量。

接下来,用方程(12-3)中每一个前定变量,去乘该方程两边并求和。两边同乘 x_1,得到式(12-5);两边同乘 x_2,得到式(12-6):

$$\sum x_1 y_1 = \alpha_1 \sum x_1 y_2 + \alpha_2 \sum x_1^2 \tag{12-5}$$

$$\sum x_2 y_1 = \alpha_1 \sum x_2 y_2 + \alpha_2 \sum x_1 x_2 \tag{12-6}$$

根据以上两个方程,最终可以求出参数 α_1 和 α_2 的值。

(3)两阶段最小二乘法(2SLS)

适用范围:既适用于恰好识别的结构式方程,也适用于过度识别的结构式方程。

总体思路:为了克服结构式方程中内生解释变量与误差项相关的问题,先将该结构式方程中的所有内生解释变量写成简约式方程,利用 OLS 得到这些内生解释变量的估计值,再以此估计值代替内生解释变量的真实值代入原结构式方程,此时就消除了解释变量的内生性,可以用 OLS 估计结构式方程的参数。

基本步骤:第一步,写出结构式方程中所有内生解释变量的简约式方程,利用 OLS 估计简约式方程的参数,并得到内生解释变量的估计值。第二步,用内生解释变量的估计值代替结构方程中内生解释变量的真实值,再次用 OLS 求得结构式参数估计值,即为原结构方程参数的估计量。

以下通过供给—需求模型的例子进行说明：

$$\begin{cases} Q_t^S = \alpha_1 P_t + u_{1t} & \text{(12-7)} \\ Q_t^D = \beta_1 P_t + \beta_2 Y_t + u_{2t} & \text{(12-8)} \end{cases}$$

其中式(12-7)为供给方程,式(12-8)为需求方程。Q_t^S、Q_t^D、P_t、Y_t 分别表示商品供给量、需求量、价格和消费者收入水平。

以式(12-7)为例,根据识别条件,得知方程(12-7)恰好识别。

首先,写出方程(12-7)的内生解释变量 P_t 的简约式：

$$P_t = \pi_{22} Y_t + \nu_t$$

用 OLS 进行回归,得到拟合值：

$$\hat{P}_t = \hat{\pi_{22}} Y_t$$

其次,将拟合值 $\hat{P}_t$ 代入结构式方程(12-7)中,再对该方程进行 OLS 估计,即可得到相应的参数估计值 $\hat{\alpha}_1$。

根据判定规则,方程(12-8)为不可识别方程,因此无法估计。

(4) 三阶段最小二乘法(3SLS)

适用范围：可识别的联立方程模型。

总体思路：用两阶段最小二乘法(2SLS)的估计误差,构造模型随机扰动项协方差矩阵的统计量,从而对整个模型进行广义最小二乘估计。如此估计的结果,在一定条件下比两阶段最小二乘估计具有更好的渐近有效性。

基本步骤：第一步,对模型的简约式进行 OLS 估计,得到内生解释变量的估计值。第二步,以上述估计值为工具变量对结构式模型进行 OLS 估计(即两阶段最小二乘估计),并计算估计误差。第三步,以两阶段估计误差构造扰动项方差的统计量,再进行广义 OLS 估计。

12.2 实验设计与操作

实验 12-1 宏观经济模型研究(使用数据文件表 12-1)

(1)实验介绍与模型设计

根据凯恩斯宏观经济理论,建立由如下 3 个方程组成的宏观经济联立方程模型：

$$\begin{cases} C_t = \alpha_1 + \alpha_2 Y_t + \alpha_3 C_{t-1} + \varepsilon_{1t} & \text{(12-9)} \\ I_t = \beta_1 + \beta_2 (Y_{t-1} - Y_{t-2}) + \beta_3 Y_t + \varepsilon_{2t} & \text{(12-10)} \\ Y_t = C_t + I_t + G_t & \text{(12-11)} \end{cases}$$

其中 C_t 表示社会消费总额，I_t 表示国内投资总额，Y_t 表示国内生产总值 GDP，G_t 表示政府支出总额。

要求：(1)判断模型是否可识别；(2)如果方程可识别，请利用 2SLS 分别估计可识别方程，并对估计结果进行适当分析；(3)如果模型可识别，请利用 3SLS 对模型进行系统估计，并对估计结果进行适当分析。

(2)判断模型是否可识别

【第一步】将原模型移项，写成如下形式：

$$\begin{cases} C_t - \alpha_1 - \alpha_2 Y_t - \alpha_3 C_{t-1} = \varepsilon_{1t} & (12\text{-}9) \\ I_t - \beta_1 - \beta_2(Y_{t-1} - Y_{t-2}) - \beta_3 Y_t = \varepsilon_{2t} & (12\text{-}10) \\ Y_t - C_t - I_t - G_t = 0 & (12\text{-}11) \end{cases}$$

列出系数矩阵如下：

$$\begin{matrix} C_t & I_t & Y_t & C_{t-1} & Y_{t-1}-Y_{t-2} & G_t \\ 1 & 0 & -\alpha_2 & -\alpha_3 & 0 & 0 \\ 0 & 1 & -\beta_3 & 0 & -\beta_2 & 0 \\ -1 & -1 & 1 & 0 & 0 & -1 \end{matrix}$$

【第二步】判断方程是否可识别。以方程(12-9)为例。划去方程(12-9)系数所在行，再划去方程(12-9)非零系数所在列。得到识别矩阵：

$$\Delta = \begin{bmatrix} 1 & -\beta_2 & 0 \\ -1 & 0 & -1 \end{bmatrix}$$

不难判断，该识别矩阵的秩 $R(\Delta) = 2 = G - 1 = 3 - 1$。这里 G 是模型中全部内生变量的个数，所以方程(12-9)可识别。

继续利用阶条件判断是恰好识别还是过度识别：

对于方程(12-9)，有 $K^* = 2$，$G^* = 1$，$K^* + G^* = 3$

因为 $K^* + G^* = 3 > G - 1 = 2$，所以方程(12-9)为过度识别。

同理可得方程(12-10)也是过度识别。方程(12-11)是定义方程，不需要进行识别。综上所述，模型整体可识别。

(3)用 2SLS 估计方程，并对估计结果进行适当分析

以方程(12-9)为例，用 2SLS 估计方程：

$$C_t = \alpha_1 + \alpha_2 Y_t + \alpha_3 C_{t-1} + \varepsilon_{1t} \tag{12-9}$$

【第一步】建立 EViews 文件，并录入数据。打开 EViews，单击"File"→"New"→

"Workfile",得到如图 12-1 所示窗口。在其中"Workfile Create"对话框,"Workfile structure type"一栏中选择"Dated-regular frequency"选项(时间序列数据),在"Date specification"一栏的"Frequency"下选择"Quarterly",在"Start date"中输入"1950Q1",在"End date"中输入"1988Q1",单击"OK"按钮。

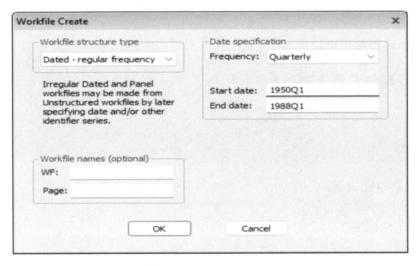

图 12-1　Workfile Create

进一步地,在 EViews 中设立变量 C_t、I_t、Y_t、G_t,并输入相应数据。由于直接输入变量名 C 被系统拒绝,因此以 CC 代表消费总额。建立数据框如图 12-2 所示。用"Genr"按钮生成新变量:$Y_{it} = Y_{t-1} - Y_{t-2}$

obs	CC	I	Y	G
obs	CC	I	Y	G
1950Q1	711.9000	201.9000	1139.700	225.9000
1950Q2	725.8000	226.1000	1173.300	221.4000
1950Q3	754.8000	241.6000	1226.000	229.6000
1950Q4	740.5000	270.3000	1257.200	246.4000
1951Q1	754.4000	241.6000	1281.900	285.9000
1951Q2	740.3000	249.0000	1307.600	318.3000
1951Q3	747.8000	233.8000	1329.600	348.0000
1951Q4	752.3000	216.2000	1335.300	366.8000
1952Q1	754.7000	219.9000	1351.700	377.1000
1952Q2	768.1000	199.9000	1355.600	387.6000
1952Q3	772.7000	206.6000	1376.000	396.7000
1952Q4	790.0000	220.8000	1409.100	398.3000
1953Q1	799.8000	222.3000	1434.000	411.9000
1953Q2	803.7000	225.1000	1449.000	420.2000
1953Q3	803.1000	217.4000	1440.900	420.4000
1953Q4	803.3000	201.5000	1428.300	423.5000
1954Q1	807.1000	203.2000	1407.700	397.4000
1954Q2	814.3000	206.4000	1399.700	379.0000
1954Q3	827.3000	215.0000	1414.700	372.4000
1954Q4	842.3000	225.7000	1432.900	364.9000
1955Q1	855.3000	245.1000	1465.200	364.8000
1955Q2	869.1000	260.8000	1488.200	358.3000

图 12-2　数据框

【第二步】估计内生解释变量。列出内生解释变量 Y_t 关于所有前定变量 C_{t-1}、Y_{tt}、G_t 的简化式：

$$Y_t = \lambda_0 + \lambda_1 C_{t-1} + \lambda_2 Y_{tt} + \lambda_3 G_t + \nu_t$$

用 OLS 对上式进行回归估计，计算出内生变量 Y_t 的估计值 $\hat{Y}_t$。具体操作如下：

在文件窗口同时选中所有变量，双击打开变量数据框，点击"Proc→Make Equation"，在对话框中输入"LS Y C YTT CC(-1) G"，点击"OK"按钮，输出回归结果如图 12-3 所示。

```
Equation: UNTITLED   Workfile: 121::Untitled\          _ □ X

View Proc Object | Print Name Freeze | Estimate Forecast Stats Resids

Dependent Variable: Y
Method: Least Squares
Date: 10/25/24   Time: 17:02
Sample (adjusted): 1950Q3 1988Q1
Included observations: 151 after adjustments

   Variable     Coefficient   Std. Error   t-Statistic    Prob.

      C           9.453146     18.69399     0.505678     0.6138
     YTT          0.647709     0.105077     6.164112     0.0000
    CC(-1)        1.258179     0.019019    66.15539      0.0000
      G           1.025921     0.081610    12.57102      0.0000

R-squared            0.997996    Mean dependent var      2417.635
Adjusted R-squared   0.997955    S.D. dependent var       790.2309
S.E. of regression  35.73754     Akaike info criterion    10.01641
Sum squared resid   187744.2     Schwarz criterion        10.09634
Log likelihood      -752.2392    Hannan-Quinn criter.     10.04888
F-statistic         24398.18     Durbin-Watson stat        0.903700
Prob(F-statistic)    0.000000
```

图 12-3　回归结果

在图 12-3 的工具栏中，点击"Forecast"按钮，如图 12-4 所示，点击"OK"按钮，得到预测结果如图 12-5 所示。

图 12-4　Forecast

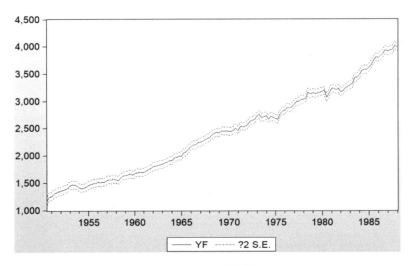

图 12-5　预测结果

在 EViews 中关闭预测图 12-5，回到文件窗口，此时发现多了一个变量 Y_f，新变量 Y_f 就是内生解释变量 Y 的估计值（见图 12-6）。

View	Proc	Object	Properties	Print	Name	Freeze	Default	Sort	Edit+/-	Smpl

	YF
	Last updated: 10/25/24 - 16:34
	Modified: 1950Q1 1988Q1 // fit(f=actual) yf
1950Q1	NA
1950Q2	NA
1950Q3	1179.954
1950Q4	1246.048
1951Q1	1254.654
1951Q2	1301.172
1951Q3	1314.550
1951Q4	1340.877
1952Q1	1346.548
1952Q2	1367.270
1952Q3	1385.369
1952Q4	1403.486
1953Q1	1447.431
1953Q2	1462.965
1953Q3	1461.664

图 12-6　预测值 Y_f

【第三步】替换内生解释变量，估计方程。将估计出的 Y_f 代入方程（12-9）的右边以替代 Y，得到：

$$C_t = \alpha_1 + \alpha_2 Y_{ft} + \alpha_3 C_{t-1} + \varepsilon_{1t} \tag{12-12}$$

用 OLS 对方程（12-12）进行参数估计。具体操作如下：

同时选中所有变量，双击打开变量数据框，点击"Proc→Make Equation"，在对话框中输入"LS CC C YF CC(-1)"，点击"OK"按钮，输出回归结果如图 12-7 所示。

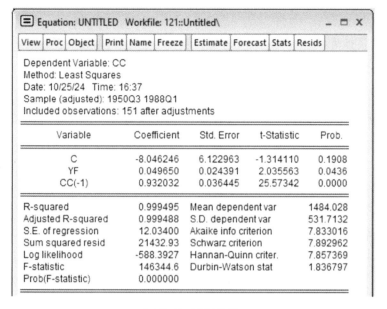

图 12-7　回归结果

至此,方程(12-9)估计完成。同理,也可以估计方程(12-10),估计结果如图 12-8 所示。

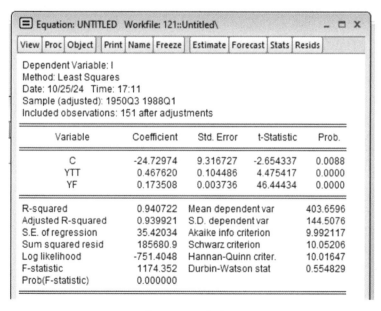

图 12-8　回归结果

最终得到估计结果如下:

$$
\begin{cases}
\hat{C}_t = -8.05 + 0.05Y_t + 0.93C_{t-1} \\
\hat{I}_t = -24.73 + 0.47(Y_{t-1} - Y_{t-2}) + 0.17Y_t \\
Y_t = C_t + I_t + G_t
\end{cases}
$$

【第四步】结果分析。从输出界面图 12-7 来看，在估计的消费方程中，模型 R^2 高达 0.999，拟合程度非常高；两个自变量在 0.05 的水平下均显著，且系数均为正，说明收入对消费有正向影响，上期消费对本期消费也有正向影响，与经济理论相符。

由图 12-8 可知，$R^2 = 0.9407$，说明模型拟合程度非常高，且所有自变量和常数项均在 0.01 的显著性水平下通过检验。其中，上期和前期的 GDP 之差 YTT，对投资产生正向影响，YTT 每增加一个单位，则投资增加 0.4676 个单位；当期 GDP 也对投资产生正向影响，GDP 每增加一个单位，投资增加 0.1735 个单位，均符合经济意义。

（4）利用 3SLS 对模型进行系统估计，并对估计结果进行适当分析

【第一步】估计模型。运用 3SLS 估计联立方程模型，首先要建立一个系统对象。单击主菜单的"Object → New Object"，在弹出的对话框"Type of object"列表中，选择"System"并命名，例如命名为"sys121"，如图 12-9 所示。单击"OK"按钮，将生成系统对象"sys121"，打开该对象，如图 12-10 所示。

图 12-9　建立系统对象

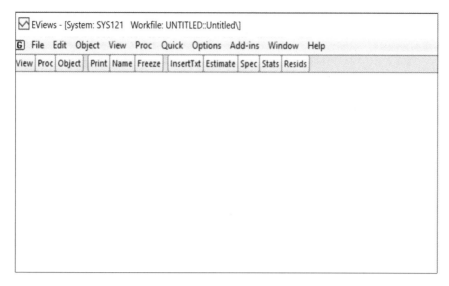

图 12-10　系统界面

在图 12-10 的命令窗口,输入待估计联立方程模型的形式,文本如下:

$$inst \quad c \quad cc(-1) \quad ytt \quad g$$

$$cc = c(1) + c(2) * y + c(3) * cc(-1)$$

$$i = c(4) + c(5) * ytt + c(6) * y$$

如图 12-11 所示,其中第一行"inst"代表先决变量。点击工具栏的"Estimate"按钮,进入图 12-12,在"Estimate Method"中,选择"Three-Stage Least Squares",即 3SLS,点击"OK"按钮。输出结果如图 12-13 所示。

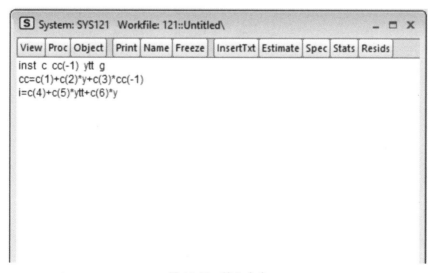

图 12-11　输入命令

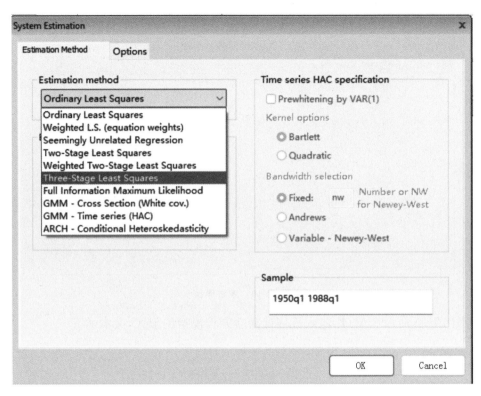

图 12-12　3SLS 操作

Linear estimation after one-step weighting matrix

	Coefficient	Std. Error	t-Statistic	Prob.
C(1)	-3.989976	5.756177	-0.693164	0.4887
C(2)	0.030800	0.022696	1.357053	0.1758
C(3)	0.960234	0.033909	28.31786	0.0000
C(4)	-24.82197	7.758029	-3.199520	0.0015
C(5)	0.511185	0.083787	6.101028	0.0000
C(6)	0.173203	0.003107	55.75422	0.0000

Determinant residual covariance	111987.6

Equation: CC=C(1)+C(2)*Y+C(3)*CC(-1)
Instruments: C CC(-1) YTT G
Observations: 151

R-squared	0.999510	Mean dependent var	1484.028
Adjusted R-squared	0.999503	S.D. dependent var	531.7133
S.E. of regression	11.84870	Sum squared resid	20777.97
Durbin-Watson stat	1.726256		

Equation: I=C(4)+C(5)*YTT+C(6)*Y
Instruments: C CC(-1) YTT G
Observations: 151

图 12-13　回归结果

根据图 12-13,可以得到模型估计结果:

$$
\begin{cases}
\hat{C}_t = -3.99 + 0.03 Y_t + 0.96 C_{t-1} \\
\hat{I}_t = -24.82 + 0.51(Y_{t-1} - Y_{t-2}) + 0.17 Y_t \\
Y_t = C_t + I_t + G_t
\end{cases}
$$

【第二步】结果分析

从图 12-13 的输出界面来看,利用 3SLS 得到模型系数与 2SLS 的结果差异不大。无论是模型的拟合优度,还是系数的符号和显著性检验,两种方法的结果都能通过检验,而且系数的估计值大小相近。考虑到 3SLS 相较 2SLS 具有更好的渐近有效性,因此,建议以 3SLS 估计结果作为最终结论。

参考文献

[1] 樊欢欢,张凌云.Eviews 统计分析与应用[M].北京:机械工业出版社,2009.

[2] 樊丽淑,李浩.计量经济学教程[M].2 版.杭州:浙江大学出版社,2023.

[3] 李子奈,潘文卿.计量经济学[M].5 版.北京:高等教育出版社,2020.

[4] 达摩达尔·N.古扎拉蒂,唐·C.波特.计量经济学基础　原书第 5 版　英文版[M].北京:中国人民大学出版社,2010.

[5] 杰弗里·M.伍德里奇.经济科学译丛　计量经济学导论　现代观点　第 6 版[M].北京:中国人民大学出版社,2018.

[6] 白仲林,张晓峒.面板数据的计量经济分析[M].天津:南开大学出版社,2008.